伊東未来
Ito Miku

千年の古都ジェンネ

Djenné, a Millennium City of West Africa

多民族が暮らす西アフリカの街

昭和堂

はじめに

近年、ジェンネは巨大な泥づくりのモスクを有する世界遺産の街として、アフリカを専門とする研究者以外にも、その名を知られつつある。わたしが日本でジェンネのようすを話すと、「その泥づくりの建物の写真なら、雑誌の世界遺産特集で見たことがある」「テレビ番組でお笑い芸人がその街の市場をレポートしていた」といった言葉が返ってくることもある。彼らの多くは、マリの首都名やアフリカ大陸におけるマリの位置を知らない。なかには、アフリカにはテレビも携帯電話も存在しないと考えている人もいる。ジェンネのモスクとモスクを背景に賑わう定期市のイメージは、そうした「アフリカから遠い」人びとの記憶の一角にも入り込んでいる。

欧米諸国とりわけ英語圏では、ジェンネよりも、同じくマリにある世界遺産の街トンブクトゥ（Tombouctou 英語圏では Timbuktu）の方が知られているかもしれない。英語では、トンブクトゥは実在する地名としてよりも、「果てしなく遠いところ」を意味する名詞として用いられるという。[*1] “As far as Timbuktu” という表現は、「遠すぎて想像もつかない」「、“From here to Timbuktu” は、「ここから地の果てまで」といった意味を表す慣用句である。[*2] 二〇一二年三月に、トンブクトゥを含むマリ北部でトゥアレグによる独立運動が激化した。これを報じるニュースを見て、トンブクトゥが「果てしなく遠い場所を表す伝説上の地」ではなく、実在する街の名前であると知り驚いた英語圏の人びとも数多くいたという。[*3] ジェンネで知り合ったイギリス人旅行者たちがこの表現を用いるのを耳にしたとき、「彼らから見れば、わたしは〝極東〟から〝地の果て〟に移り住んだ者なのか」と、可笑しさを覚えた。「地の果て」トンブクトゥとジェンネは、直線距離にして約三六〇キロ。両者はニジェール川を介してつながっており、歴史的に深い関わりを持つ「双子都市」である。かつては「果てしなく遠いところ」であったジェンネやトンブクトゥへは、現

写真１　ジェンネの街の航空写真

在、たくさんの欧米人観光客が訪れている。
わたしが最初にジェンネに足を踏み入れたのは、二〇〇七年三月のことだった。日本でもジェンネでも、「なぜジェンネを研究しようと思ったのか」とよく尋ねられる。わたしが正直に答えると、たいていの人は苦笑する。ジェンネを研究したいと思ったきっかけは、「見た目が好みだったから」である。ひしめきあって建つ泥づくりの家々、街の中心にたたずむ優美なモスク、家々のあいだを毛細血管のように複雑に這う路地、街を周囲から断絶すると同時に外部に開いてもいる水辺、その周囲に広がる田畑、布地をたっぷり使用したシンプルながらも風格ある衣服を身につけたコーラン学校の教師たち。今から一〇〇年以上前、一九〇〇年から一九〇三年にジェンネに暮らしたフランス人行政官シャルル・モンテイユによって書かれた *Djenné: une cité soudanaise* (Monteil 1971) に、数々のモノクロ写真が載っていた。それを見て、とても魅惑的なたたずまいの街だと思った。長期調査を終えて顧みれば、最初に見た目だけで魅かれたジェンネの路地、モスク、水辺、田畑、コーラン学校の教師などは、いずれもジェンネの民族誌を書くうえでとても重要な要素であった（写真1）。
二〇〇七年三月、マリの首都バマコで関係諸機関への挨拶や調査許可証の取得をすませ、ジェンネに向かった。朝六時、バマコから北部の街ガオまで、マリの国土を縦走するおんぼろバスに乗り込む。外国人観光客が訪れるピークは、マリが比較的涼しい一二月から二月あたり。三月の長距離バスに乗っている外国人は、わたし一人だった。日本の長距離バスのように、到着予定時刻や途中停車地点が予告されるわけではない。途中地点のジェンネで降りそびれるのが不安だったので、まわりの乗客にアピールしておくことにした。尋ねられてもいないのに、片言のバマナン語で「こんにちは。あのー、わたしジェンネ行く。初めて行く」と声をかけていく。おかしな外国人だと思われたことだろう。マリの三月は一年で最も暑い季節のただなかだ。バスはヨーロッパで使われていた観光バスの中古である。もともと車体に描かれていた「sightseeing」という踊るような文字の下に、丸く太い字体で「Allah est Grand! Merci Allah!（アッラーは偉大！　アッラーありがとう！）」と書き足されている。車内の窓には、フランス語とドイツ語で「この窓は開きません」と書いてある。エアコンを前提としたはめごろし窓だが、エアコンは壊れている。窓が開かず冷房も入っていない満員の車内の気温は、四五度を超えていた。

バスは一時間ほどで、ビルが立ち並び車とバイクと人だらけの首都を抜けた。まわりの景色は、まばらに生える木々と少しの水辺、ときおり見える一〇から数百軒ほどの集落と田畑、赤茶けたラテライトになる。途中、バスは礼拝やトイレ休憩のため何度か停車した。それを待ち構えていたさまざまな品の売り子がドア付近に押しかけ、飲み物や食べ物を売り込む。釣り銭や商品が、人の手から人の手にひょいひょいと渡っていく。わたしも何か買いたかったが、あいにく額の大きな紙幣しかない。持ってきたペットボトルの水をちびちび飲んでいた。するとまわりの乗客が、おかしな外国人をかわいそうに思ったのか、買ったばかりの魚のから揚げやふかしたキャッサバやジュースをおすそ分けしてくれた。それをきっかけに、まわりの乗客からの質問攻めが始まった。公用語のフランス語を解さない人は、他の人に通訳を頼んででも質問やアドバイスをくれた。「どこの国から来たの？　日本？　ああ、テクノロジーの国ね」「ジェンネに何しに行くの？」「君はなぜ礼拝しないの？　クリスチャンなの？」「ムスリムでない君が宗教的な街に住むなんて無理だよ」「ジェンネでズボンを履いている大人の女性はいない。スカートにしなさい」「ジェンネは水に囲まれているから蚊が多いよ」。

バスに乗り込んで一〇時間ほど経った夕方、親切な人びとが、汗だくで眠りこけていたわたしを揺り起こしてくれた。口々に、「お嬢ちゃん、着いたぞ」「ジェンネ、ジェンネ」「降りなさい」と言っている。降ろされた場所は幹線道路上。何軒か小屋があるだけの静かな分岐点である。ジェンネの街へは、ここ通称「ジェンネ・カルフール」（フランス語で「ジェンネ交差点」）からさらに乗り合いバスに乗り換えて、渡し舟でバニ川を渡らなければならない。乗り合いバスの運転手に尋ねると、バスは定員いっぱいにならないと出発しないという。同じくジェンネ・カルフールで降りた乗客七人は、徒歩や迎えに来たバイクで、いつの間にかどこかへ去っていった。何時間待つことになるのか見当がつかずどうしたものかと思案していたところ、運よく立派な四駆車がやってきた。ヒッチハイクをしてみると、フランス人の一家とマリ人のガイドが乗っていた。彼らも観光のためジェンネに向かうというので、同乗させてもらう。

ジェンネ・カルフールからジェンネに向かう一本道を、二〇キロほど走った。道にはぽつぽつと、このあたりに畑を持っているジェンネの人であろうか、鍬を肩にひょいとひっかけ、自転車や徒歩で道を行く男性が見える。ジェンネに売りに行くのか、おしゃべりしながら薪を頭に載せて歩く女性たちも見える。バニ川は、車も乗り込める大型の渡し船で渡る。岸辺の草の緑とキラキラ光る川面のコントラストが美しい。渡し場には、観光客向けの土産物売りの女性や子ども一五人くらいが待ち構えていた。たちまち囲まれる。このなかには、その後のジェンネ生活で仲良くなる女性もいた。彼女はこの初対面の瞬間を覚えていて、土産物売りにしつこく迫られ辟易していた当時のわたしのようすを、いまだにからかってくる。

バニ川からジェンネまで六キロほど走ると、ジェンネの「島」に入る。それまでの田畑と荒地と水辺がほとんどの景色が一変し、人びとの生活のさまが勢いよく飛び込んできた。路地をかけまわる子ども、街灯のしたでコーランの詠唱を練習する少年、道端でサツマイモを揚げて売るおねえさん、仲間とおしゃべりしながら腹がよじれるほどに大笑いしている青年たち、投網の手入れをするおじいさん、川べりで大量の食器を洗う女の子たち、街のなかを小走りに移動する羊や山羊の群れ、買い物かごを手に話し込むおばさんたち。

　これがわたしのジェンネでの最初の日だった。この日から、ジェンネで話されることばを少しずつ覚えいった。思い出したくもないような苦い失敗や他人への迷惑を繰り返しながら、ジェンネでの「正しい振る舞い」を少しずつ身につけていった。

目次

第6章 変わらぬジェンネと変わるジェンネ……199

序論

ジェンネ概観

本書は、西アフリカ・マリ共和国の古都ジェンネの街とそこに暮らす人びとのエスノグラフィーである。このもととなったのは、二〇〇七年から二〇一〇年にかけてジェンネおよびその周辺の村落で二度にわたって行った、計二四か月のフィールドワークである。[*1]

ジェンネは、サハラ以南アフリカで最も古くから存在する都市の一つだ。ジェンネの街には、ソンガイ（Songhai, Songhay）、フルベ（Fulbé）、ソルコ（ボゾ）（Sorko（Bozo））、バマナン（Bamanan）、マルカ（Marka）、ソニンケ（Sonninké）、モシ（Mossi）、ブア（Bwa）など、複数の民族集団が暮らしている。西アフリカの内陸部、とりわけかつてマリ王国・ソンガイ王国の版図にあった地域では、それぞれの集団が特定の生業を担い、生業集団が徐々に民族集団化していった歴史をもつ。多様な生業が可能なニジェール川内陸三角州では、生業や言語を異にする複数の民族が、自然資源を共有しながら生活してきた。ニジェール川内陸三角州では、単一の民族からなる都市や村落はほぼ見られず、大半が二―四の諸民族で構成されている（Gallais 1967; 1984）。内陸三角州の宗教・経済的な中心の一つであるジェンネは、サハラ交易で外部の人びととの接触が多かった歴史もあいまって、さらに多くの民族が共存している。

1　やさしいジェンネ、意地悪なジェンネ

ジェンネにフィールドワークに入った当初の目的は、新しい社会組織、とりわけここ二〇年ほどでマリでも急増したアソシエーション（association ジェンネでは公用語のフランス語風に「アソシアシオン」と発音される）について調査することだった。アソシアシオンが、これまでの民族関係や生業の在り方に及ぼす変化を知りたかった。

ジェンネに住み、調査を始めてから数か月。アソシアシオンに対する調査は、思いのほか順調に進んだ。活発な活動をするアソシアシオンの噂を聞きつけて代表者やメンバーを訪ねれば、「ビスィミラィ（どうぞいらっしゃい）！」

と言って受け入れてくれる。彼ら／彼女らの組織について質問をすれば、たいていの人がすらすらと答えてくれる。「あなたの本にわたしの話が載るの？　がんばってね」と励まされることもある。ジェンネで主に話されるジェンネ語（ソンガイ語のジェンネ方言）の習得にはとても苦労したが、相手とわたしが互いに少し話すことができる公用語のフランス語と、たいていのジェンネの人が話すことができるバマナン語（マリで最も多く話されている言語）を織り交ぜることで、かろうじてコミュニケーションがとれた。外国人のわたしが、自分たちがもっか取り組んでいることについてあれこれ尋ねてくるのを面白がって、協力してくれているように思えた。

滞在を始めて二か月ほど経ったころ、とても仕事熱心な調査助手が見つかったことも幸運だった。助手のママドゥ・コシナンタオ[*2]はわたしより八つ年上の男性で、普段は漁師と大工として働いている。ときに神経質に思えるほど真面目で、信頼できるお兄さんだ。日本の感覚からすると時間にルーズな人が多いマリで、約束の一〇分前に万全の状態で待機している人を、彼のほかに知らない。当時学生であったわたしの懐具合を察し、今にして思えば申し訳ないほどの薄給で助手の仕事を引き受けてくれた。彼はジェンネのたいていの人の例にもれず、複数の言語を話すことができた。中学までしか通っていないため洗練されたフランス語は話さないが、むしろその現地語からの直訳風なフランス語が、ネイティブではないわたしにはありがたかった。片言の現地語とママドゥの協力を通じて試行錯誤のなか集めた情報は、いま思えばごく表面的で最低限のものにすぎない。それでも当時は、ジェンネの人びとへの「顔見世」としては、また長期調査の滑り出しとしては、それほど悪くないと感じていた。

ジェンネに来てしばらくは、文化省の役人ヤムーサ・ファネの家にお世話になっていた。彼は、わたしのマリでの調査許可書を発行してくれた文化省文化財保護局のジェンネ支局（Direction Nationale du Patrimoine Culturel, Mission Culturelle de Djenné）の局長だった。彼もその家族もジェンネ出身ではなく、二年前に首都からジェンネに赴任していた。彼らは、よそから赴任してきた他の役人同様、街の外にあるトーロ・ベル（toolo bɛr「広い小丘」の意）という地区に住んでいた。この地区は街の入口から徒歩で五分ほどしか離れておらず、行政上はジェンネ市の一部であるが、ジェンネの街なかとは明らかに様相が異なる。この地区の住民は、街の会合や祭りに直接的な参加はできない。家々が密集する街なかとは異なり、広いスペースにゆったりと家が建っている。わたしは最初の三か月間、このトーロ・ベルにあるファネの家に居候し、毎日ジェンネの街のなかに「通う」生活をしていた。ジェンネに来て三か月が経ち、知り合いもできて気候にも慣れてきたころ、そろそろ街なかに引っ越したいと考えるようになった。人類学者のたまごたる者、街はずれの「よそ者」が集住する地区ではなく、「地の人たち」が住むただなかに身を置かなくてはと意気込んでいた。インタビューを通じて知り合ったジョボロという街区のコンセイエ（区長）、バダラ・ダンベレに相談したところ、彼が所有する長屋に空部屋があるという。数年前に亡くなった彼の母親が使っていた、六畳ほどの部屋だ。バダラと同じ街区に住む助手のママドゥも、「バダラとその家族はとても良い人たちだ。まったく問題ない」と太鼓判を押す。すぐに引っ越すことを決めた。

引越し当日の昼、バダラに「今から荷物を運び込みます」と伝えると、「暗くなるまで待ちなさい」と止められた。なぜかと問うと、小声でこう諭された。「ジェンネでは皆そうするんだ。明るいうちに荷物を運ぶと、お前が何を持っているかが、街じゅうの人に見える。そうすると、悪い考えをもつ人も出る。荷物がよく見えない夜になってからにしなさい」。スーツケース、バックパック、小さな文机、薄っぺらいスポンジ・マットレスがそれぞれ一つずつというこじんまりした荷物は、邪視や窃盗といった「悪い考え」を招くほど華美ではないと思った。しかし、新しい大家の進言を無視するのは失礼だ。言われるがまま夜八時の暗闇を待って、ひっそり荷物を運び込んだ。最初の居候先であるファネは、最後までこの引っ越しに反対していた。「こんな夜中に荷物を運ばせることからも分かるだろう？ジェンネの人たちはとても閉鎖的だ。よそ者である君がジェンネの街なかに引っ越せば、絶対に苦労する。いつまでもわたしたちのところにいていいのに」。

ファネが言ったことは、確かに当たっていた。街のなかに引っ越してしばらくすると、さまざまな不快なことに遭遇した。道を行けば、子どもたちが「チュバブ・ペケレン！（*tubabu pekelén* 痩せぎす外人）」「イジェ・ベル！（*ijye-bɛr*

おとな子ども)」と言って、石や日干し煉瓦の破片を投げつけてくる。命中して怪我をすることも何度かあり、大人げなく全力で追いかけたが、子どもたちは勝手知ったる迷路のような路地に、一瞬にして消えてしまう。街に馴染もうと路地を散策すれば、見知らぬおじさんやおばさんから「なに街区の誰のところに住んでるの?」「そこで何してるの?」「どこに行くの?」と尋ねられる。それは和やかな挨拶というよりも、ひっそりとした尋問だった。風景の写真を撮っていると、「ジェンネの風景はジェンネ人のものだ! 撮るのを止めろ! 撮るなら金を払え!」と叱られることもしばしばだった。徐々にジェンネ語が分かってくると、わたしが若い女性たちの前を通り過ぎたあとに囁かれるあれこれも、理解できるようになる。「あの女は、○○の彼氏を取ったんだって」「××にバイクを贈ったんだって」。心当たりのないことばかりだった。

ジェンネの人びとにとってわたしは、まぎれもなく「よそ者」の外見をしてはいるが、ジェンネでよく見かける外国人(欧米人観光客)とはどこか違う。長期滞在の目的も、他のジェンネに出入りする外国人のように、観光や開発支援やホテル経営といった、はっきりしたものではない。しかも、大家であるバダラの後ろ盾があるとはいえ、独身の女性が一人で暮らしているのだ。ジェンネではありえない。つまりわたしは、説明のつきにくい不気味なよそ者であったのだろう。また、それまでは「街の外の役人さんのところに長めに滞在している外国人」として、ほどよくあしらうことができたわたしが、意外にも街なかに腰を据え始めたことで、ジェンネの人びとは警戒しているのだろう。ジェンネの人たちの態度の急変をこのように説明づけることで、どうにか心の平静を保とうと努力した。ちょうどそのころ、わたしとほぼ同時期にアメリカからジェンネに配属されていたピース・コープ(Peace Corps / Corps de la Paix アメリカ政府の後援によるボランティア組織)の女性が、「ミク、わたしはジェンネの人たちの意地悪にもう耐えられない」と言い残してジェンネを去った。彼女は小柄な中国系アメリカ人で、わたしと同じく「薄っぺらくて短い」体形をからかわれたり、さまざまなあらぬ噂を立てられたりしてふさぎ込んでいた。ボランティアとして配属されていた観光事務所の上司にすら何も告げず帰国したため、あとで「チュバブが消えた」と、ちょっとした騒動になった。

写真２　ジェンネの街並み

その後、ジェンネの人びともわたしも互いに慣れ、わたしへの警戒や排除も徐々に薄まっていった。しかし、あの数か月間の経験はいま思い出しても腹立たしく辛い。このとき、毎日ひっそり涙するほど辛かったと同時に、ジェンネの街全体が醸し出す二面性に強烈に惹きつけられもした。よそ者に対する一過的な開放性と強固な閉鎖性、細く入り組んだ路地の包まれるような安心感と監視されているような息苦しさ、多民族・多言語の人びとがひしめき合って暮らすうちとけた親密さと、その笑顔の裏にある揉めごとの回避術。これらのなかに、伝統的都市の気高さと卑近さをまざまざと見せつけられた気がした（写真2）。

ジェンネには高層ビルもなければ、舗装された道路もない。自動車よりも牛の数の方が圧倒的に多いし、電気や水道も全戸には通っていない。現代の普通の感覚でいえば、まったき「アフリカの田舎町」である。しかしその内側には、生まれ育った福岡のはずれの郊外感とも、成長著しいマリの首都バマコの猥雑さともまったく違う、長い歴史をもつ土地特有の誇り高さが漂っていた。街の様相はまったく異なるが、ジェンネが醸す空気は、わたしが大人になってから住み始めた京都に、とてもよく似ていた。

そこから徐々に、調査関心が変化していった。この街やそこに暮らす人びとの独自の気風はどこからきているのか。この街はどういう歴史を経て今の姿となったのか。人びとはどういう生活を送り、何を語り、何を考えているのか。こうした、より「泥くさい」ところから出発して、ジェンネという街の魅力を考えたくなった。

2 ジェンネにまつわる問い

ジェンネに関する先行研究を渉猟したり、ジェンネで生活していくなかで、いくつかの問いが湧き上がった。人間の歴史や生活に関する問いなので、明確な「正解」を出すことなど不可能であろう。しかし調査中は、頭の片隅に常にこれらの問いを漂わせていた。些末な日常生活の事象を追うなかで調査の全体像を見失わないためにも、時おりこれらの問いに立ち返るようにしていた。以下に、その問いを示す。

一つ目の問いは、ジェンネの歴史に関するものである。ジェンネはいかにして長期間にわたって都市であり続けているのだろうか。ジェンネにおける人の居住の歴史は長く、その前身となるジェンネ・ジェノの時代を含めると、二千年を超える。そこに暮らす住民が、「この街は二千年前からある」と言い切れる都市は、世界のなかでもそう多くはないだろう。

ジェンネ・ジェノには、紀元前三世紀ごろから人の居住がみられ、八世紀ごろから都市的センターが形成されていたことが、考古学調査によって明らかになっている（McIntosh and McIntosh 1981）。また、口頭伝承から推定される現在のジェンネの興りは、一二―一三世紀ごろとされる（Es Sa'di 1981: 23）。その後一五世紀ごろをピークに、サハラ交易の中継地として、また西アフリカにおけるイスラームの学問の中心の一つとして発展してきた。こうしたジェンネの長い歴史や過去の繁栄は、口頭伝承、アラビア語で書かれた歴史書、ヨーロッパ人による研究や行政記録など、さまざまな史料・研究で言及されてきた。

無文字の言語が大部分を占めるアフリカは、文字による歴史記録がほとんど存在しないがゆえに、「歴史をもたない暗黒大陸」であるといわれてきた（Hegel 1956（1822-31）; Trevor-Roper 1969）。もちろんこのような言説はナンセンスであり、あらゆる場所で人間は歴史を紡いできた。ジェンネの人びとも例外ではない。ジェンネの街はこれだけの長い期間いかに存続してきたのか。現在の人びととの生活のさまも含めた多様な資料を複合させて、考えていきたい。

二つ目の問いは、ジェンネの都市性に関するものである。ジェンネはどのように都市としての凝集性を保ってきたのだろうか。ジェンネは二〇世紀初頭にフランスの植民地支配を受ける前まで、ガーナ王国、マリ王国、ソンガイ王国、モロッコ、フルベのマーシナ国など、複数の王国や政治勢力の版図に入ってきた。しかし、いずれの勢力下にあっても、ジェンネは一定の自治機能を保持していたとされている（Monteil 1971, Konaré Ba 2002）。また、西アフリカの伝統的諸王都とは異なり、ジェンネには絶対的な権力をもつ王は存在しなかった。ジェンネの人びとは、絶対的な王権や上位の政治権力なしに、どのように大規模な交易をコントロールし、土地を管理し、多様な出自の人びとを包摂し、都市としての凝集性を維持してきた／いるのだろうか。

三つ目の問いは、ジェンネの多民族性に関するものである。ジェンネには、生業と言語を異にする一〇以上の民族が暮らしてきた。現在でも、商業・稲作に携わるソンガイとマルカ、牧畜民のフルベ、漁民のソルコ、農業に携わるバマナン、ドゴン、ブア、リマイベ、その他の手工業に携わる諸集団が、一平方キロ足らずの土地に共存している。*3 長きにわたって限られた土地で共に暮らしていれば、言語や民族の境界があいまいになったり、その逆に境界が強化されて対立を生じさせたりすることもあるだろう。こうした事例は、アフリカに限らず世界の至るところでみられる。しかし、ジェンネの人びとは言語・生業集団間の境界を維持・再生産しつつも、集団間の対立を顕在化させない。人びとが語る対立は、集団間ではなく、「ジェンネの街」対「その外部」という構図に限られる。多民族共生はどのように保持されているのか。それを、長い歴史を持つ多民族都市ジェンネの人びととの生活の具体的な様相から、知ることはできないだろうか。

3　ジェンネ概観

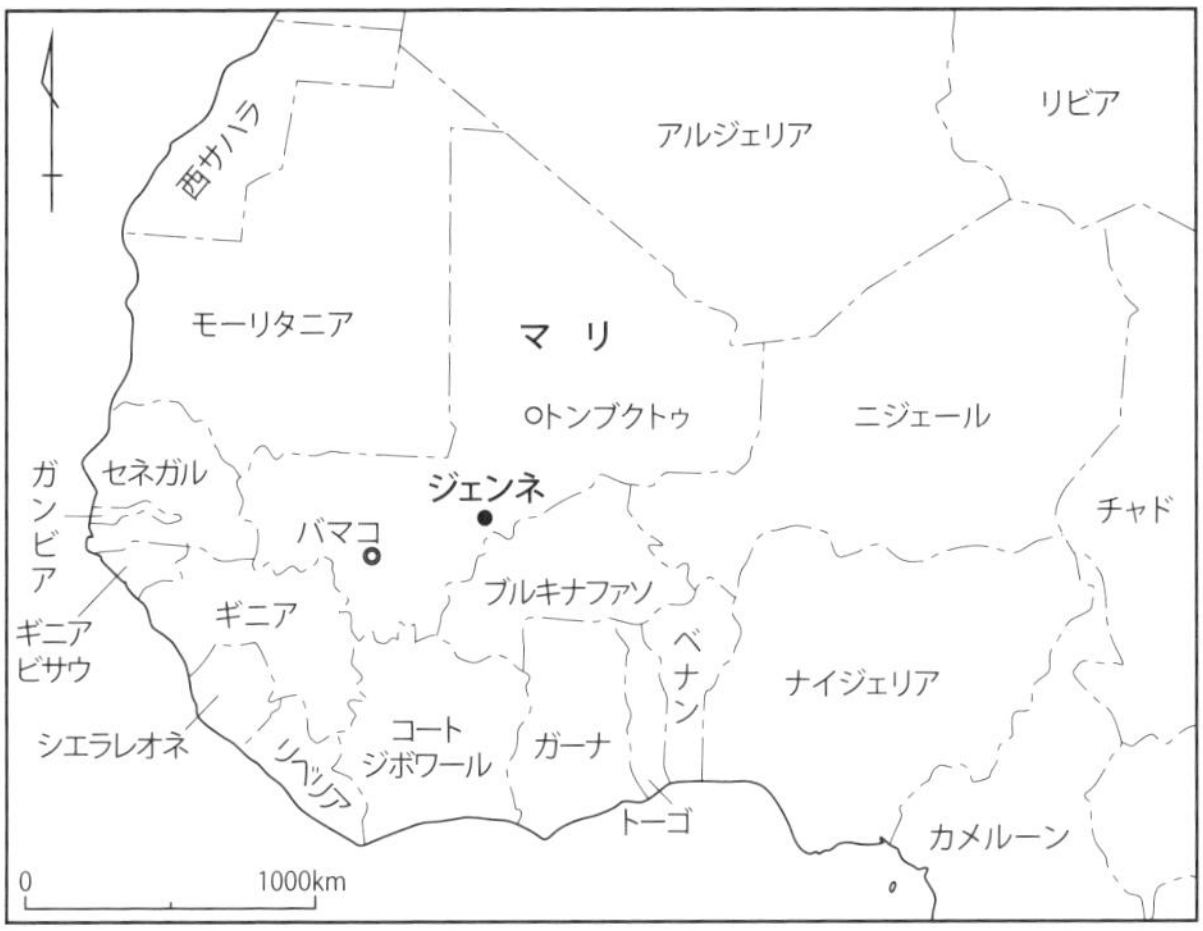

地図１　西アフリカにおけるジェンネの位置

ジェンネの街は、西アフリカのマリ中部に位置している（地図1）。首都バマコからは直線距離で五七四キロ、州都モプチからは一三〇キロ離れている。ジェンネの街の面積は約八八ヘクタール、人口はおよそ一万四千人である（二〇〇九年推定）*4。ジェンネの街は狭い。端から端までゆっくり歩いても、三〇分ほどである。この限られた土地に、生業や言語を異にする一〇以上の民族からなる住民が暮らしている。土地が限られているため、平屋の家だけでなく二階、三階建ての家がひしめきあい、そのあいだを細い路地が通っている。最も狭い路地は、体を横向きにして通らねばならないほどだ。人口は増加傾向にあり、一九七六年に一万二七五人、一九八七年に一万二一五二人、一九九八年に一万二七〇三人、二〇〇五年推計で一万四千人となっている。古くからジェンネに暮らす人びとは街なかに住み、外部から移り住んできた人びとは、主に街の外に新しい住宅地を形成して暮らしている（DNUH 2005: 20）。

ジェンネの人びとは、学校や役所で用いられる公用語のフランス語のほかに、諸集団の母語を複数用いる。なかでも「ジェンネ語」と呼ばれるソンガイ語のジェンネ方言は、異なる言語を母語と

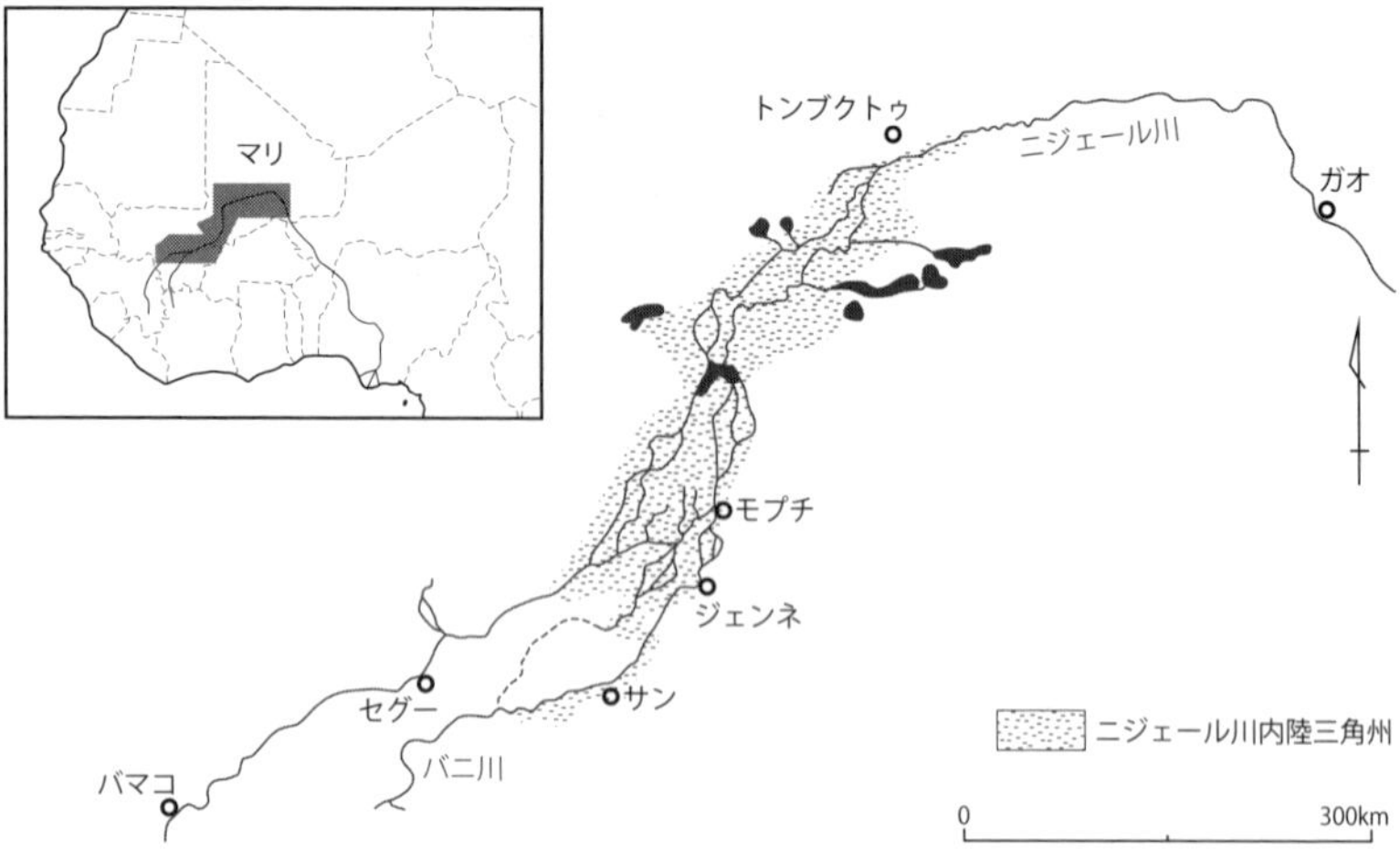

地図２　ニジェール川内陸三角州

する人びとのあいだで共通して用いられる、いわば街の共通語である。[*5]街のほとんどの人が、二つ以上の言葉を話すことができる。五歳の子どもであっても、会話の相手によって複数の言語を使い分ける。大人のなかには、ジェンネ語、フルベ語、バマナン語、ソルコ語、フランス語と五つの言語を問題なく話し、アラビア語の読み書きができる人も少なくない。

街の周辺は、ニジェール川最大の支流の一つであるバニ川のさらに支流に囲まれている。そのため雨季とそれに続く増水期には、ジェンネは周囲のすべてを水辺に囲まれた「陸の島」となる。街はトーロと呼ばれる小丘の上に築かれているため浸水しないが、増水期は外部とつながる陸路は一つの橋のみとなり、カヌーでの交通が不可欠である。ジェンネ周辺の増水は、ニジェール川の上流に降る雨によってもたらされる。ニジェール川上流、熱帯雨林地帯のギニア山地に降る大量の雨は、高低差の少ない中流でじわじわとあふれだす。その氾濫原は、マリの中部で湿潤な三角州を形成する。ニジェール川内陸三角州と呼ばれるこの三角州は、氾濫のピーク時には日本の九州ほどの面積まで広がる。ジェンネはこの三角州の南端に位置している。三角州の肥沃な土地は牧畜、穀物栽培、漁に適している。ジェンネの住民も、ほとんどがこうした生業を基礎として生活している（地図２）。

ジェンネはニジェール川内陸三角州の商業的中心地の一つとしても機能している。そのため行商を中心とした商業もさかんである。これには、ジェンネの交易都市としての歴史が関わっている。ジェンネは一五―一六世紀ごろをピークに、サハラ砂漠の北と南を結ぶサハラ交易の中継地として栄えた。サハラ砂漠をラクダのキャラバンによって運ばれてきた交易の品々は、ガオやトンブクトゥなどの北部の街で船に積み込まれ、ニジェール川とその支流およそ五〇〇キロを航行し、ジェンネに運ばれた。北からの岩塩や絹織物が、南からの金や綿花が、ジェンネを経て、ときにジェンネで加工され、このルートを行き来したのである。交易をつうじてサハラ北部のイスラーム商人と接触があったことから、ジェンネは一帯の重要なイスラーム学術都市の一つとしても発展した。今でもジェンネの住民は、よそからやってきた数家族をのぞいて、ほぼ全員がムスリムである。

4　本書の構成

本書は以下のような構成をとっている。

まず第一章では、西アフリカ内陸部（歴史的西スーダーン）の歴史を軸に、ジェンネの街の過去を概観する。第二章では、ジェンネに居住する多様な民族について、人びとがもつ「民族」の概念をふまえながら概観し、主要民族の生活のようすを描写する。第三―五章では、こうした多様な人びとがいかにしてジェンネの街で共に暮らしているのかを、多民族を通底するイスラームの諸実践と、異なる生業の交換の場である市場、民族集団を越えた自治の単位である街区という、三つに焦点をあてて詳述する。第六章では、現在のジェンネでみられる変化について取り上げる。ジェンネの歴史認識や多民族共生の知恵は、自明で不変なものではない。さまざまな変化に直面しながら、それに抗ったり流されたり取り込んだりするなかで、長い時間をかけて構築されていったものである。現在もジェンネの人びとは、世界遺産化にともなう観光化や、新しい社会組織の出現など、さまざまな変化のなかを生きている。

これらを通じて、ジェンネという街・ジェンネの人びとの民族誌を示すだけでなく、「都市」や「民族」「アフリカ」といった言葉が想起させるイメージに、新しい色を加えることができればと考えている。

第1章 ジェンネの歴史

調査中、街の過去に関する口頭伝承を集中的に集めて回った時期がある。助手のママドゥと共に、話を聞かせてくれそうな家々を訪ねた。一族の祖先がいつごろジェンネに住むようになったのか、それ以前はどこにいたのか、そのときに何を生業としていたのか、といった質問をしていくのだ。そのとき、ジェンネの人びとがもつ歴史の時間軸に驚かされた。あるおじさんは、急な来訪者にとまどう表情で、「うちの一族はそれほど長くジェンネにいるわけではない。わたしたちの昔話を聞いても面白くないだろう」と、すげない答えを返す。しかしその答えを掘り下げてみると、彼の一族は「モロッコが最初にジェンネに攻めてきたころ」、つまり一六世末ごろにジェンネに住み始めたという口頭伝承を持っていた。四〇〇年の時間はジェンネの人にとって「それほど長くない」というのか。それともこうした表現は、歴史ある古都に暮らす人びとが醸成してきた、よそ者には理解しづらい謙遜表現なのか。彼の答えをノートにメモしながら、はたしてどう捉えるべきかとしばし思案した。

その後さらに、自他ともにジェンネに古くから住んでいると言われている複数の一族の家長たちにも、一族の歴史を尋ねた。すると一様に、「コーランの時代からジェンネに住んでいる」という答えが返ってくる。彼らによると「コーランの時代」とは、「アッラーが預言者に啓示を授けたとき」、あるいは「人類にコーランがもたらされたとき」だという。七世紀初頭から半ばということか。しかしこれは、ジェンネの起源を伝える口頭伝承や西アフリカのイスラーム化の歴史を鑑みると正確ではないだろう。「コーランの時代から」という表現は、ムスリムであるジェンネの人びとにとって、「古くから続いている」ということを権威的かつ修辞的に表現するイディオムなのだ。

ジェンネの歴史は、現在の街の前身となるジェンネ・ジェノ（ソンガイ語で「古ジェンネ」の意）を含めると二千年を超える。ジェンネの長い歴史の詳細は、口頭伝承、文字史料、考古学調査の成果などさまざまな形で継承・更新されている。ジェンネはいかなる街だったのか、街の歴史はより広い地域の歴史のなかにどのように位置づけられるのか。また、こうした歴史は現在のジェンネの人びとの生活にどうつながっているのか。本章では、口頭伝承をはじめとする複数の資料から、ジェンネの歴史を概観する。

1　歴史資料の概要

まず、ジェンネの歴史を概観するために本章で参照する歴史資料（口頭伝承、発掘調査の成果、アラビア語史料、ヨーロッパ人旅行者・探検家による記録、植民地行政の記録）について挙げ、その特徴を示しておく。

西アフリカには豊かな口頭伝承の蓄積がある。*6 ジェンネの人びとも、街の興り以前からの多様な口頭伝承を伝え知っている。しかしこれらは、ときに不自然に誇張されていたり、断片的であったり、場合によっては同じ出来事に対して複数の大きく異なる説明がなされていたりもする。口頭伝承はこうした誇張やヴァリアントも含めて、人びとが過去をいかに捉えているかを知る重要な資料ではあるが、他の資料と合わせて用いることが必要であろう。

ジェンネの歴史のみならず、過去の西アフリカの産業や交易の展開を知るうえで重要な契機となったのが、アメリカ人考古学者マッキントッシュ夫妻によるジェンネ・ジェノの発掘調査である。人びとがジェンネ・ジェノと呼ぶ一帯が、現在のジェンネから南東に三キロほどのところにある。マッキントッシュ夫妻は一九七七年と一九八一年に発掘を行った。この成果から見えてきたのは、現在のジェンネの前身であるジェンネ・ジェノでの、紀元前三世紀から紀元後一二世紀ごろまで、一五〇〇年近くにわたる人びとの暮らしのようすであった。

現在のジェンネは一二—一三世紀ごろに成立したと考えられ、一五世紀ごろには西アフリカにおける重要なイスラームと交易の中心地となる。この時代の街の歴史は、複数のアラビア語文献に記されている。その多くは外部から、主にサハラ砂漠の北側からサハラ南縁にやってきた商人や学者によって書かれた記録である。外部の者ではなく、サハラ南縁に生まれ育った人物が書いたアラビア語文献も存在する。これが今のジェンネの人びとのあいだでも、最も重要な「ターリキ（歴史書）」と位置づけられている二つの書物だ。一つはエス＝サーディの『タリク・エス・スーダーン（*Tarikh es-Soudan*）』（一七世紀半ば、一六六五年ごろか）、もう一つはカティの『タリク・エル・フェタッシュ（*Tarikh el-Fattash*）』（一七世紀後半）である。これらは、西スーダーン[*7]の歴史とソンガイ王国の系譜についてアラビア語で記録している。ジェンネも一四六八―一五九一年にソンガイ王国の版図に入っていたため、これらのタリクにはジェンネに関する貴重な記述が多く見られる。とりわけ『タリク・エス・スーダーン』の著者であるアブドゥル・ラフマーン・エス＝サーディは、モロッコ支配時のジェンネに役人として赴任していたため、ジェンネの歴史について、当時知りえた伝承にもとづき詳細に記録している。これら二つのタリクは、ジェンネに出入りしていた人びとからの間接的な情報を書き留めた史料とは異なる。ジェンネと密接な関わりをもち、実際にジェンネに往来した者によって記されているという点で、より貴重な歴史書といえよう。

一六世紀ごろになると、ヨーロッパ人旅行者・交易者が、ジェンネの（あるいはジェンネのことを指しているであろうと推測される都市の）記録を残すようになる。長いあいだジェンネは、ヨーロッパ人にその名を知られていなかった。サハラ砂漠の南北を結ぶサハラ交易が衰退し始めたことで、ジェンネの商人たちはより南の沿岸部に向けて商業・宗教活動の範囲を広げていく。同じころ、ヨーロッパ人は徐々に西アフリカ沿岸部から内陸部に向けて、交易路を伸長し始めた。これにより、それまでヨーロッパの人びとにとって「未知の奥地」にあり、実在するのかすら不明であったジェンネの名も、徐々に知られるようになる。彼らが残した記録は、西アフリカの交易とイスラームにおけるジェンネの影響力の大きさを伝えている。

一九世紀以降になると、ヨーロッパの探検家や行政官、研究者がジェンネも含む西アフリカ内陸部各地を訪れ詳細な記録を残すようになる。なかでもジェンネの歴史をたどる際に重要なものに、以下の三人が残した記録がある。

一つ目は、フランス人探検家ルネ・カイエの *Voyage à Tombouctou*（『トンブクトゥへの旅』）である。一四一五年以来、ポルトガルをはじめとしたヨーロッパ諸国は、競ってアフリカへの進出を図った。しかしその後四〇〇年間にわたって、西アフリカ内陸部の大部分は、ヨーロッパ人未踏の地であり続けた。ルネ・カイエは、当時ヨーロッパで「幻の街」「黄金の都」とされていたサハラ砂漠南縁の都市トンブクトゥを訪れ初めて生還を果たしたヨーロッパ人である。彼は旅の道中、ジェンネにも滞在した。

二つ目は、西アフリカ各地の言語や社会について緻密な研究を残したフランス人行政官モーリス・ドゥラフォスが残した記録である。彼は本来の専門であった諸民族の言語研究だけでなく、人びとの社会組織、宗教、生業、歴史、人口規模などについても詳細な研究を行った。これらの知識は、人びとの民族を「同定」し民族ごとに統治する民族統治をはじめとした、フランスによる西アフリカの植民地政策の実行に活用された。この点で、彼が残した記録は植民地主義の産物にほかならない。しかし一方で、その緻密で網羅的な研究は、今日に至る西アフリカ研究の基盤ともなっている。ジェンネの人びとの二〇世紀初頭の商業活動や、人びとの民族観念の変遷を考えるうえでも、彼の記録は貴重なものである。

三つ目は、植民地行政官として一九〇〇―〇三年にジェンネに赴任したシャルル・モンテイユによる詳細なモノグラフィー *Une cité soudanaise Djenné, métropole du delta central du Niger*（『スーダーンの都市国家ジェンネ――ニジェール川内陸三角州のメトロポール』）である。彼が赴任していた時代から一〇〇年以上が経ち、当時のジェンネを知る人はすでにいない。しかし、祖父母からモンテイユのジェンネ滞在中のようすを伝え聞いている人びともいる。調査中たびたび、「ジェンネの本を書いたチュバブ（白人）の行政官」の話を耳にした。彼の本には、口頭伝承やタリクをもとにまとめられた街の歴史、民族と言語、農業・漁業・牧畜・手工業といった生業の詳細が記録されている。

これらの、ジェンネについて語られた・記された多様な資料をもとに、ジェンネの歴史を明らかにしていこう。

2 ジェンネ・ジェノ

わたしが住んでいたジェンネのジョボロという街区に、イェレン・コシナンタオという九三歳のおばあさんがいた。街の人に「あの人は歴史に詳しいから話を聞くといいよ」とすすめられる人は、全員男性だった。女性からも話を聞きたいと考え調査助手のママドゥに紹介してもらったのが、彼の親族のなかで最も高齢の彼女だった。優秀な助手であるママドゥは、わたしがおばあさんを訪ねたとき、おばあさんが分からぬようフランス語でこう助言をくれた。「『歴史の話を聞かせてほしい』などと言ってはだめだよ。ジェンネの男たちは喜んで話し始めるが、おばあさんたちは違う。政治や歴史の話は男がするものだと思っているから。『子どものころのお話を聞かせて』と頼むといい」。助言通りにお願いすると、イェレンおばあさんは照れながらも訥々と話してくれた。彼女がまず語ったのが、子ども時代のジェンネ・ジェノでの出来事だった。

わたしが子どものころ、ジェンネ・ジェノは壁に囲まれていた。壁がまだ残っていたのかって？　いや、壁はなかったけど、壁のあとは地面に残っていた。その上を歩いて遊んだのよ。甕もたくさん埋まっていた。甕には、石とか人間の骨が入っていた。

ジェンネ・ジェノにはジン（イスラームの精霊）がたくさんいる。わたしが小さいころから、人間は誰も住んでいない。あそこにいるのはジンばかり。小さいころに、コーラン学校が終わって、友だちとジェンネ・ジェノに遊びにいったの。大きな衣が枝にかけてある木の近くに、大きな水甕が埋まっていた。そこに粉が入っていた。黄色い粉。わたしは、「なにかしら？　ヌーネ（火がついてオレンジ色になった炭）かしら？」と友だちに尋ねた。まだ子どもだったから、それをヌーネだと思ったの。でも、手を近づけてみても熱くない。だから、家に持って帰ってそれで遊ぼうと思い、つまみとった。

その水甕の隣には、シラ・バタ（嗅ぎ煙草を入れる小箱）も置いてあった。よく飾られていて、とてもきれいだった。わたしのおばあさんはシラ・バタを売る仕事をしていた。だから、それをおばあさんに持って帰ってあげようと考えた。わたしはシラ・バタを手に取ろうとした。そしたら、馬が近づいてくる音が聞こえて、わっ！　と何かが通り過ぎたの。シラ・バラは消えていた。馬は目には見えなかったけど、馬が去っていく音は聞こえた。トトトトトトトトト……。

シラ・バタは持って帰れなかったけど、水甕のなかの粉は持って帰った。家に帰ると家の人たちが、「それ、どこで見つけてきたの？」と聞いてきた。「ジェンネ・ジェノだよ。きれいだから持って帰ってきたの」と答えると、「それは金だよ！なんでもっとたくさん持って帰ってこなかったの！」と叱られた。金だとは分からなくて、ちょっとしか持って帰らなかったのよ。大人たちは大きな袋を持ってきて、「それがあった場所に案内しなさい」と言った。大人と一緒にジェンネ・ジェノに戻って、水甕のあった場所に行った。そこに水甕はあった。でも、近づいたら消える。また遠ざかったら、水甕が見える。でもまた近づいたら、消える。そんなわけで、金をそれ以上手に入れることはできなかった。子どもは何も知らないから、金を手に入れることができたのね。ジンは、よくそうやって子どもと遊んでいた。あれはジンが子どもと遊ぼうと思ってやったことよ。

現在の街から南東におよそ三キロ離れたところに、ジェンネの人びとがジェンネ・ジェノと呼ぶ場所がある。ジェンネ・ジェノとは、ジェンネのことばで「古ジェンネ」を意味する。現在のジェンネの街は、一二―一三世紀に成立したと考えられているが、それ以前の街はここジェンネ・ジェノにあったという。現在の自分たちと連続している近しい土地であると同時に、祖先が捨て去ったどこか異質な土地でもあることが、そうさせるのだろうか。イェレンおばあさんに限らず、ジェンネの人びとは現在のジェンネ・ジェノをしばしば、ジン（イスラームの精霊）やウォクラ（小人）が棲む土地として語る。「夜、誰もいるはずのないジェンネ・ジェノの方を見やると火が見える。あれはウォクラが焚いている火だよ」といった具合に。

ジェンネ・ジェノへは、現在のジェンネから徒歩で一時間もかからずたどり着く。ジェンネ周辺には、常時水がある川や沼地と、増水時にだけ浸水する低地と、浸水を免れる数メートル高くなった多数の小丘（トーロ）が複雑に混在している。ジェンネ・ジェノの一帯も、遠目に見るとわずかにこんもりと高くなっている。ジェンネ・ジェノに足を踏み入れてみれば、ぽつぽつと灌木が生えているだけの荒野だ。千年前、ここに現在のジェンネに劣らぬ人びとの賑わいがあったと想像するのは難しい。目印となるのは、ユネスコ世界遺産の登録地であることを示す色褪せた看板だ。昼間はその近くの木陰で、遺跡監視を任されているおじさんが一人、枝につるした雑音だらけのラジオを聞きながら横になっている。しかし、ジェンネ・ジェノの地表をよく観察しながら歩くと、イェレンおばあさんが幼いころ跡をたどって遊んだという壁の跡が今も観察できる。他にも、昔の人びとが使っていたであろうかわらけや甕の断面が、固い地表の至るところに露出している（写真3）。

一九七七年、アメリカ人考古学者のロデリック・マッキントッシュとスーザン・マッキントッシュが、ジェンネ・ジェノ遺跡とジェンネ・ジェノ周辺（西と北に二五キロの範囲）の同時代の遺跡で発掘調査を行った。「かつてのジェンネはあそこにあった」という口頭伝承にもとづいた、この一帯で初めての発掘調査だった。

マッキントッシュらの発掘成果の分析によると、ジェンネ・ジェノでの人間の居住は紀元前三世紀ごろまでさかのぼることができる。それ以降の地層で発掘される遺物の変化から、彼らはジェンネ・ジェノ遺跡の時代をⅠ―Ⅳ期の四つに区分している（McIntosh and McIntosh 1981; McIntosh 1998）。

最も古いのは、紀元前二五〇年ごろ―紀元後五〇年ごろの第Ⅰ期である。この地層では、第Ⅱ期以降に見られる泥づくりの建造物の跡は確認されていない。遺物から推測される当時の食糧は、魚やカメ、ワニ、水鳥など狩猟によって得るものと、おそらく家畜として飼育していたと考えられる牛などである。この時期のジェンネ・ジェノおよび周辺の遺跡から、製鉄の残鉱（スラグ）が見つかっている。内陸三角州の氾濫原は当時も現在も粘土質の土壌のため、製鉄に適した鉄鉱石は存在しない。最も近い産出地までは一五〇キロほど離れている。同様に、第Ⅰ期の地層からは、

写真３　現在のジェンネ・ジェノのようす

この一帯では入手できない石臼や石のビーズも見つかっている。こうした多数のスラグや「輸入品」の発見から、当時のジェンネ・ジェノの人びとがすでに中距離の地域間交易を活発に行っていたことが分かる。

続く第Ⅱ期は、紀元後五〇—四〇〇年ごろにあたる。この時期に入ると、恒常的な泥づくりの住居の跡が多く見られるようになる。また、ごみ捨て場と見られる部分からは大量の土器片が出土している。食糧に関していえば、第Ⅱ期の最も深い地層からコメ（グラベリマ稲）が出土している。この時期から、ジェンネ・ジェノの人びとは穀物の栽培を始めたと考えられている。ジェンネ・ジェノから見つかったコメは、これまでアフリカ大陸で出土したもののなかで最も古いものである。

ジェンネ・ジェノの人びとの暮らしが大きな展開を見せたのが、四〇〇—九〇〇年ごろの第Ⅲ期だ。泥づくりの住居跡が急増し、壁の基礎もより強固なものとなる。五世紀ごろの地層からは銅製品が出土している。鉄鉱石と同様、銅もニジェール川内陸三角州では得られないため、ジェンネ・ジェノの人びとが数百キロ以上離れた地の人びとと交易を行い入手したものであろうと考えられる。住居跡の数やごみ捨て場の規模、墓地における埋葬の密集などから、ジェンネ・ジェノおよび周辺の遺跡群の人口は、第Ⅲ期末から第Ⅳ期始めにかけてピークに達したとみられる。マッキントッシュらはその数を、ジェンネ・ジェノの半径一キロ圏内に近接する遺跡群も含めると最小で六七〇〇人、最大で一万三四〇〇人と推測している（McIntosh 2002: 19-20）。この最盛期のジェンネ・ジェノの広がりはおよそ三三ヘクタール、隣接するハンバルケトーロと呼ばれる小丘も含めると四二ヘクタールに及ぶ。またこの時期、ジェンネ・ジェノの周辺には鍛冶屋、土器づくりなどの手工業の跡が残る集落が衛星状に点在しており、職業分化が進んでいたことが推測される。

第Ⅳ期は九〇〇―一四〇〇年にあたる。漁、穀物栽培、家畜の飼育、鉄や土器を作る手工業といった人びとのなりわいの跡は、それ以前の期間から変わらない。しかし、この時期になるとジェンネ・ジェノを囲む防護壁が築かれるようになる。円柱状の日干し煉瓦を積み重ねた壁の跡は、全長二キロに及ぶ。おそらくは、このころから外部からの襲撃や外部との争いが頻発するようになったのだろう。ジェンネ・ジェノは最盛期の七五〇―一一五〇年ごろを境に、徐々に衰退していく。第Ⅳ期の後半期には、ジェンネ・ジェノの人びとはジェンネや他の地域に移動したと考えられる。

発掘調査から、人びとがジェンネ・ジェノから去った理由を明確に知ることはできない。現在のジェンネの人びとは、さまざまな説明をする。水流の変化で移動と輸送の重要な手段である舟の接岸が困難になったからではないか、あるいは、ジェンネ・ジェノの周囲に多数の割れたテラコッタ像が放置されていることから、このころにイスラーム化した人びとが偶像を打ち棄てて新しい土地に移ったのではないかといったものだ。「祖先がジェンネ・ジェノから移り住んできた」と語るジェンネの人のなかには、「外からの襲撃や人さらいが増えたことから、木々で隠れた新しい場所（現在のジェンネ）に移ってきたのだ」と言う人もいる。また、千年以上にわたって人びとが同じ場所に居住したことから、水質の悪化や腐敗物の堆積で環境が悪化したことも考えられる（竹沢 二〇一四：五五）。おそらくはこうした複数の理由が重なり合い、ジェンネ・ジェノの人びとは徐々にこの地を去っていったのだろう。

3　ジェンネの興り

現在のジェンネの街はいつから存在しているのだろうか。街の興りの年代には諸説ある。一九世紀半ばに西アフリカを探検したドイツ人ハインリヒ・バルトは、現在のジェンネの設立を一〇四三年としているものの、その具体的根拠は示していない（Monteil 1971: 3）。モーリス・ドゥラフォスは、ガーナ王国の崩壊をはじめとしたジェンネ周辺の状況の変化から、ジェンネの成立を一二五〇年ごろとしている（Delafosse 1912）。

外部の研究者たちが指摘するこうした年代のずれは、ジェンネの人びとが語る「ジェンネでの人の居住の開始」と「ジェンネの街の興り」の混同に一因があると考えられる。現在のジェンネの住民は、ほぼ全員がムスリムである。ジェンネはトンブクトゥと並ぶ西アフリカのイスラームの中心地であるという自負も強い。そうしたジェンネの人びとにとって、ジェンネの始まりは、必ずしも居住の開始を指すとは限らない。居住の開始はあくまで「前史」にすぎず、街がイスラーム化したときを街の歴史の始まりと捉える人びとも多いだろう。

ジェンネのコノフィア街区に住むバ・ウマール・ナボとコママ・ナボが、彼らの祖先がジェンネに移り住んだころの話をしてくれた。ナボ家は、現在のジェンネの地に最初に住みついた一族の一つであると、自他ともに認識されている。彼らの祖先はジェンネ・ジェノではなく、ガオ（ジェンネから北東に約七三〇キロ）からやってきたという。彼らが最初にジェンネにやってきたとき、「他に人間を一人も見つけることができなかった」。ナボの家は今でも、祖先が最初に住みついたというまさにその場所にある。増水期も水没しない小丘状のジェンネのなかでも、さらに小高い位置に建つ。彼らの家の中庭からは、目の前に街を囲む水辺、遠くにジェンネ・ジェノが見渡せる。家々が稠密し、ときに息苦しさを覚えるジェンネのなかで、その敷地にはいつもそよそよと風が吹いている。

バ・ウマール・ナボとコママ・ナボは、その中庭で一族の歴史を語ってくれた。わたしがそれをノートにとっている隣で、この数か月あとに亡くなった当時八〇歳を超える彼の父親が、ござに横になっていた。彼は無言で、しかしとても満足そうに、わたしたちを眺めていた。

わたしたちはガオにいたファラマカ・ナボの子孫だ。ファラマカ・ナボの孫マディ・ナボが、ガオを離れてジェンネへやってきた。そのとき、今のジェンネの地には動物しかいなかった。他に人間を一人も見つけることができなかった。マディ・ナボはジェンネに五人の息子を連れてやってきた。バンビリ・ナボ、チエバインテ・ナボ、ペンボロ・ナボ、ケパパレ・ナボ、サーラウヤ・ナボ。彼らは今わたしたちがいるこの家、まさにこの場所に住みついた。ここは他よりも小高くなっているだろう？　彼らがやってきたとき、ジェンネの周りは今よりずっと水が多かった（増水の水嵩が高かった）。なので（より高い）この場所を選んだ。

たくさんの野生の動物がいた。彼らはそれらすべてを狩った。彼らがハイエナを仕留めた場所は、今でも「コログス（kɔrɔ-guusu「ハイエナの穴」の意）」と呼ばれている。彼ら（マディ・ナボとその息子たち）がジェンネに来たとき、ジェンネのコイ（首長）はまだジェンネ・ジェノにいた。ジンの長であるジニマサ（Dinni-maasa「ジンの王」の意）も、ジェンネのすぐ近くに住んでいた。[*8] 三年のあいだ、マディ・ナボとその息子たちしか住んでいなかった。その後、マヤンタオ一家がやってきた。

マヤンタオもナボと同じく、ジェンネを含む内陸三角州に広く見られるソルコのクラン名である。その後、ソルコ以外の人びともジェンネにやってくる。たとえば、ジャ（Dia ニジェール川内陸三角州西部の街）の方から「ノノ（Nono）の人たち」がやってきて、先にいたソルコたちと同盟を結び、ジェンネでの共存を始めたという伝承も残っている。ジェンネの街を興した人びとについて語る複数のバージョンの伝承に、この「ノノ」が登場する。ノノは、マルカ（Marka）という集団を形成する人びとのなかで「黒いマルカ（Marka pi）」とも呼ばれる民族であり、ニジェール川内陸三角州を中心に居住している。マルカは「マリの人」を意味するMali（Mari）-kaに由来するといわれる人びとである。彼らは、特定の土地や神話の共有ではなく、マリ王国やその交易活動、それにともなうイスラーム化に関わりが深い歴史をもつ、というルーツを共有している。現在では民族名として用いられることも多いが、民族名というよりもむしろ、文化的・歴史的に形成・想像されてきた集団といった方が正確であろう（Sakai 1990）。「黒いマルカ」であるノノのほかに、サヘル地帯に起源を持つとされる「白いマルカ（Marka dié）」もいる（Gallais 1984: 29）。スペインのグラナダ生まれの旅行家で一六世紀初頭にジェンネを訪れたレオ・アフリカヌスは、ジェンネの長はノノでリビア系であったと記している（Monteil 1971: 30-31）。この場合、ノノは「黒いマルカ」とは限らない。このように、ジェンネの街が興ったときにやってきたとされるノノが、現在のジェンネでマルカを自認する人びとと直接につながる集団なのか否かは、不確かである。しかしいずれにせよ、彼らが「遠くからやってきた（先住していたソルコとは）異質の人びと」、おそらくはムスリムであったことを示唆している。

また、ジェンネ・ジェノからジェンネの南端に移り住んだ人たちが、その地をジェンネ・ジェノの当時の呼称ゾボロ（Zoboro）からジョボロ（Djoboro）と名づけた、という伝承も残っている。ジェンネの最初の住民であるナボに続きマヤンタオが住み始めたのも、このあたりとされる。ジョボロは現在も、ジェンネの南に位置する最も古い街区の名として残っている。

サハラ砂漠南縁のガオからやってきた漁民、内陸三角州の西あるいは北の方からやってきたノノと呼ばれる集団、ジェンネ・ジェノから移り住んだ人びと――複数の場所から徐々に集まってきた異なる背景をもつ人びとが、共に生きるための同盟を取り結び、ジェンネの街を築くことになった。街が築かれたときの伝承は、現在もジェンネの人びとのあいだでしっかり語り継がれている。ジェンネの起源に関する数々の伝承のなかでも、住民のあいだで最もよく知られた話だ。先ほどのバ・ウマール・ナボは、この伝承についても詳細に教えてくれた。

ジェンネの街を築くとき、ある偉大なジンがこう言った。「一人の娘を生きたまま壁に埋めよ」と。この話は君も知っているだろう？　そう、タパマ・ジェネポの話だ。

壁に埋める娘は、一人っ子でないといけないという。さらに、まだ男を知らず、兄弟も姉妹もいない娘でないといけないという。我々ナボの家には、それにあたる娘がいなかった。カヤンタオという人が、ゴミトゴ[*9]（ジェンネの西約一五キロの村）にいるケンカイ・カヤンタオとユスムの娘を連れてきた。彼女は一人っ子で、まだ男を知らなかった。彼女を壁に埋めることになった。壁は三度崩れた。彼女が暴れたためだ。三度目、彼女はとうとう頭まで埋められた。そうして、人びとはジェンネの街を築いた。今、彼女はタパマ・ジェネポと呼ばれている。ジェネポとは、我々ソルコのことばで「初めての遺体」という意味だ。ジェネポという名字の人びとがジェンネにはたくさんいるだろう？　彼らはもともと、カヤンタオなんだ。

街を設立するときにタパマ・ジェネポが生き埋めにされたという壁は、高齢の人たちの話によると、六〇年ほど前までは部分的に残っていたようだ。一八九三年にジェンネに侵攻したフランス軍大佐も、ジェンネを取り囲む市壁に言及している（Gardi 1995: 19）。その後、壁そのものは増水や雨による浸食で消失したものの、タパマ・ジェネポの墓は今でもジェンネの街の南の水辺にある。人びとによって絶えず供え物が置かれ、きれいに手入れされている。ジェンネの女性たちは、たびたびタパマ・ジェネポの墓を訪れる。ある日、同じ長屋に住む女性が「今からタパマ・ジェネポのところに行ってくる」と言ってきた。何をしに行くのか尋ねると、彼女は小声で「お願いしに行くの。夫婦のことが良くなるように」と答えた。ジェンネを築くためにその命を捧げたタパマ・ジェネポは、ジェンネの人びとにとって偉大な先人である。タパマ・ジェネポは街のイスラーム化以前の人物であろうと推測されるが、現在は「過去のジェンネの偉大なムスリム」の一人として名が挙がることもある。とりわけ同性の女性たちが彼女に対して抱く敬意は強く、夫婦関係、不妊、恋愛などに悩んだとき、タパマ・ジェネポの墓に祈願をしに行くという（写真4）。

写真４　タパマ・ジェネポのお墓

多様な出自の人びとの同盟のもとジェンネの街が築かれたこの時代、西アフリカ全体に目を向けると、王国の成立が相次いでいた。そうした勢力のなかで最も強大であったのが、ガーナ王国である。ガーナ王国に関する最も古い記述が、一一世紀半ばの地理・歴史学者アル＝バクリーによって残されている。[*10] そこからは、ガーナ王国の王都や活発な塩金交易のようすが窺える。王都はムスリムの街と非ムスリムの街から成っていた。

ガーナは彼らの王に与えられた称号であり、土地の名はアウカールである。……ガーナの都は平原にある二つの街から成っている。一つはムスリムの住む大きな街で、一二のモスクがある。そのうちの一つには、ムスリムが金曜礼拝のために集う。そこではイマームとムァッジン（礼拝の時報係）が雇われており、法律家や学者もいる。周囲には甘い水の井戸があり、人びとはその水を飲んだり野菜を育てるのに使ったりしている。王の街はそこから六マイルの距離にあり、アル・ガーバ（アラビア語で「森」の意）という名である。この二つの街のあいだにも人びとが暮らしている。……王は宮廷と多くの丸い屋根の家々を持ち、そららはすべて市壁のような囲いで囲まれている。王の街には、法廷からそう離れていないところにモスクがあり、王宮にやってきたムスリムはそこで礼拝を行う。王の街の周囲には円形の屋根の建物と森や藪があり、呪術師と宗教祭祀をつかさどる男たちが住んでいる。そこは偶像や王の墓のある場所でもある。

……ガーナの王は軍隊を動員するとき、二〇万人を戦場に送り込むことができる。そのうち四万人以上が射手である。

……王は、国に入ってくるロバ一頭分の塩につき金一ディナール、国から出ていく塩には金二ディナールを徴収する。同じく銅一荷に対しては五ミスカール、そのほかの商品に対しては一〇ミスカールが王の取り分である。領土内で産出される金の最上のものはギヤールーという街のもので、これは黒人の村々が集まる人口の多い地域にある（Levtzion and Hopkins eds. 2000: 79-81）。

この当時、ガーナ王国の繁栄を支える金がどこで産出され、どこを経由して運ばれてくるのかは、外部の者に明確には明かされていなかった。偉大な地図学者・地理学者として知られるアル＝イドリーシー（一〇九九ごろ生まれ）は、ガーナ王国に出入りしていた商人たちからの話をもとに、ガーナ王国にある「黄金の国」について、このように記述している。

ガーナの都からワンガラの国（ガーナ王国の東に隣接するとされる国）の境までは、八日間の旅である。このワンガラの国は黄金の国であり、金の質と豊富さで知られている。長さ三〇〇マイル（約四八二キロ）、幅一五〇マイル（約二四一キロ）の範囲を持ち、一年中、すべての周囲をナイル川（ニジェール川とその支流のこと）[*11]に囲まれている。八月には暑さはその強さを増し、ナイル川は増水し、この島あるいはその大部分を覆う。これ（増水）は一定期間とどまり、そして後退していく。後退し始め、（水位が）下がっていくと、このスーダーンの国のすべての者たちは戻り、群れを成して金を求めてこの島へと向かう。彼らはナイル川の後退に沿って探索し、各人が多寡の違いはあれ金を手に入れ、誰一人（金が手に入らないと）落ち込むことはない。ナイル川が再び水位を戻すと、人びとは手元にある金を互いに商う。こうした金の大部分は……ワルカラン（Warqalān 商人の集団であるワンガラ）やマグレブの人びとに買われていく。

(Levtzion and Hopkins 2000: 111)

ガーナ王国の都は、現在のモーリタニアとマリの国境付近のクンビ・サレーに置かれていた。そこからの方角と距離、川の増水の時期、「陸の島」状の環境などを考えると、この記述のなかの「黄金の国」は、ジェンネを含むニジェール川内陸三角州一帯を指していると思われる。ジェンネを中心としたこの一帯の商人たちによる金の採掘と交易は、「黄金の国」の噂を呼ぶほどに活発であったのだ。

ジェンネはガーナ王国の版図の南端にあたる。ジェンネがガーナの王からの直接の支配を受けたという伝承は残されていないものの、ジェンネがガーナ王国を支えた塩金交易を支える重要な中継地であったことは明らかである。乾燥地帯にあるガーナ王国の都とは異なり、ジェンネはニジェール川とその支流の増水を介して、北アフリカやサハラ砂漠からの塩と、ニジェール川上流の金鉱から運ばれてくる金とが交わる場所であったからだ。

ガーナ王国の金の産出地は、はじめはセネガル川上流のバンブク地方であったと推測されている。一二世紀頃には、バンブグでの産出量の低下に伴って、ニジェール川上流のブレ地方に移動した。セネガル川流域からニジェール川流域への金鉱の移動は交易路の変化を生じさせ、おりからの乾燥化の進展と相まって（McIntosh 1998）、ガーナ王国の衰退を招いた。代わって勢力を拡大したのがマリ王国である。ガーナ王国は一二三五年、マリ王国によって滅ぼされた。

4　ジェンネのイスラーム化とサハラ交易

ジェンネの街はその当初から、交易を通じてイスラームと深い関わりをもってきた。サーディによると、「不信仰者（非ムスリム）」によってジェンネが築かれたのがヒジュラ暦の二世紀（西暦九世紀）、コイ・コンボロという人物が、ジェンネの長として初めてイスラームに改宗したのがヒジュラ暦六世紀（西暦一三世紀）ごろである（Es Sa'di 1981: 23）。

コイ・コンボロは、ジェンネの二七代目の首長であった。彼は改宗に際して、その王宮に統治領内から「四二〇〇人のイスラーム学者」を招いたという（Es Sa'di 1981: 23-24）。四二〇〇というのは誇張された数字かもしれないが、当時すでに一定数のイスラームの知識人やムスリム商人がジェンネに居住もしくは往来していたことがうかがえる伝承である。

ジェンネのコノフィア街区に、バママ・トラオレというマラブー（イスラームの知識人・僧）が住んでいる。大きな声ではきはきと話し、いつもパリッと立派なブーブーを着こなす、快活な四〇代の男性だ。彼の父親ビアビアは、ジェンネの内外で偉大なマラブーとして知られていた。評判を聞いて国内外からビアビアのもとを訪ねてくる人が後を絶たなかったという。父親は二〇〇七年に亡くなり、息子のバママが跡を継いでいる。バママにジェンネのイスラームの歴史について話を聞かせてくれと頼むと、いつになく真剣な目でこう切り出された。「まず先にあることを言わせてくれ。それを分かってくれたら話してもいい」。まず言いたいこととはいったい何なのか。「正しい真のムスリムについてだ」。彼に話を聞いた当時はちょうど、イスラームの原理主義組織がマリ北部のサハラ砂漠で活動を活発化させているというニュースが、テレビやラジオから頻繁に聞こえ始めた時期だった。

いいかい？　真のムスリムは、他人の物を盗まない。人を傷つけもしない。殺しもしない。どの宗教にも、きっと君のところの仏教にも、間違った人はいるだろう。信者だと言いながら間違った道を行く人、神への愛をもっていながら、その神がするなと言っていることをする人が。わたしは君がムスリムでないことは知っている。日本では仏教が信仰されている。若いころに学んだ。だからといって、君を敵だなんて思っていない。ほら、君のそのノートに書きとめてくれ。本当のムスリムは、人を傷つけない。

顔をぐいと近づけ、携帯電話を握りしめた手を強く上下させながら語るバママに気圧され、「分かりました」と答えるのが精いっぱいだった。わたしの答えを聞くと安心したのか、バママにいつもの快活な空気が戻ってきた。そして、コイ・コンボロの改宗についての伝承をすらすらと語ってくれた。

さて、君が知りたいのはジェンネの歴史だったな……。コイ・コンボロがジェンネの王であった時代、シー・アリというソンガイ王国の王がジェンネにやってきた。シー・アリがジェンネに来て、イスラームを広めようとした。しかし当時、住民の多くはムスリムではなかった。彼らはシー・アリを拒絶した。だからシー・アリは街なかに住まず、水が多いとき（増水期）にはシー・トーロ（ジェンネの南数百メートルの小丘）に住んだ。シー・トーロという名前は、シー・アリが住んだからそう呼ばれるようになったんだよ。現在まで、その名は残っているだろう？　水が少ない季節は、すぐそこのワンガラ・ダガ（街のすぐ南東にある小高い土地）に住んだ。彼は六年間ジェンネにいた。六年たっても、ジェンネの住民は彼の言うことを、イスラームを受け入れない。シー・アリはやる気を失い、ガオに戻ろうとした。そのとき、一人の男が、彼を引きとめた。彼は、「今ジェンネの人びとは困難を抱えている。きっとイスラームがやってくれば、そういった困難はなくなるだろう。人びとも少しずつ理解して、いずれはムスリムになる。もう少しとどまってくれ」と。その直後に、ジェンネの王のコイ・コンボロが、シー・アリの勧めで改宗した。人びとは少しずつ、首長に続いてムスリムになっていった。コイ・コンボロは自身の家があった場所をモスクにするために差し出し、そこに建てられたのがジェンネの大モスクだ。

ジェンネの首長コイ・コンボロのイスラーム改宗の経緯を語る口頭伝承には、さまざまなバージョンがある（Bâ et Daget 1984, Bourgeois 1989: 136-139）。大別すると二つだ。一つは、ジェンネに居住もしくは往来するマラブーが奇蹟を起こし、それに感嘆したコイ・コンボロがイスラームに改宗したというバージョンだ。いっこうに雨が降らず困っているときアッラーに祈願し雨を降らせた、失せ物を探していたコンボロに「探し物はここにある」と言って大きな魚を差し出し、魚の腹を割いてみると果たしてそこにあった、といった奇蹟譚が多い。もう一つは、上述のバママの話のように、サハラ砂漠の南縁にあるガオを中心とするソンガイ王国の王が、ジェンネの人びとを改宗させるべく（そして交易の重要な拠点であるジェンネを支配すべく）迫ってきた、というバージョンである。[*12] いずれのバージョンでも、ジェンネの首長として最初に改宗したのはコイ・コンボロであるとされる。

コイ・コンボロは改宗の際、ジェンネの街について以下の三つのことを神に祈願したという（Es Sa'di 1981: 24）。

一、貧困や困窮によって国を追われこの街に逃れてきた人びとは皆、神のもと、それら（貧困や困窮）に代わり、故郷を忘れるほどの豊かさと安楽を見出すように。
二、この街には、土地の者よりも多くのよそからの人びとが住まうように。
三、ジェンネの人びとが利益を得られるよう、神がこの街に商売に来る人びとから忍耐を奪い、彼らがこらえきれなくなって持ってきた商品を安値で手放すように。

ジェンネの商業都市としての繁栄を願ったこの祈願は、現在でもジェンネの人びとに語り継がれている。歴史に詳しいジェンネの人びとは、街のイスラーム化やサハラ交易がもたらした繁栄に言及する際、これらを誇らしげに引用する。コイ・コンボロは、自身が改宗した後も住民たちに信仰を強いることはなかったと言われている。住民全体のイスラーム化は、その後徐々に進んでいった。

このころのジェンネの首長は、街だけでなく周辺の一帯も治めていた。サーディによると、コイ・コンボロの時代のジェンネの領土は、西端 Tinai、東端 Tonbola（ジェンネからおよそ一〇〇キロ）、北端 Kikai（デボ湖の南岸、ジェンネからおよそ一五〇キロ）、南端 Bao（「ジェンネから歩いて一〇日かかる」距離）であった（Es Sa'di 1981: 25）。また、外部からの侵攻に備えて、領内二か所に各一二隊からなる軍が配置されていた。一つは、「マリの王からの攻撃や彼らの軍隊が許可なく侵攻してくること」を防ぐのに特化した軍であり、マリからの攻撃を予測して領土の西部にある

Sanaに配置されていた。もう一つは、ニジェール川岸にある東部のTitiliに配置されていたという（Es Sa'di 1981: 25）。

ジェンネの領土は「肥沃でたくさんの人が住んでいた。毎日たくさんの市が開かれる。非常に近く隣り合う七〇七七の村がある」という人口密度と賑わいだったという。その稠密ぶりは、「ジェンネの長がデボ湖（ジェンネから北へ約一六〇キロ）のほとりのとある村の住民を呼び寄せたければ、長が送った使者が街の門に向かい、そこから伝言を叫ぶ。すると、人びとが村から村へそれを伝え、すぐに呼び寄せたい人物にまで伝えることができる」ほどだった（Es Sa'di 1981: 24-25）。

一三二四年、マリ王国のマンサ・ムサ（ムサ王）はメッカへ巡礼に出た。「六万人の供を連れ、五〇〇人の奴隷がそれぞれの手に五〇〇ミスカール（約三キロ）の金の棒を携えていた」という（Es Sa'di 1981: 13）、大規模かつ煌びやかな巡礼隊であった。マンサ・ムサはその巡礼からの帰国に際し、イスラームに関する書物とともに、数人のシェリフ（預言者ムハンマドの子孫といわれる）をはじめ、アンダルシア出身の建築家、トルコ人やアビシニア人の兵士などを連れ帰った。ジェンネに残る口頭伝承によると、数度目の巡礼の際にマンサ・ムサはジェンネにも立ち寄り、彼がメッカから連れ帰った外国人の一部はジェンネにとどまったという（Monteil 1971: 39）。マンサ・ムサが宿泊したというヨブカイナ街区の一部は、現在のジェンネの人びとから「マサコネラ（Massakonela）」と呼ばれている。「マリ王が出向いたところ」という意味だ。

ムサ王の時代、マリ王国は、西は大西洋岸、東は現在のマリ共和国東端にまで権力を広げた。ジェンネもこの範囲に含まれる。しかし、先のジェンネの領土とマリ王国の侵攻に備える軍隊の記述からも分かるように、マリの国王によるジェンネへの直接的な支配は行われなかった。ジェンネはマリ王国の版図内でマリ王国と一定の経済的関係を保ちながら併存し、首長（ジェンネ・コイ）のもと自治を行っていた（Monteil 1971: 37）。マリの歴代の王たちは、サハラ交易の重要な拠点の一つであるジェンネを支配下に収めようと「九九回攻め込んできたが、勝利をおさめたのは常にジェンネの側であった」という伝承も残されている（Es Sa'di 1981: 21）。

5 ソンガイ王国と都市ジェンネの繁栄

強大なマリ王国からの「九九回の攻撃」にも屈さず自治を守ったと言われるジェンネであるが、一〇〇回を守りきることはできなかったようだ。街は一四六八年にソンガイ王国の支配下に入る。

ソンガイの人びとによって形成されたソンガイ王国（ガオ王国）は、ニジェール川大湾曲部のサヘル地帯に位置するガオを首都としていた。ソンガイ王国は、一四六五年に即位したソンニ・アリ・ベルのもとで一気に勢力を拡大させた。ニジェール川大湾曲部のガオに首都を置くソンガイ王国にとって、ニジェール川上流の熱帯にある金の産地からの通り道であるジェンネは、押さえておくべき重要な中継地であった。サヘル地帯—サバンナ地帯—熱帯雨林地帯—沿岸部に至る、西アフリカ内陸部を縦貫する交易路を維持するためには、ジェンネの陥落は不可欠だったのだろう。ソンニ・アリ・ベルは、「七年七か月七日」という長期にわたるジェンネとの攻防の末、一四六八年、ジェンネを支配下に収めた（Es Sa'di 1981: 26）。

ジェンネがソンガイ王国の支配下に入ったのと同じ年、サハラ南縁の交易の中継地の一つであったトンブクトゥもソンニ・アリ・ベルの侵攻を受け、ソンガイ王国の一部となった。ともにソンガイ王国の支配下に入ることで、もともとニジェール川とその支流によって繋がっていた二つの街の関係はさらに緊密になり、繁栄の度合いも増した。サハラ砂漠のすぐ南に位置するトンブクトゥは、岩塩をはじめとする北からの交易品をラクダから船に積み替える、サハラ交易の南側の玄関口にあたる。しかし、農耕や牧畜がほとんどできない乾燥地帯に位置しており、食糧の自給は困難だ。一方のジェンネは、肥沃なニジェール川内陸三角州に位置し、交易や手工業だけでなく、農業・漁業・牧畜もさかんである。トンブクトゥの維持のためには、ニジェール川とその支流を通じてジェンネから供給される穀物や肉が不可欠であった。それに加えて、サハラ交易品の要である金やコラの実なども、各地からいったんジェンネに集まり、そのうえでトンブクトゥに運ばれた。また、どちらの街も交易を通じてイスラームが比較的早くから定着していたため、西アフリカにおけるイスラームの学問の中心地としても名を上げた。

トンブクトゥとジェンネは現在、ソンガイ王国の時代以降続く密接な関係から「双子都市」と称される。しかし、ジェンネの人びとはこの呼称にとても不満げだ。ジェンネの方が都市としての歴史は古く、しかもジェンネの商人、ジェンネの領土で穫れる農作物、ジェンネの街で集積・加工された交易品なしにトンブクトゥは存続しえなかったのだから、「双子」ではなく「ジェンネが姉、トンブクトゥは妹」だというのだ。二〇世紀初頭にジェンネに滞在したモンテイユも、ジェンネなくして存在しえなかったトンブクトゥを、「サハラの縁に位置するジェンネの港にすぎなかった」と表現している（Monteil 1971: 42）。

トンブクトゥとジェンネは、ソンガイ王国の支配下にあった時代に共通の言語も普及し、現在も婚姻やコーラン学校の学生の往来、高名なマラブー同士のつながりなどを通じて近しい関係にある。しかし「ジェンネが姉」という点は譲れないらしい。ある日、長屋の中庭で近所の人たちと涼んでいると、ラジオからニュースが聞こえてきた。ユネスコとマリ文化省が、トンブクトゥにある貴重なアラビア語の古文書の保存プロジェクトに向けて協議を開始した、というニュースだった。その場にいたジェンネの人びとは、チーチーと長い舌打ちをし、大げさにも思えるあきれ顔で不満を表明し始めた。「ほーら、またトンブクトゥだ！　ジェンネは無視だよ」「トンブクトゥは白人お気に入りの街だから」「あそこにある本は、もとはジェンネにあったものだ。トンブクトゥの学生がジェンネに学びに来たときに持ち帰ったんだから！」。ジェンネの人びとのトンブクトゥに対する複雑な感情と、自分たちの街の歴史に対するプライドの高さに、よそ者のわたしは苦笑いするばかりだった。

一五─一六世紀が、サハラ交易都市としてのジェンネとトンブクトゥの最盛期であった。サーディはサハラ交易で賑わうジェンネを、以下のような壮大な言葉で称揚している。

この街は偉大で、活気に満ち、繁栄している。この街は豊かで、神に祝福され、神の寵愛を受けている。神はそのすべての寵愛をこの街に与えている。街の人びとは親切で、物腰柔らかでもてなし好きである。……ジェンネはムスリムの世界で最も大きな市場の一つでもある。ここでは、テガザ（サハラ砂漠の塩鉱）の岩塩の商人と、ビトゥ（現在のコートジボワールに位置する金鉱）から金を持ってきた商人が出会う。この神に祝福された街のために、地平線のあらゆる各地からトンブクトゥに向けて、キャラバンが流れ込むのである。(Es Sa'di 1981: 22)

しかし、商売の世界はいつでもどこでも、一見華やかなその裏にどろどろとした感情が渦巻いているようだ。先の記述の中略の部分には、実はこうある。「しかしながら、彼ら（ジェンネの人びと）は世間の幸せをうらやむ性質をもっている。もし彼らのなかの一人が幸運や利益を得ると、他の人びとは、憎しみの気持ちさえ抱いて彼に反すべく集うのだ。彼のもとに何も残らなくなるまで、あるいは彼が悪運に見舞われるまで」(Es Sa'di 1981: 22)。まったく穏やかでない表現だ。このような二面性は、現在のジェンネの人びとにもよくあてはまる。わたしがジェンネで調査したのは、サーディがこの文章を書いてから四〇〇年近く後のことだが、まるで今のジェンネの人びとのことを描写しているようだと可笑しく思う。調査中何度も、彼らのそつのない笑顔や婉曲的な表現に覆われた真意をはかりそこねて失敗した。そのたびに、ジェンネの商業都市としての長く華やかな歴史が形成した人びとの気質に恐れ入り、「自分はなんと田舎者なのだ」と落ち込んだものだった。

ソンガイ王国の時代のジェンネについての記述は、一五一〇年に西スーダーンを訪れたスペイン・グラナダ生まれのアラブ人旅行家・学者レオ・アフリカヌスによっても残されている。ジェンネの活況に驚くレオ・アフリカヌスのようすが目に浮かぶような描写だ。

次の王国は、アフリカの商人たちによってゲネオアと呼ばれているが、現地の人たちはジェンニといい、ポルトガル人やヨーロッパでこれらの地を知っている人びとはギネアといっている。前出の王国（ワラタ）と境を接しているが、両者は砂漠を隔てて五〇〇マイルほどの距離がある。

……そこは大麦、米、家畜、魚、綿花が非常に豊富である。土地の人びとは、バルバリアの商人たちとのあいだで木綿の布の取引をし、大きな利益を上げている。一方、バルバリアの商人たちは、多くのヨーロッパの布、銅、真鍮、ジアネットーニ（短剣の一種）のような武器を彼らに売る。黒人たちが使っている貨幣は刻印していない金である。彼らはまた、牛乳やパン、はちみつなどの値段の安いものの売り買いには鉄のかけらも用いている。そうしたかけらは、一リーブル（約五〇〇グラム）、半リーブル、四分の一リーブルの重さがある。

……この村の人びとは非常に身なりが良い。彼らは黒や青のゆったりとした木綿のベールを身につけており、頭も布で覆っている。ただしイスラームの聖職者と学者たちは白い布を用いている。この村は一年のうち七、八、九月の三か月は、ちょうど島のようになる。その時期、ニジェール川はナイル川のように氾濫するのだ。その時期になると、トンブクトゥの商人たちがやってくる。（Leo Africanus 1981: 464-465）

この記述にもあるように、当時のジェンネはサハラ交易の品々の集積地であるだけでなく、領域内から集められた穀物や家畜、魚、果実などの生産地であり、綿布や金銀細工の加工地でもあった。トンブクトゥなどのサヘル地帯に南部の品々を供給する地域間交易の中継地であると同時に、北アフリカの商人を介してヨーロッパとの地域外交易にも接続していた。北からもたらされた品々は、ジェンネを経由してさらに南の沿岸部に至る地域にまで運ばれていった。

このころになると、ジェンネの名はヨーロッパ諸国の商人たちの耳にも届くようになる。ポルトガルをはじめとするヨーロッパ諸国は、一五世紀に入ってアフリカ進出を図るべく、西アフリカの沿岸部に交易拠点を築いていった。こうしたヨーロッパ商人たちが、ジェンネに関する断片的な記録を書き残している。

ジェノヴァの商人アントニウス・マルファンテは、金の交易のため、一四四七年にトゥアート（現在のアルジェリア中部のオアシス）に滞在していた。彼の取引相手は、三〇年間トンブクトゥに暮らし、一四年間「黒人の地」（ニジェール川内陸三角州）にも住んでいたという男で、トゥアートで最も金持ちな人物であったという。彼はマルファンテに、ガオ、トンブクトゥ、ジェンネという街があることを教えてくれた。彼によると、「これらの街はイスラームの地である」ものの、「そこから南には広大な黒人の不信仰者たちの地が広がって」いるという。マルファンテはこう書いている。

私はたびたび、金がある場所や金が集められる場所はどこにあるのかと尋ねた。私の取引相手はこう答えた。「私は一四年間黒人の地に暮らしたが、決定的な知識をもってこれに答えられる人を、見たことも聞いたこともない。これが、金がどのように見つけられ集められるのかということに対する私の経験だ。はっきりしていることは、金は遠く離れたところ、私が思うに、ある特定の場所から来ているということだ」と。（Wilks 1993: 8-9）

トンブクトゥ出身の裕福な商人で、ニジェール川内陸三角州にも長年暮らしていたというこの取引相手は、本当にブレやバンブクといった当時の金鉱の名を知らなかったのだろうか。あるいは、西アフリカに食指を伸ばしつつあるヨーロッパの商人に金の在りかを教えてなるかと、煙に巻いたのかもしれない。実際、一五世紀から一七世紀に至るまで、多くのヨーロッパ商人たちは、自分たちが買い付けている金がいったいどこで採掘されているのか、明確につきとめることはできなかった。一五世紀末に西アフリカの沿岸部にいたポルトガル人は、金が産出される内陸部は「犬のような頭、歯、尻尾をもつ住民たちが住む地」だと聞かされていた（Pereiea 1967: 64-65）。一六七九年、「黄金海岸」に運び込まれる大量の金を買い付けていたオランダ人商人も、金の産地と現地の商人たちの出身地とを混同していた。金の産地は「トンブクトゥ、ジェンネ、ガオといった大きな街のすぐ近く」だと考えていたのだ（Wilks 1961: 32）。

彼らとは異なり、一四九三—九五年にかけて現在のモーリタニアに滞在したジョアン・ロドリゲスという人物は、西アフリカ内陸部の交易に関する詳細な情報を得ている。ロドリゲスの語りをもとにした記録は、リスボン在住のヴァレンティム・フェルナンデスによって一五〇六―〇七年に編纂された文献に収められている。トンブクトゥとジェンネに関する正確かつ詳細な記述から、当時これらの街がいかに重要な交易拠点であったか、また、ヨーロッパの商人がいかに熱心に「謎の金の流通経路」を探ろうとしていたかが窺い知れる。

トンブクトゥはとても重要な街で、エニル川（ナイル川＝ニジェール川のこと）のほとりに位置している。そこでは、東から西からやってきて塩と交換されるすべての金が蓄えられ、重要な交易の要となっている。街はワラタ（現在のモーリタニア南東部にあるオアシスでサハラ交易の中継地の一つ）から歩いて一五日の距離にある。そこではラクダと塩が売られており、二つ合わせて一〇〇ミスカール、場合によっては一二〇ミスカールである。（塩を運ぶのに用いられた）ラクダはその場で食べられるが、塩はトンブクトゥで船に積み替えられる。これらの船は川を一五日間航行し、マリの王国のジニ（ジェンネ）と呼ばれる街に向かう。ジニは石と石灰でできており、壁に囲まれた大きな街である。金鉱に行く商人たちがやってくるのがこの街だ。こうした交易者たちは、赤や茶色の肌をもつウンガロス（ワンガラ）と呼ばれる特定の集団に属している。実際、この集団の者以外は誰も金鉱に近づくことを許されておらず、他の者は排除される。なぜなら、彼らは非常に信頼できる人びとだと見なされているからだ。他の者たちは、白人であれ黒人であれ、そこに近づくことはできない。このウンガロスたちがジェンネにやってくるとき、各商人は一〇〇から二〇〇人あるいはそれ以上の黒人奴隷を連れてくる。ジェンネから金鉱まで塩を頭に載せて運ばせ、そしてそこからは金を運ばせるためである。(Fernandes 1938: 85-87)

このように金交易を独占するワンガラのなかには、年間に一万オンス（約三〇〇キロ）の金に相当する収益を上げていた者もいたという(Fernandes 1938: 87)。当時のジェンネは、大量に運び込まれる金でキラキラとまぶしかったに違いない。

ポルトガル人の航海船長であり学者でもあったドゥアルテ・パチェコ・ペレイラは、一五〇五―〇八年に残した記録のなかで、ガンビア川でマリ人の商人から耳にした話として、以下のように書いている。

この湖（ニジェール川内陸三角州）の上には、トンブクトゥと呼ばれる王国があり、その湖の近くには同じ名前の街がある。また、黒人が住み泥づくりの壁に囲まれたジェンネという街もあり、そこには金がもたらす大きな富がある。そこでは真鍮や銅、赤や青の布、そして塩が高い価値をもち、布以外のすべてが量り売りされている。また、クローブやコショウ、サフラン、上質なシルク糸の束、砂糖なども非常に高い価値をもつ。この地の交易はとても規模が大きい。（Pereira 1892: 50-53）

一五世紀末から一六世紀初頭、ジェンネやトンブクトゥの賑わいを伝える話は、西アフリカ沿岸部に往来していたヨーロッパ人交易者たちの関心を大いにかきたてたことだろう。しかしながら、ヨーロッパ人がこれらの「幻の都」に到達するのは、いくどもの探検の失敗を経た三〇〇年以上あと、一九世紀初頭だった。

6　ジェンネとモロッコ

ソンガイ王国は、一五四九―八三年のアスキア・ダウド在位のあいだに、その版図を最も拡大させたといわれている。しかし、ダウドが退位したころから、ソンガイ王国は徐々に衰退していく。このころになると、ヨーロッパが大西洋岸を拠点に内陸部への交易路の開発を進めるようになり、サハラ交易路の重要性が相対的に弱まった。それまで、金をはじめとする西アフリカ内陸部の産品がヨーロッパに至るには、熱帯↓サバンナ地帯↓サヘル地帯↓北アフリカ

↓ヨーロッパという、北に向かう河川―砂漠ルートをたどっていた。それが沿岸部から内陸部へのヨーロッパの進出により、サバンナ地帯・熱帯↓西アフリカ沿岸部↓ヨーロッパという、南向きの河川―海洋ルートにシフトし始めたのである。交易における求心力を徐々に失ったソンガイ王国は、一五九一年、モロッコのスルタンが送り込んだ軍隊に制圧された。

同年（一五九一年）、モロッコ軍はジェンネにも侵攻した。ジェンネにはモロッコのスルタンからカーディ（判事）が派遣された。ジェンネはこうしてモロッコの間接的な支配下に入ったが、都市としての賑わいが衰えたわけではなかったという（Sanankoua 1995: 11）。ニジェール川とその支流を通じて、北のサヘル地帯とも南の熱帯地帯ともつながるジェンネは、異なる気候帯の産品が行きかう地域間交易の要所であり続けた。

モロッコから派遣された役人による統治は、ジェンネに今日まで続くさまざまな影響を及ぼした。一つは、民族の多様性である。ニジェール川内陸三角州全体で見られたことであるが、ジェンネでは特にモロッコ人との混血が多かったという（Monteil 1971: 83）。肌の色や顔立ちから推察することは難しいが、現在でも、「祖先はモロッコから来た」と自認するジェンネのクランが複数ある。

モロッコの影響は他にも、住居の様式、土器の装飾、食べ物、衣服、装飾品など多岐にわたる（Monteil 1971: 84）。とりわけジェンネの家々には、モロッコの「名残り」が強い。*13 たとえば、ジェンネの人びとが「モロッコ窓」と呼ぶ窓の造りがある。小さな星型にくりぬかれたり、細かい格子状になっている木が、金具で優美に装飾された窓枠にはめこまれた窓だ。中東や北アフリカのイスラーム圏でよく見かける、「ムシャラビア」とも呼ばれる格子造りである。この窓を通すと、薄暗い内からは明るい外がよく見え、逆に外からは内が見えにくい。また、日差しが強烈なジェンネにおいて、風は通しつつ日差しは極力避けることができるのも、この窓が重宝される所以だろう。ジェンネのある女性は、「モロッコのムシャラビア窓」の機能美をこう一蹴した。「この窓をジェンネに持ち込んだのがモロッコ人だっていうのは、本当によく理解できるわね」。どういう意味かと問うと、こう続けた。「アラブの男たちはやきもち

写真５　「モロッコ窓」を配したジェンネの住宅

やきだから。この窓だと、開けていても外から内は見られない。私のような美人な奥さんが、他の男から覗き見られないようにしたかったのよ」。「モロッコ窓」は美しく機能的で、ジェンネの文化的混淆の妙を体現する良い窓だと思うが、ここ一〇年ほどでより安価なトタン窓や鉄の格子にとって代わられつつある（写真5）。

ジェンネの人びとは、生活のさまざまな側面、とりわけ建築と革細工や刺繍、指物などの手工芸の分野にモロッコの要素を取り入れた。しかし政治的な側面からいえば、モロッコの影響力は限定的であった。モンテイユによると、ジェンネの街はソンニ・アリ・ベルが攻め込んできた一六世紀以降も、住民から選出される長と、彼が招集する代表者たちから成る評議会によって統治されていたという。評議会は、市場の管理や軍隊の整備、交易の調整、域内の住民に対する課税などを行っていた（Monteil 1971: 41-54）。

モロッコの支配下に入っても、ジェンネの自治は維持された。モロッコ支配下のジェンネに赴任していたサーディは、当時のジェンネとモロッコの関係を示すある事件について記している。一六三二年、モロッコの支配に反抗的であり続けたジェンネに手を焼いていたモロッコ人判事が、モロッコと手を結ぶという盟約を破ったとして、ジェンネの長を捕えて投獄した。彼は拷問の末に殺され、その首は街の市場に晒された。これに怒ったジェンネやその周辺の人びとは、四か月間にわたってモロッコ側に激しく抗議し続けた。最終的には、ジェンネの人びとがモロッコの譲歩を引き出すことに成功したという（Es Sa'di 1981: 379-382）。当時モロッコから派遣された支配層は、西アフリカ内陸部の人口のごく一部にとどまっていた。西アフリカに居住するフルベとの抗争が相次いだこともあいまって、モロッコの西アフリカにおける統制力は、マリ王国やソンガイ王国のそれに比べ脆弱で不安定であった（Sanankoua 1995: 10-11）。

この不安定さを突いて、一七七〇年ごろからセグー（現在のマリ南東部）を中心としたバンバラ（セグー）王国が、ニジェール川内陸三角州とその周辺に勢力を拡大した。しかしジェンネにおいては、バンバラ王国からの介入は交易に関する税の徴収にとどまり、王国からの実効的な支配は行われなかった。それは、ジェンネの統治をジェンネの人びとに委ねたままの方が、安定的な交易とそこからの利益が守られると考えられていたからだった（Dembélé 1994: 26）。しかし、一九世紀に入って活発化したフルベによるジハード運動が、こうした安定を脅かすようになった。彼らは、ジェンネの経済的特権を手中におさめようと考えただけでなく、ジェンネがコイ・コンボロの改宗以来保ってきた独自のイスラームの在り方にも異議を唱えた点で、これまでの外部勢力とは異なっていた。

7 ジェンネとセク・アマドゥのジハード勢力

一九世紀に入り、ニジェール川内陸三角州では、セク・アマドゥのジハード勢力が拡大した。セク・アマドゥは、一七七六年に現在の州都モプチに近い村マランゴルで生まれたフルベである。青年期には九か月間、ジェンネのコーラン学校でも学んでいる。セク・アマドゥが学んでいた一八〇〇年ごろのジェンネの人びとのイスラームの実践は、非常に「ゆるやかな」ものであった（Dembélé 1994: 29）。

ジェンネのイスラームの在り方に反発したセク・アマドゥは、それを保持しようとするジェンネの住民たちと激しく対立し、ジェンネから追放された。彼はその後、ジェンネから北東六〇キロほどの村ヌクマに移動した。そこで非ムスリムであったこの地のアルド（*ardo* フルベの長）に対して「ジハード」を宣誓し、武装蜂起を行った（Monteil 1971: 102-103）。

セク・アマドゥの勢力は、一八一九年にジェンネにも侵攻した。彼のジハード勢力は当初、ジェンネの住民の強い反発を受けた。しかし軍事力を武器に徐々にその支配を浸透させ、一九三〇年ごろにはジェンネに軍隊を配置し税金を課すなど、支配を定着させるに至ったという（Bâ et Daget 1984: 151-152）。彼はそのあいだ、ジェンネから約四〇キロ北東に、ハムダライ（Hamdallaye「アッラーの祝福」の意）という街を拓き、彼が統治するマーシナ国の首都とした。彼は政治組織や徴税の体系だけでなく、衣服や歌・踊りなどにおいても「厳密な」イスラームの実践を人びとに徹底することをめざした（Johnson 1976）。

この方針はジェンネでも徹底され、セク・アマドゥはジェンネの巨大で壮麗なモスクを「華美にすぎる」と批判して破壊し、ごく簡素なモスクを建設した（Bourgeois 1987）。そのときのようすを、ジェンネのヨブカイナ街区でコーラン学校を開いているアルファ・マハマドゥ・ダランベが教えてくれた。彼とその兄弟たちが開いているコーラン学校は、一〇〇以上のコーラン学校があるといわれるジェンネのなかでも名の知られた、規模の大きな学校だ（写真6）。すでに自身もコーラン学校の教師を務めているような大人が、さらに深い知識を得るために学ぶ高等コーラン学校も併設している。ダランベは、非常に高い知識と深い信仰心を持つムスリムである。彼の穏やかな物腰は、そのあまりに透徹した穏やかさゆえに、普段かしこまった雰囲気が苦手なわたしでさえ自然と居住まいを正すほどであった。そんな敬虔な彼も、イスラームの名のもとにジェンネの人びと自慢のモスクを破壊し、ジェンネのイスラームの在り方を否定したセク・アマドゥの行為は、許しがたかったようだ。代々伝わるジェンネの歴史を書き写したという写本は閉じて手元に置いたまま、質問をはさむ隙もないほど一息に語った。

セク・アマドゥがジェンネに来てモスクを建てようとしたとき、ジェンネのマラブーたちは拒否した。承諾しなかった。

写真６　アルファ・アハマドゥ・ダランベの自宅兼コーラン学校

当時ジェンネでは、モスクのなかで人びとがダンスをしたりドーロ（ソルガムなどから作る酒）を飲んだりしていた。そのため、セク・アマドゥはそれとは別に、新しいモスクを建てたがっていた。しかしここのマラブーたちはそれに反対だった。会合を開き、セク・アマドゥのもとに使者を送ることにした。「話し合いたいのでわたしたちの会合に出席してくれ」と、セク・アマドゥに伝えるために。

そのときセク・アマドゥは、ウルンディ・スルというジェンネからほど近い村に住んでいた。マラブーたちがそこに使者を送ったところ、アマドゥは使者に動物の革（でできた敷物）と鞭、そして老人が持つような杖を渡した。その杖の先には、刀がついていた。使者はそれをジェンネに持ち帰った。マラブーたちは、この品々はどういう意味だろうかと考えた。「話し合おう、会合に参加してくれ」と伝えたのに、返事としてこのような品々をよこしてくる。それはつまり、こういう意味だった。「革の上に座る（上に立つ）のはわたしセク・アマドゥだ。もしそれを認めない者がいたら、鞭で打つ。さらにそれでも認めないのなら、刃物で切りつける」。セク・アマドゥはこれらの品をよこしてきて、今や自分がジェンネの長なのだと思い知らせようとしたのだ。

マラブーたちはそれを理解して、またセク・アマドゥのもとに使者をよこした。そしてこう伝えた。「あなたの言いたいことは分かった。今やあなたには武力がある。新しい場所に新しいモスクを建てるのを了承しよう」と。しかしマラブーたちはその後、セク・アマドゥに知られないようにこっそりと集まっていた。将来いつかは、私たちのモスクがまた最初の場所に建てられるよう祈祷していた。

セク・アマドゥのモスクの建設は、タバスキ（イード・アル＝アドハー、イスラームの犠牲祭）の月の二日目から始められた。ヒジュラ暦で一二四九年（西暦一八三三／三四）のことだった。終わったのは翌年のことだった。その年の第五の月の二三日目から、その新しいモスクでの礼拝が始められた。

そして、セク・アマドゥは最初のモスクを崩壊させた。ムスリムにとってモスクを破壊することは許されない。神はそれを良しとしない。ジェンネのモスクは泥でできている。排水溝をふさいでしまえば、セク・アマドゥが打ち壊さずとも、みずから崩れていく。そうして、セク・アマドゥは、最初のモスクを放棄した。そしてそこは墓になった。


セク・アマドゥがジェンネの初代のモスクを打ち壊し、簡素な二代目のモスクを建てたのが一八三三年のこと。現在ジェンネの街の中心にたたずむ三代目のモスクが建てられたのは、一九〇七年のこと（写真7、8）。その後、セク・アマドゥのモスクは放置され、その敷地は現在、学校になっている。ダランべが語った、「将来いつかは、私たちのモスクがまた最初の場所に建てられるように」というジェンネの人びとの祈祷が通じたのだろうか。三代目にあたる現在のモスクは、初代のモスクとまったく同じ場所に建っており、初代の意匠を踏襲した「華美な」ものとなっている。

8　探検家たちが見たジェンネ

ジェンネがセク・アマドゥの支配下にある一八二八年、フランス人探検家ルネ・カイエが、ヨーロッパ人としては初めてジェンネを訪れている（Caillé 1996: 131-162）。

一八二一年のパリで、国会議員や地理学者などが中心となって「地理学協会」が設立された。「未知の国への旅行の着手」を目的の一つに掲げた地理学協会は、一八二四年に西アフリカ内陸部への探検旅行を計画し、探検家を募った。ヨーロッパ人未踏の地であるトンブクトゥを訪れその地図を携えて無事生還した者には、一万フランの賞金を授与するという、「黄金の都」への冒険旅行プロジェクトだった（Lejeune 1993: 24-39）。

イギリスではすでに、パリの地理学協会に先立って、「アフリカ内陸部発見推進協会」（通称「アフリカ協会」）が西

写真７　1900年ごろ撮影されたセク・アマドゥが建てたモスク
出所）Gardi et al. eds. 1995: 79.

写真８　1893年ごろ撮影された朽ちつつある初代のモスク
出所）Gardi et al. eds. 1995: 157.

アフリカ内陸部に探検家を送り込んでいた。アフリカ協会から得た資金をもとに、マンゴ・パークというスコットランド人が、一七九五―九七年と一八〇五―〇六年の二度にわたって西アフリカ内陸部の探検を行っている。彼は、ガンビア川を内陸に向かって東進し、セネガル川の上流まで至った。その後、モール（英語ではムーア）人に捕えられて数か月間軟禁されながらも、どうにかニジェール川までたどり着き、ニジェール川沿いのセグーを訪れている。彼が記した探検記『アフリカ内陸部への旅（*Travels in the Interior Districts of Africa*）』（一七九九年）は、西アフリカの諸社会についての詳細な情報と率直な記述から好評を博した（Park 1980）。彼の二度目の探検は、四〇人のイギリス人兵士を伴う計四三人の規模で始まった。前回よりさらに「奥地」への探検を目指したが、道中での疫病や襲撃によって隊員は四人にまで減り、最終的には全員が死亡する。トンブクトゥにも目前まで近づいたものの、現地の人びとに撃退され、足を踏み入れることはできなかったという。

ルネ・カイエは、マンゴ・パークをはじめとした先人たちの失敗から学び、単独で内陸部への探検に出ることにした。まず彼は、セネガルの沿岸部で現地の言語とイスラームの知識を身につけた。そして、ヨーロッパ人ではなく、「幼いころ、ナポレオンのエジプト遠征時に捕えられヨーロッパへ連れていかれたアラブ人」という架空の身の上を作り込んだうえで探検に臨んだ。彼は、トンブクトゥに至る約一か月前の一八二七年三月にジェンネに到達し、ジェンネの住民の家に約二週間滞在した。彼は、当時のジェンネのようすを、好奇心あふれる筆致で描写している（Caillé 1996）。

ジェンネはこの大きな島のなかにあり、川の支流に囲まれていた。たくさんの大きなカヌーが港に並んでいる。積み荷を待つ停泊中のカヌー、陸に上げられた修繕中のカヌーもある。こうしたカヌーの大きさに驚く。……

わたしは市場を散策した。とても多くの人がいることに驚く。市場は品ぞろえが良く、生活に必要なものは何でもある。食糧品を売りに来たり、塩やそのほかの品々を買いにやってきた外国人と周辺の村々の人たちが、常に競っていた。……

市場のまわりには、高価なヨーロッパからの品々も十分に取り扱っている商店が立ち並ぶ。たくさんのインド綿布、ギニア綿布、真紅色の布、火打石などなど。……色のついたガラス玉、琥珀、珊瑚、小さな棒状の硫黄、ここで作られたという火薬も売られている。……

……ジェンネに住むモール人は、店を構えていない。彼らは卸売商人であり、彼らの仲間や奴隷が商品を小分けにして売っている。……彼らは、たくさんの櫛、たくさんの象牙や金、たくさんの米、トウジンビエ、蜂蜜、蝋、この地方の布、小さな玉ねぎなどを独占している。これらすべてが、トンブクトゥに運ばれるべく、彼らの倉庫に保管されている。そこ（トンブクトゥ）には、これらの品々を塩やたばこやヨーロッパの品々と交換する、彼らの取引先がいるのだ。

ジェンネの黒人は同じく卸売業者だが、それほど多くはない。高価なものはほとんど取り扱っていないが、たくさんのザンバラ（おそらくスンバラのこと。西アフリカの調味料）、ナツメヤシ、唐辛子、胡椒、バオバブの葉と果実、オクラ、ギニアのスイバの葉と果実、ピスタチオ、インゲンマメなどを扱っている。これらは周辺からジェンネに集まったものである。これらの他に、ひょうたんや料理用の土器もトンブクトゥに送られる。……

昔の旅人たちは、ジェンネを「黄金の国」と名づけた。しかし実際は、この周辺では金は産出されない。ブレからやってくる商人やコンの国（現在のコートジボワールにあった王国）のマンディングの商人たちが、頻繁に（ジェンネに金を）運んでくるのである。……ジェンネのモール人の奴隷たちは、とても良いものを食べ、良い服を着て、それほど働かされていない。我々ヨーロッパの一部の農民よりも好ましいくらいである。

……ジェンネの住民はとても勤勉だ。……彼らは賢い人たちであり、投機目的で奴隷を使役し、金持ちは商業に、貧者は多様な仕事に就いていた。トンブクトゥで売るための衣服を作る者、鍛冶屋、大工、革細工師、土器づくり、ゴザづくり、漁民などがいた。ここでは、すべての人間が有用であった。

……ジェンネの人びとは良いものを食べている。市が毎日開かれているから、新鮮な肉と一緒に炊いた米を食べている。細かいトウジンビエでクスクスを作り、豊富な鮮魚や干し魚と混ぜ合わせることもある。彼らは料理にしっかり調味料を加え、トウガラシもたっぷり入れる。塩もこの街では十分にあって、誰もが料理に加えることができる。(Caillé 1996: 132-151)

当時の西アフリカは、サハラ交易が衰退し、諸王国が崩壊した後にさまざまな勢力が生じては対立する混乱期にあった。しかし、ルネ・カイエの描写するジェンネはまるで、こうした政治的混乱の外にあるかのようだ。セク・アマドゥによる宗教的な制約が課せられていた当時も、ジェンネの市場は活気に満ちており、大規模な商業を行うモール人をはじめ、多様な出自の多様な生業の人びとが生活していたことが窺える。

セク・アマドゥのジハード勢力によるジェンネの支配は、エル・ハジ・ウマールが起こした別のジハード運動によって終焉する。エル・ハジ・ウマールの勢力はフータ・トロ(現在のセネガルにあった王国)からやってきたため、「フタンケ(futanké)」とも呼ばれる。フタンケは、一八六二年にセク・アマドゥのマーシナ国の首都ハムダライを征服し、その後一八六六年にジェンネにもやってきた。ジェンネとフタンケとの攻防は二〇年以上続き、この戦争は、ジェンネに富をもたらす商業の流れもひどく荒廃させ混乱させたという(Sanankoua 1995: 12)。フタンケとの戦いと、ヨーロッパ人の内陸部への進出が影響し、ジェンネの交易都市としての重要性も少しずつ低下していった。

ジェンネの人びとは、ジェンネの斜陽と疲弊について多くを語りたくないのだろう。あるいは、サーディやカティが二つのタリクに書き残した時代以降の出来事であるため、語りが継承されにくかったのかもしれない。それよりずっと以前の一〇世紀や一五世紀のジェンネのようすを伝える伝承は数多く聞かれるのに、この時期の歴史語りはほとんど聞かれなかった。あえて尋ねても、「そのあとフタンケが来た。そしてフランスがやってきた」といった具合に、駆け足で語られる。それまでの交易の繁栄と独自のイスラームの歴史に饒舌である分、この語りの不在はどこか切ないものだった。

9 ジェンネとフランスの植民地支配

フタンケの勢力とジェンネとのあいだで攻防が行われていたころ、フランスの植民地政府軍も内陸部に向け侵攻してきていた。その侵攻はジェンネにも及び、一八九三年四月一二日、ジェンネはルイ・アルシナール大将率いるフランスの植民地政府軍の攻撃に陥落した。アルシナール大将は、ジェンネ侵攻のようすを報告書にこう記している。

隊列はジェンネの前方に位置をとった。市壁から約四〇〇メートルの距離である。いくつもある門は閉じられ、誰も市壁の外に出てこない。……（偵察のため先発で送り込んだ）我々の使者が市壁のすぐ下まで進むと、ときおり投げ槍で威嚇攻撃をする防衛者たちがそこにいた。（Archinard 1896: 12-18）

市壁の門をしっかり閉ざして外敵の気配を窺う、ジェンネの人びとの緊張感が伝わってくる。フランス軍が攻めてきたことは、ジェンネの人びとにとって衝撃的な出来事であったのだろう。再び、ジェンネの人びとの口からさまざまな語りが溢れ出した。「フランス人との戦いを終わらせた」とされる女性の子孫ハルモ・ナボが、そのときのことを語ってくれた。その興奮した口調には、あたかもその目でジェンネとフランス軍の攻防を見てきたかのような臨場感が溢れていた。

チュバブ（フランス人）がジェンネに攻めてきた。チュバブが九八人のジェンネの人を殺した。彼らは鉄砲と爆弾を持っていた。鉄砲はどんどん人を殺していった。ペルペルペルペルペルペル！

戦いは二日間続いた。街の人は全員、チュバブに反対だった。そのときそこに、わたしたちの父方のおばがいた。彼女はその戦いを終わらせた人だ。彼女は旗を持って、チュバブに渡した。「分かった。あなたたちに同意する」と言って。彼女は賢い女性だった。もしこのまま戦が続けば、ジェンネの人びとが全員死んでしまうことを分かっていた。だから、白い布でできた旗をチュバブに渡しにいった。彼女は実に勇敢だった。彼女の名前は、アミナタ・コンタオといった。

フランス軍の記録によると、ジェンネへの侵攻では、フランス軍から五六六発の砲弾と三万九八〇〇発の銃弾が放たれたという。フランス軍側は二人の役人、一二人の狙撃兵を亡くし、一六名が重傷を負った。ジェンネの住民の側は、最終的に五一〇人が死亡した。負傷者数は記録されていないが、一二〇〇人に及ぶと推定されている（Gardi 1995: 18）。

セク・アマドゥとジェンネの関係について教えてくれたダランベは、フランス軍の攻撃についても語ってくれた。フランス軍が街に入ってきたとき、彼の家に多くの人びとが逃げ込んできたという。

チュバブがジェンネを攻めてきたとき、ジェンネの人びとはここ（彼の自宅の玄関間。通りに面した入口を持ち、通りより数十センチ低くなった一〇畳ほどのスペース）に逃げ込んできた。たくさんの人が逃げ込んだ。そして、ここに逃げ込んだ人は全員助かった。ここの扉は開いていたというのに。チュバブ兵士には、開いていることが見えなかったのだ。我々はアッラーの力で守られていたので、兵士には開いている扉が見えなかった。扉が開いているときの方が、人びとは守られていた。というのも、ある人がここに逃げ込んできて、扉を閉めた。その瞬間、チュバブ兵士が気づいて、その扉を銃で撃ってきた。あの扉だ。見えるだろう？　あれはあのときのままだ。左の上に空いているあの穴が、その銃弾の穴だよ。

先のアルシナール大将のレポートには、戦果の報告だけでなく、このような記述も見られる。侵略のための戦闘をしかけながらも、どこか旅行者然とした目線でジェンネを描写し、彼なりの表現でおそらくはジェンネを「褒めて」

いる。その図太さには恐れ入る。

チュニジアに派遣されていた隊の曹長たちが、ジェンネはケルアン（カイルアン、チュニジアの都市）に似ていると言い、我々の黒人（アフリカ人兵）たちはこの街を、サン・ルイ（セネガルの都市）と比較している。私は、この街は私がスーダーンで見たなかで最も豊かで最も商業的な都市だと思う。ヨーロッパ人にとってこの街は都市に近く、他の数々の黒人の中心地とはまったく異なっている。（Archinard 1896）

その年のうちに、フランス植民地政府からジェンネに、最初のフランス人コマンダン（司令官）が派遣された。そして、ジェンネの街とその領土は、ジェンネリ郡（Canton de Djennerie）という植民地行政単位に再編された。郡はさらに「民族」ごとに分割され、ジェンネリ郡は四四に分けられた。ジェンネの街は以前からあった街区の境界をふまえて区切られ、さらに各街区が「ジェネケ（ジェンネ人 Djennéké）」と「フルベ（Foulbé）」に区分された。[*14]

ジェンネにおけるフランスの植民地支配について、ジェンネのアマドゥ・イスマイラ・ジャロが説明してくれた。一九三〇年生まれの彼は、ジェンネの小中学校の元校長であり、一九八二年から二期、ジェンネ・セルクル選出の国会議員も務めた地元の名士だ。ジェンネの歴史研究家でもある。彼によると、フランス植民地政府は民族ごとの行政を重視しており、ジェンネでは「ジェンネ人」と「フルベ」の区分だけでなく、バマナン、モシ、マルカ、ソンガイ、マリンケ、ソモノ、ボゾ、ブア、ドゴンそれぞれの「民族」の代表者を決めるよう命じたという。民族の長はフランス人が任命するのではなく、住民間の話し合いで選ばれた。フランスが来る前にも、それぞれの民族内で力のある人や経済的に豊かな人、尊敬を集める人はいたものの、そうした人が行政にも関わる民族の長として選ばれていたわけではなかった。「民族のあいだにあるものはボロ・テレイ（人間関係）であって、ココイ・テレイ（統治、権威）ではない」からだ。しかし民族ごとの長を置くように指示されたため、各民族のなかで尊敬を集めていた人のなかから、アラビア語かフランス語の読み書きができる者が、正式な代表者として選ばれたという。

アマドゥ・イスマイラ・ジャロが説明した民族の長に限らず、フランス植民地政府は、住民への指示の伝達を円滑にするため、「仲介者（médiateur）」の適任者を絶えず調査していたようだ。マリの国立古文書館に保管されているフランス植民地政府の資料のなかには、ジェンネリ郡のアルファ（マラブーのジェンネでの呼称）七八人（うちジェンネの街のアルファ三五人）の面接調査結果が残されている（Archive nationale du Mali 4E-695）。ジャロによると、アルファは文字（アラビア語）の読み書きに長け、周囲からの尊敬も集めていることから、仲介者として重宝されていたという。たとえば一九二一年七月二五日の植民地政府による人物記録には、アルファモイ・テネンタオというアルファについてこう記されている。「彼の一家はモロッコの時代にジェンネに移り住んできた。……小規模なコーラン学校を開いている。たくさんの耕作を行っており、経済的状況には余裕がある。ジェンネでは大変よく知られており、かなりの影響力をもつ」。

一九二二年生まれのアルファ・セク・ヤロも、植民地支配下にあったジェンネのことを詳細に記憶していた。彼は、農業のかたわら、ジェンネでコーラン学校の教師を務めている。知的で穏やかな目が印象的な、やさしいおじいさんだ。


子どものころ、学校へは毎日通った。一九三〇年から一九三九年まで。学校を終えたのは一九三九年一〇月一五日だった。フランスの植民地時代だったから、学校はEcole régionaleと呼ばれていた。校舎はいま学校があるのと同じ場所にあったよ。教師は皆がフランス人というわけではなかった。黒い先生もいた。ただ、わたしが通っていたころから独立のときまで、校長はチュバブが務めていた。学校に通うのは義務だったが、子どもを通わせない親もたくさんいた。なかには、学校にお金を払って、子どもが学校に行くのを免れるようにする親もいた。そのときは、チュバブの学校に子どもを通わせることを、ジェンネの人は嫌がっていた。学校は子どもだけの天国で、あそこに行くと子どもは馬鹿になるし、（生業に関する）仕事が覚えられない、と考えられていた。

わたしは一九三七年から一九三九年のあいだ、チュバブの命令による強制労働に駆り出された。ジェンネで建築現場や牧畜の仕事をさせられた。わたしは稲作民だから牧畜はしたことはなかったけど、強制労働では牛と豚を育てた。ムスリムばかりのジェンネで誰が豚を食べるのかって？　もちろん、チュバブだよ。学校の校長とか軍人とか。今のジョボロの助産院のところに畑と豚の牧場があった。学校帰りにそこに行って、豚の世話をした。

わたしはジェンネの外で働かされたことはなかった。友達のなかには、ここから歩いて何日も何週間もかかるところで、道路の建設に従事した者もいた。今のバマコからモプチ、その先のガオあたりまで続いている道を通ったことがあるだろう？　あの道は当時作られた。そこの掃除や修繕に、ジェンネからもたくさんの人が駆り出された。あの当時、丈夫な男であったなら、家で横になることなどできなかった。いつも強制労働に駆り出される。漁民の男たちは、いつも建物を作ったり、カヌーを移動させる仕事をしていた。わたしは米も育てた。当時は、今の橋があるあたりに田んぼがあった。そこは学校専用の田んぼで、生徒が耕していた。もちろんわたしたち生徒のための米ではない。チュバブのための米だよ。三か月の休暇のあいだ、生徒をいくつかのグループに分けて、一五日間ずつ仕事をさせられた。コーラン学校に通い、チュバブの学校に通い、チュバブのために豚を育て、米を育て……。あのころは本当に大変だった。

税金もチュバブから課されていた。税金を払えないと、払えなかった一〇人とか一五人をまとめて、腕をしばってつなぐ。そして月曜日に、街中を歩かされるんだ。月曜日は、君も知っているだろう？　ジェンネのお祭り（定期市）の日だ。ずっと昔から市は月曜だった。だから、そうやって街を歩かせれば、皆が見る。そうやって税金を払えなかった人を皆に示したんだ。他にも「トロマ（トラウマ）」と呼ばれる制度があった。税金を払えないと、その子どもか奴隷を、チュバブに差し出さなければならない。支払えば、返してもらえる。

嫌なことばかりでもなかった。一一月一一日と七月一四日には、チュバブが催す祭りがあった。一一月一一日は、ジェンネのまわりからも人が集まってカヌー・レースをした。七月一四日は、音楽の演奏やダンスが開かれた。この日は、チュバブの記念日だからね（七月一四日はフランスの革命記念日、一九一八年以降は一一月一一日はフランスの第一次大戦休戦記念日)。青・白・赤のチュバブの旗が飾られていた。
マリがフランスから独立した日のことは、とてもよく覚えている。みんな大喜びだった。でも、年寄りのなかには、満足していない者もいた。チュバブの時代は、チュバブが支配していたので、静かだった。でも独立したらまた、チュバブが来る前のように、あちこちからジェンネに攻撃をしかけてくる人たちが出てくるんじゃないかと考えたんだ。

フランスによる植民地支配は、一九六〇年にマリが独立するまで、六七年間続いた。ジェンネはそのあいだ、サハラ交易の中継都市としての機能と繁栄をほぼ失った。その最大の理由は、運輸路の変化である。フランス植民地政府の領土開発にとっては、北からサハラ砂漠を越えてジェンネを経由する南進ルートではなく、大西洋沿岸部から西アフリカ内陸部へ北進するルートが重要であった。ニジェール川本流ではなく支流のバニ川のさらに分流に面しているジェンネに、大型の船舶は接近できない。また、内陸三角州の氾濫原は車での往来が困難である。そのため交易と統治の拠点は、バマコやモプチなどのニジェール川流域で、かつ一年中陸路での交通が容易な地点に建設された(Gallais 1967: 561)。ジェンネと外部世界をつないできた水辺と氾濫原であるが、フランス植民地支配期には、ジェンネを外部世界から遠ざける要因となった。

第2章 ジェンネの多民族性

1　ニジェール川内陸三角州がはぐくんだ多民族性

乾燥地帯を流れる大河

ジェンネはニジェール川内陸三角州の南端に位置する。この三角州内では、おそらくは一〇世紀以前から、農業・牧畜・漁業・商業など異なる生業に従事する複数の集団が共に暮らしてきたと考えられている（McIntosh 1998）。現在のジェンネの多民族性は、複数の生業が可能な内陸三角州の地理的・生態的条件によって形づくられたものである。

ニジェール川はギニア山地を始点とし、西アフリカ内陸部を北東に向かって流れ、マリ北部でサハラ砂漠に直進をはばまれて大きく湾曲し、南東に進んでギニア湾にそそぐ。全長約四一八〇キロに及ぶアフリカ第三の大河だ。その高低差は少なく、特にマリ中部では平均約五センチ／キロと、ごくわずかな傾斜しかない（Gallais 1967: 9）。実際、間近で見てもどちらの方向に流れているのか分からない。ほとんど傾斜がついていないため、上流の熱帯で雨季に降った大量の雨は、マリ中部のサバンナ地帯で川幅を大きく越えて溢れ出す。その増水は、支流のバニ川やさらにその分流の流域にも広がっていく。増水によって水没する土地と河川の流域を中心とした一帯が、ニジェール川内陸三角州と呼ばれている。約五万平方キロに及ぶ広大な三角州である。

ニジェール川内陸三角州のうち、東西一五〇キロ、南北二〇〇キロのおよそ三万平方キロが、増水期に水に覆われた氾濫原となる。氾濫原の範囲は年ごとの増水量や降雨量によって異なるが、おおよそ、東南端をジェンネ、西南端をジャファラベ、北端をデボ湖とする一帯である。ニジェール川内陸三角州の年間降水量は、東南端のジェンネ周辺で五〇〇ミリていど、モプチ周辺で四〇〇ミリていど、北端のデボ湖周辺では二五〇ミリていどであり（一九七〇―九八年の平均）、降水量のみを見れば、米の栽培が容易ではない乾燥地帯だ。しかしニジェール川の季節的氾濫により、一帯は乾燥地帯に位置するにもかかわらず、農業・牧畜・漁業に適した肥沃な土地と水域を形成してきた（写真9）。

ジェンネの「四季」と生業

写真９　ジェンネの人が耕す水田。稲の上をトンボが舞う

ニジェール川流域のジャファラベやモプチ、支流バニ川の流域のジェンネ周辺では、増水と天水を利用した米作（浮稲、[*15] ジェンネでの呼称 *baana-hari mo*「雨水稲」の意）がさかんである。河川から距離があるため増水が及ばない土地では、トウジンビエ（学名 *Pennisetum glaucum* ジェンネでの呼称 *hayni*）やモロコシ（*Zea mays*）などの栽培が行われる。河川や湖沼では、ヒレナマズ（学名 *Clarias fuscus* ジェンネでの呼称 *deesi*）やティラピア（*Tilapia* ジェンネでの呼称 *fatɔkɔrɔ*）、カラシン目アレステス科の小魚（*Brycinus leuciscus* ジェンネでの呼称 *sɔmaami*）などの漁が行われる。また、増水によって柔らかく肥沃になった土地には、水が引く時期になると、牧畜に不可欠な牧草（*burgu* ブルグ）が繁る。増水期に放牧地が水没するためニジェール川内陸三角州の外部に移動していた牛たちも、氾濫が終われば戻ってくる。こうした牛の糞尿は、収穫を終えた農地を肥やす肥料になる。また、氾濫によって牛の糞尿が溶解し、河川の水が富栄養化し、魚の成長を促す（Blanc et al. 1955）。内陸三角州に住む人びとは、さまざまな自然の条件と人間の諸活動を有機的に組み合わせることで生活してきたのである。

自然増水とそれにともなう生業のサイクルは、その年の乾季の長さ、雨季の雨量、三角州内の位置によって異なる。概して北に行くにしたがい増水のピークは遅くなり、雨量は減少する。二〇〇七年の調査で得た情報をもとに、ニジェール川内陸三角州南端に位置するジェンネにおける季節変化と生業のサイクルを示すと、図1のようになる。ジェンネにおける各生業の詳細な形態は、後に詳述する。そのためここでは、ニジェール川内陸三角州の農業・漁業・牧畜の一年のサイクルを概観していこう。ニジェール川内陸三角州内でも各季節の呼称は多様であるため、ここではジェンネの人びとが用いる季節区分を用いている。

乾季（kɔrɔ-waati）

ジェンネの人びとは、ニジェール川と支流バニ川の自然増水と気温の増減にしたがって、季節を四つに分けて認識している（以下の季節の呼称もすべてジェンネ語）。

二月半ばから六月半ばにかけての、降雨がなく増水も始まっていない高温の期間は、「乾季」（*kɔrɔ-waati*）もしくは「暑季」（*funtan-waati*）と呼ばれる。この時期、漁民と牧畜民は街の周辺で小規模な漁と放牧を行う。農民はすでに収穫を終えており、来シーズンの播種の時期まで農閑期に入る。

乾季は、ニジェール川内陸三角州の主な生業である漁業・牧畜・農業の規模が一年で最も縮小する時期である。ピーク時には日中五〇度にも達する気温が欧米からの観光客を遠ざけることもあいまって、観光業に携わる人びとはこの時期を「死の季節（*saison morte*）」と称する。一方で、他の季節には漁のキャンプや移牧に出ている人びとも街にとどまる季節であることから、結婚式や祭りや集団漁などの祝祭が頻繁に行われる、にぎやかな時期でもある。ジェンネの大モスクの化粧直しは、毎年この時期に行われる。

雨季（baana-waati）

暑くて雨の降らない時期を過ぎると、六月ごろから徐々に「雨季」（*baana-waati*）に入る。雨季の始め六月ごろの

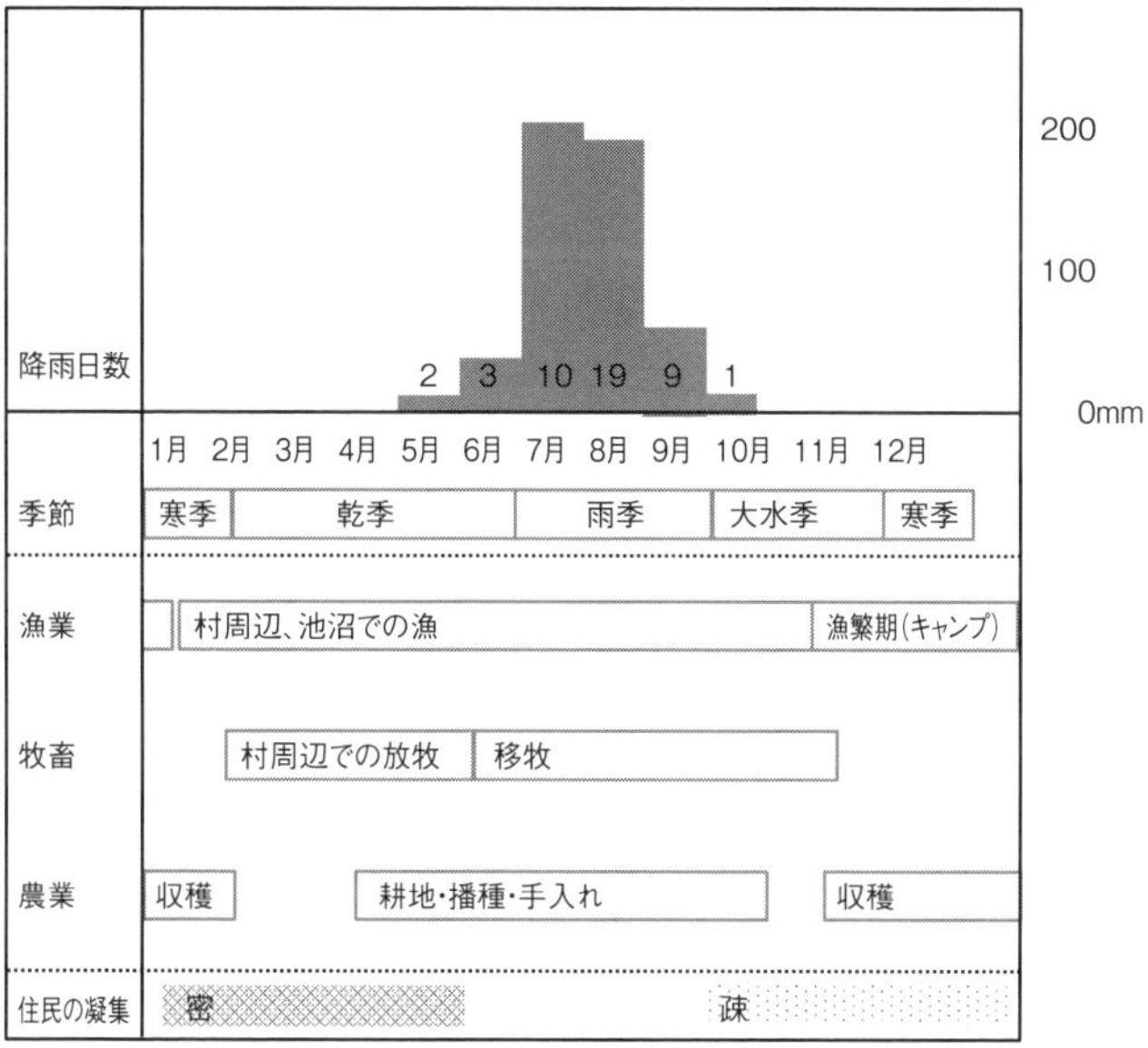

図1　ジェンネの生業サイクル

天気はめまぐるしく変わる。乾燥した地面の砂を巻き上げ建物や人に叩きつけるような猛烈な風の直後に、視界を遮るほどのスコールが一時間ほど降ってぴたりと止むという、激しいものである。七月半ばごろになると、短時間の激しい降雨以外にも、一日中しとしとと降り続ける雨もある。この時期になると、水嵩が増してくる氾濫原では牛の放牧ができなくなるため、牧畜民の男性は牛をより乾燥した土地に移動させるべく季節的移牧に出る。農民は、乾季に固く干上がっていた土が雨で徐々に柔らかくなるこの時期に耕地をし、雨が本格的に降り始める時期を予測して作物の播種をする。漁民は乾燥季と同じく、村や街の周辺で漁に従事する。

大水季 *(hari bɛr-waati)*

雨季は九月半ばごろまで続く。雨季の終盤に入ると、ニジェール川上流に降った雨が内陸三角州に達するため、河川の増水が始まる。雨季に続く一〇月ごろから一二月半ばの河川の水嵩が増す時期を、ジェンネの人びとは「大水季」(*hari bɛr-waati*) と呼ぶ。乾燥と大雨の厳しい季節の後にやってくる水と緑のこの季節を、ニジェール川内陸三角州の人びとは待ちわびる。この季節は、各生業の繁忙期でもある。

雨季の雨量と同じく、増水期の河川の水嵩と氾濫域の広がりは、その恵みによって生活しているニジェール川内陸三角州の人びとにとって重要な関心ごとだ。人びとは増水期に入ると、顔を合わせるたびに「今年は、息子が生まれた三〇年前と同じところまで水が来た。あの年のことを思い出した」とか、「畑に新しい種類の種を撒いてみたが半分までしか水が来なかった。種子代二万ＣＦＡ[*16]の損だ」「今のところあの村までバイクで行けるが、あと一週間もするとカヌーで渡らないと無理だろうな」といった情報交換を頻繁に行う。増水量は、農作物の収穫量や漁の漁獲、牛の移牧からの帰還時期の設定、行商人の行商ルートの決定など、さまざまな生業に関わるためである。特に、増水期の後期に魚を求めてキャンプに出る漁民と、最適な収穫日を見極める必要のある農民にとって、増減水の度合は重要だ。早すぎても遅すぎても最高の漁獲・収穫は望めないため、一日に何度も、増水のようすを観察するため水辺に足を運ぶ。

大水季の後期の一一月には、牧草と水没しない土地を求めて三角州外に移牧に出ていた牧畜民が帰ってくる。カヌーを補修し漁具を手入れして移動の準備を進める漁民、毎日畑に出て早朝から日没まで収穫作業をし、ロバ車に載せて運搬する農民、肥えた牛を誇らしげに連れ帰ってくる牧畜民など、人の出入りが活発になる時期だ。

寒季（*fufu-waati*）

増水がピークを迎えるのは、ニジェール川内陸三角州のジェンネ周辺で一二月ごろである。そこから二月ごろにかけて水位は減少していく。この時期は気温が一年で最も低くなることから、ジェンネでは「寒季」（*fufu-waati*）と呼ばれている。最高気温が二〇—二五度と過ごしやすい。水位が減少していく時期が最も魚が獲れることから、漁民はこの時期によりよい漁場を求めて街を離れ、キャンプ（漁民ソルコの言葉でダガ）に出る。農民は連日畑や水田に通っ

表1　ニジェール川内陸三角州の諸民族と人口に占める割合

民族名	主な生業	割合(%)	備考
フルベ（Fulbé）	牧畜	35	リマイベ*（Rimaibé）も含む
マルカ（Marka）	農業（米）、商業	17	独自の言語をもたない
バマナン（Bamanan）	農業（米以外）	16	
ボゾ（Bozo）	漁業	16	
ブア（Bwa）	農業（米以外）	7	
ソモノ（Somono）	漁業、農業	2	独自の言語をもたない
ソンガイ（Songay (Koroboro)）	農業、商業	7	大多数がジェンネに居住
ドゴン（Dogon）	農業（米以外）		
その他	−		

注）*フルベ語話者でフルベのかつての「農奴」。
出所）Gallais 1967: 22をもとに作成。

たり、その近くに小屋を建てたりして収穫作業を行う。

牧畜民は水が引いた収穫後の田畑に牛を放ち、刈り残しの作物を牛に食べさせる。収穫前の田畑に牛が入って作物を食べ荒らさないよう、何日から田畑に牛を放って良いかを農民の組合とフルベの代表たちが相談して決定する。毎年異なるその日付は、ラジオやモスクの集団礼拝などを通じて周知される。

ニジェール川内陸三角州の生業と民族

フランス人の人文地理学者ジャン・ガレは、一九五六―六二年にかけて、ニジェール川内陸三角州で大規模な人口分布と生業の調査を行った。その調査をもとに、ニジェール川内陸三角州に居住する諸民族の呼称と三角州内における割合、主な生業をまとめると、表1のようになる。*17

二〇〇九年現在、内陸三角州の人口は約八四万六千人で、一平方キロあたりの人口密度は二七人である。ニジェール川とその支流の一つジャカ川沿いの人口密集地域や、ジェンネやモプチなどの都市を除いて、ニジェール川内陸三角州全体の人口密度はそれほど高くはない。内陸三角州には自然増水によって季節的に水没する土地が多いため、居住空間が限られているのだ（Gallais 1967: 19-20）。人口密度は高くはないが、西アフリカ内陸部でこのように多くの異なる民族が居住している地域はまれである（Gallais 1967: 23）。ニジェール川流域は複数の生業が可能な生態環境である一方、人口の過剰な集中がないため、異なる生業に従事する人びとのあいだで自然資源の争奪が起きにくい。ジェンネは、ニジェール川内陸三角州に見られるこうした民族の多様性が凝集された街といえよう。

2 ニジェール川内陸三角州における「民族」

本書ではこれまで、西アフリカとりわけニジェール川内陸三角州やジェンネの諸集団を表すために、「民族」「民族集団」という語を用いてきた。しかし、西アフリカの「民族」概念は、必ずしも他地域のそれとは一致しない。上述の表1に示したマルカやソモノのように、現在は独自の言語をもたなくても、「民族」と認識されている集団も存在する。ニジェール川内陸三角州における「民族」は、わたしたちが「民族」あるいはethnic group, ethnieという欧州諸語から想起するものとは異なる。

西スーダーンにおける民族概念

ジェンネ語では、民族は「シー(*sii*)」と表現される。フルベ語でも同じく*sii*で、バマナン語では*siya*である。*sii*は民族に限らず、さまざまな事物の種類を表す名詞である。漁具の種類、米の種類、服の生地の種類を表すときにも*sii*が用いられる。民族を尋ねる場合には、*wor sii foo*(あなたの*sii*は何ですか)と表現する。人間の種類＝民族というわけだ。

ジェンネ語を習得し始めて日の浅かったころ、相手の*sii*を尋ねたときに困惑した経験がある。ある人に*sii*を尋ねると、民族名ではなく、「漁業」「鍛冶屋」「牛を飼っている」といった、職業名や職業の説明が返ってくることがたびたびあるのだ。わたしが、ジェンネの人びとが用いる*sii*という言葉の意味あいをよく理解していなかったために生じた混乱だった。そうした場面のうち三つを、以下に挙げよう。

事例一

ジェンネのソンガイ男性T（五〇代）は、小さいころから行商に興味をもっていた。子どものころは、ジェンネで月曜日に開かれる定期市にやってくる行商人の手伝いをして、ちょっとした小遣いを稼いだりもした。彼らは遠く離れた（ときに国境を越えた）街から商品を携えてやってきては、また別の街や村に移動する。幼いころのTはジェンネしか知らなかったため、行商人たちのそうした生活に憧れたという。

彼の民族であるソンガイは農民と同義に理解される傾向にあり、ジェンネではソンガイ男性の多くが農民かコーラン学校の教師として生計を立てている。ソンガイで商業を営んでいる人もいるが、その多くがジェンネに店舗を構えた小売業であり、市から市へと移動する行商は主にマルカが担っている。そのためTは「行商人として生活していきたい」と両親に相談するとき大いに迷った。「わたしがソンガイでなくなることを、親は悲しむかもしれない」と考えたという。そのとき彼の両親は「わたしたちはマルカでないので、商売のことは分からない。お前が行商人になっても、コーランを心から読む時間はあるのか？」と尋ねてきた。結局両親は、行商の合間に家業（コーラン学校の教師と農業）を手伝うことを条件に、Tが行商人として働くことを認めてくれた。

事例二

ジェンネの助産院で看護助手の研修生をしている女性I（二〇歳前後）の民族は、ソルコである。ソルコは漁民と同義に理解される。彼女の祖父も父親も漁をし、祖母や母たちは男性が獲ってきた魚を加工したり、市場で売ったりしてきた。

しかし、子どものころから学業成績が優秀だった彼女に、両親は「ソルコとしての仕事をあまり教えなかった」そうだ。今後は研修を終えて助産院で看護助手として働くつもりだが、「結婚も早くしたい」と言う。どんな人と結婚をしたいか尋ねると、「背が高くて働き者がいい。ソルコ女性はソルコ男性と結婚した方が良いと思っている。だから、今のうちにソルコ・ウォイカイナ（ソルコの独身娘）の仕事（魚を燻製にする方法や魚の選別）も、ちゃんと知っておかなくちゃね」。

事例三

助手ママドゥ（漁民ソルコ）とその友人Ｄ（フルベ、牧畜をしている）、ママドゥの妻ニャムイ（漁民ソルコ）とわたしの四人で話をしていた。この日ママドゥとわたしは、ソルコ語で話された結婚式の祝辞をフランス語に訳し、ノートパソコンに入力する作業をしていた。妻ニャムイとママドゥ宅に遊びにきていたＤは、フランス語やパソコン操作をよく解さないため、その作業のようすをとても興味深そうに眺めていた。

ニャムイが「（翻訳作業のため、夫ママドゥが普段は彼女の前で話さないフランス語を使っているので）今日のわたしの夫はフランス人！　でもミクが国に帰ったあとは、またソルコに戻るのね。あなた、網仕事（投網の使い方や手入れ法）を忘れてないでしょうね？」と夫をからかった。それに対してママドゥが、わたしが操作しているパソコンのキーボードを叩くふりをしながらこう答える。「いやいや、今日の僕は日本人だ！　パソコンで仕事してるからね。日本ではみんな、これで仕事をしてるんだぞ。そうだろう？　ミク」。

この会話を聞いていたフルベのＤが、真剣な表情でわたしに尋ねてきた。「じゃあ、日本に牛はいないの？」。わたしが「日本にも牛がいるよ。ここの牛とは種類が違うけど。牛を飼って、その肉や牛乳を売る仕事をしている人もいる」と答えると、Ｄは興奮気味に「そうか、日本にもフルベがいるんだな！」と言った。世界の牧畜に従事するすべての人がフルベではないと知っているママドゥは、大笑いをした。ニャムイは、Ｄと同じく「へぇ、あなたの国にもフルベがいるのね」と驚いている。わたしは、Ｄのなかでフルベが民族名を意味しているのか「牛飼い」や「牧畜業者」を意味しているのか判断できず、Ｄとニャムイを馬鹿にするように笑い転げているママドゥをたしなめた。するとママドゥは笑うのをやめて真面目な顔になり、Ｄとニャムイに説明した。「彼らは牛を飼っているけれど、フルベではなくて日本人だ。漁をする日本人もいる。米を作る日本人もいる。日本人はいろんな仕事をする」。Dは納得したともしていないともつかぬ表情で、「あー」と一言だけ答えた。

以上の場面では、生業と民族の区分の重複がもたらす「民族の変更」や、生業と強く結びついたエスニック・アイデンティティの表出が見られる。人びとが生業区分と民族区分を重複して捉えるこうした傾向は、ジェンネに限ったことではない。人文地理学者のガレや民族学者のディーテルランは、マリでエスニック・アイデンティティが生業上の特殊化と深く結びついていることを、複数の事例から指摘している（Gallais 1962; Dieterlen 1973）。

ガレによると、マリ北部ホンボリ地区のある村では、ドゴンとソンガイ（ともに主に農業を行う民族）がトウジンビエを栽培しているが、同じ作物でも両者の耕作の仕方はまったく異なっていたという（Gallais 1962: 109）。集団や民族による生業形態の差異は、農業に限らない。ニジェール川内陸三角州のボゾの調査を行った竹沢は、同じく内陸三角州の漁民であるソモノとボゾの漁の仕方を比較して、漁場の違いや集団漁の有無、使用する漁具の規模に明らかな違いがあることを指摘している（竹沢 二〇〇八：三六―五四）。また、ガレが報告している事例によると、あるフルベの男性が漁を始めたところ、彼は自身をボゾと認識するようになったという（Gallais 1962: 107）。フルベとボゾはそれぞれ、ニジェール川内陸三角州で牧畜と漁業をになう民族であり、ニジェール川内陸三角州内では、フルベは「牧畜民」、ボゾは「漁民」と理解されている。またガレは、漁業ではなく米作を行っているボゾが、自分のことをソンガイ（内陸三角州では主に米作に従事する民族）だと称していた事例も報告している（Gallais 1962: 107）。

こうした、生業とほぼ同一視される民族概念は、いつごろからどのように展開してきたのか。これを理解するには、西スーダーンの歴史的な職業分業と民族概念の形成過程をたどる必要がある。これらを概観する前に、西スーダーンの多くの民族に共通する社会階層について言及しておく。*sii* は「民族」だけでなく、こうした階層も表す場合があるからだ。

諸民族に共通する社会階層

西スーダーンの多くの民族には伝統的に、共通する三つの社会階層（自由民・職能民・奴隷）がある。現在西アフリカで見られる社会階層は、マリ王国の時代（一三―一四世紀ごろ）に定着したとされる（Tamari 1991: 235）。マリの人びとは、マリ王国の時代から植民地支配が及ぶ二〇世紀初頭まで、彼ら自身を自由民・職能民・奴隷の三つのカテゴリーに分類・階層化してきた（坂井 二〇〇三：五三―五四）。ブルックスはこの区分を、マリの社会構造を特徴づける「三分社会階層制」と呼んでいる（Brooks 1993: 46-47）。植民地から一九六〇年に独立して以降、マリ政府は階層による職業選択の制限や奴隷の使役を禁じている。しかし、この三分社会階層制は、その区分の強度や意味づけを変化させながらも、今も人びとの生活に根づいている（Diop 1971: 12）。

以下では、自由民・職能集団・奴隷の三つのカテゴリーそれぞれを、現在の状況と対応させながら要約する。

自由民

自由民は、西アフリカ内陸部で広く用いられているマリンケ＝バマナン語では「ホロン（*horon*）」と呼ばれる。「自由な身分」にある人びとをさす（N'Diayé 1970: 14）。彼らは生産手段である土地（漁民の場合は水域・漁業権）をコントロールする人びとである。政治的中枢に就くことも多い。

かつて自由民は奴隷を使役し、その奴隷に自身のジャム（*diamou* クラン名）を与えることもあった。また、自由民の世帯に編入された奴隷のなかには、数世代のうちに同化されていくものも多かった*18（N'Diayé 1970: 54）。そのため、ある人のジャムからその人が自由民であるか奴隷であるかを判断することは困難である。また、自由民の系譜をもつことが経済的な富裕をもたらすとは限らない。現在、自由民の系譜をもつ大部分の者は、都市部ではサービス業や商業などの第三次産業に従事し、農村部では商業や農業、漁業を行っている。

職能民

職能民は、マリンケ＝バマナン語では「ニャマカラ（*nyamakala*）」と呼ばれる。世襲的な身分であり、職能集団内での内婚を行う。金銀細工師、鍛冶屋、革細工師、木工師、機織師、土器づくり師といった生活品の生産に携わる職能集団のほか、グリオ（口頭伝承・王の系譜の誉め歌の歌い手）などの音楽家もここに含まれる。地域や民族によってさらに特化や細分化が見られる（Diop 1971: 42-57）。

職能民は自由民と同じく、自身のジャムと生活のための生産手段をもっている。しかし、自由民の多くがみずから食糧生産を行うのに対し、職人は特殊な技術的サービスを行い、それに対する報酬（金や物）を得て生活している。その点では自由民に対して従属的な立場にあり、儀礼的には不浄とされ、伝統的な政治権力の中枢に就くこともない（坂井 二〇〇三：五四）。

職能民は自由民や奴隷に比べ、現在でも各職能集団内での内婚と世襲が強い。また、特に鍛冶屋やグリオは、特殊な技能とともに他の者には得られない儀礼的・霊的な力ももつとされ、畏怖の対象ともなっている。これらの理由から、現在でも職人層は、他と比べて階層としてのより強い境界を保っている。

それぞれの民族に固有の職人と、すべての民族に共通する職人がいる（LaViolette 2000: 20-27）。たとえば前者の主なものは、フルベの機織り職人、ソンガイの機織り職人、ソモノの土器づくり職人、ソンガイの金銀細工師などである。今日、彼らが生産したものは民族の別なく提供されるが、もともとは各民族に固有の、いわば「おかかえの」職人であった。

奴隷*[19]

スーダーンにおける「奴隷」の社会的位置づけや労働形態は、一六―一九世紀に西欧諸国がアフリカから収奪した西大西洋奴隷貿易における奴隷とは大きく異なる。日本語の「奴隷」という表記が想起させやすい西大西洋奴隷貿易における奴隷と区別するため、カタカナで「ドレイ」と表記される場合もある（嶋田 一九九五、二〇一〇）。

彼らはマリンケ＝バマナン語では「ジョン（*jon*）」と呼ばれる。かつては自由民に所有され、隷属する人びとであった。ある人が「奴隷」となる経緯は複数ある。戦争によって捕虜にされ奴隷となった者、襲撃・略奪によって捕獲者の奴隷となった者、略奪されて市場で売買されて奴隷となった者など、さまざまである（Diop 1971: 18）。自由民であった者が略奪や捕虜を経て奴隷となるため、自由民が奴隷になることもある。またその逆に、解放や「主人」のクランに同化・吸収されることで、奴隷が自由民となることもある（坂井 二〇〇三：五四）。

奴隷はさらに、身分の自由度や財産所有の度合から、二つのカテゴリーに分類可能である。一つは、一代限りの奴隷。こうした奴隷は特に、戦争の要員として略奪されてきた人びとである。財産の所有を許され、従事している戦いが終われば、解放され自由民に復帰することが可能である。一方、捕虜や売買によって奴隷となり、自由民の家に付いた奴隷およびその子孫は、バマナン語やマリンケ語では「ウォロソ（*woloso*）」、ソンガイ語では「ホルソ（*horso*）」と呼ばれる。彼らは一代限りの奴隷とは異なり、解放されたり転売されることもなかった。しかし、数代後には従属していた家に同化し、「主人」と同じジャムを名乗るようになる場合が一般的であったという（坂井 二〇〇三：五四）。

人口に対する奴隷の割合は、時代や地域によっても異なる。マンゴ・パークは、一七九五年現在でこの地域の人口の七五％が奴隷であろうと記録している。また、マリのセグーでは一八九〇年に人口の一五％が、マーシナではフルベ一人につき二人の奴隷がいたという（Diop 1971: 23-24）。

奴隷に「民族」はない。ある民族の人が捕えられて奴隷となった場合、その時点で民族的帰属がはく奪されるからだ。現在、かつて奴隷身分であった人の「本来の民族」をたどることは容易ではない。たとえばその人のジャム（クラン名）が「主人」のジャムと異なる場合、それは奴隷となる前のジャムである可能性があり、ジャムからその人の祖先の民族を推察することはできる。しかし多くの場合、すでに「主人」のジャムに同化しているため、もともと主人と同じ民族であったのか、それとも異なる民族であったのかを知ることは困難だ。現在ジェンネでは、奴隷身分も *sii* の一つと認識されている。かつて奴隷身分にあった人に *sii* を尋ねると、本来の民族が分かる人びとはその民族名を答えるが、それ以外の人びとは、「ホルソ」と答える。

これら三つのカテゴリーは、実際には地域や個人によってその境界の強弱が異なっていた（Meillassoux 1971: 20-21）。また、階層間の個人の移動もみられた。自由民が捕えられて奴隷になることも、奴隷が解放、もしくは主人の家の成員として吸収されて自由民になることも起きていた。理念上、職人は自由民より「不浄」（ジェンネ語では *bibi*「黒」の意）とされているが、わたしが知る限り、自由民が職人を不浄なものとして接しているようには見受けられない。職人、自由民、奴隷の出自の人びとは、同輩であれば共に食事をし、年齢組や街区の会合にも同等に参加する。一方で、職人はその特別な技能ゆえに、自由民よりも強い儀礼的な権威を保持していると考えられている。祭りに用いる狩の道具に鍛冶屋が「バラカ（力）」を込めたり、土器づくりを行う女性が不妊に悩む女性に「薬」として土器片を分けたりもする。西スーダーンにおける三分階層は、単なる階層制度でも、また単なる分業制度でもなく、より包括的な社会の編成様式なのである（Tamari 1991; 坂井 一九八三）。

そのため、「自由民と奴隷」といった日本語での表現が想起する関係性と、「ホロンとジョン」が想起させる関係性には大きなずれがある。たとえばジェンネでは、かつての「奴隷」身分のホルソが務めるべきとされる街区の役職がある。アルムタシビと呼ばれるその役職は、いわば「街区にまつわる何でも屋」である。わたしが住んでいたジョボロ街区のアルムタシビを務めていたのは、ムサ・カヤンタオだった。彼はその仕事に強い誇りをもっているようだった。アルムタシビは、街区の会合、街区民の結婚式などの準備と後片付けなども担う。会合での発言権がないかわりに、罰金や互助講の支払いが免除されるなど、街区のなかで独自の存在である。ムサは四七歳とは思えない若く謙虚な雰囲気があり、青年のようににかっと笑う。わたしが彼の話を聞いてメモをとっているあいだも、「のどは乾いてないか」

「僕が話す速度は速すぎないか」といろいろと気遣ってくれる。そうした性格や振る舞いも、アルムタシビとしての彼の役割から形成されたものなのだろうか。彼が語る「奴隷（ホルソ）」や街区におけるアルムタシビの位置づけはこうだ。

ホルソは木の根のようなものだ。根っこなしで生きていける木があるかい？　ホルソとして働いているのは、小さな子どものころからだ。父親もジョボロのアルムタシビとして働いていた。父親に付き添って、会合のあいだ人びとが飲む水がなくなったら井戸に汲みに行ったりしていた。ぼくの息子もじきに、わたしについてアルムタシビとしての仕事を覚えていくだろう。ジョボロにはたくさんのホルソの家族がいるが、昔から、僕の家族がこの街区のアルムタシビを務めてきた。これからも、そうだろうね。

アルムタシビの大きな仕事の一つは、街区の会合だ。会合の日にちはアミル・ベルやアミル・チィナが話し合って決める。日にちが決まればアミル・ベル（伝統的な街区長、街区の三役の一つ）がぼくのところに伝えにくる。ぼくはガンガン（大きな太鼓）をたたいて街区の路地を歩いて、日付や会合の議題を伝えて回る。僕が大声で叫んでいるのを、君も聞いたことがあるだろう？　そうやって街区を回るのには、一時間とかからない。僕のガンガンの音を聞くと、皆が静かになる。そして僕が言う情報に耳を傾ける。

会合は、僕のことばから始まる。アミル・ベルが「話し合いを始める」と言って、それを僕が大きな声で繰り返すんだ。落ちているごみを拾ったりござを敷いたりして、会合の場所の準備をするのも僕だ。アミル・ベルが座って、その隣にアミル・チナ。僕は二人とトン・イジェ（会合に参加している街区の住民たち）のあいだに立っている。会合でなされるすべての発言は、僕が大きな声で復唱する。そう、僕はマイクみたいなものだ。アルムタシビを介さないで発言することは禁止されている。けんかのような言い合いになっても、僕を介して発言することで、本当のけんかにはならない。

……会合も結婚式も祭りも、アルムタシビがいなければできない。アルムタシビはホルソが務める。君が言うように、ホルソだと言われてうれしくない人もいる。ホルソは高い身分ではないから。でも、言っただろう？　僕たちは木の根のようなものだ。僕らなしには、人びとはやっていけない。人間関係は、高い・低いではないんだよ。

西スーダーンにおける民族概念形成の歴史

一七世紀半ばにアラビア語で記された歴史書 *Tarikh el Fettach* によると、ソンガイ王国の王シー・バロ（在任一四九二―九三年）は、父のソンニ・アリ（在任一四六四―九二年）から相続した二四の職能別の「部族（tribus）」（アラビア語で *qabila*）を所有していたという（Kâti 1981: 106-107）。*Tarikh el Fettach* では、うち一二の諸部族について説明されている。これらはそれぞれに異なる職業をもつ集団で、たとえば *tyindiketa* と呼ばれる集団は馬に与える草の調達（子どもは馬丁）、*zendj* は干し魚づくり、*arbi* は兵士、*kouronkoi* は革細工などである。このなかには、現在では「民族」と認識されているバマナン（*bambara*）やソルコ（*sorko*）、ソモノの革細工職人（*kourounkoi*）も挙げられている（Kâti 1981: 20-21）。

こうした「部族」の区分は、ソンガイ王国の時代に始まったのではなく、それ以前に西スーダーンに版図を拡大していたマリ王国の王の時代からあったという（Kâti 1981: 107）。この記録から、少なくとも一三世紀ごろにはすでに集団ごとの職業分化が見られ、職業の異なる諸集団が共存していたことが分かる。そしてそれが、広範囲な交易ネットワークと広大な版図をコントロールする諸王国の政治システムを通じて、西スーダーン一帯に展開・定着していたのである。その後ソンガイ王国の崩壊（一五九一年）とともに、西スーダーン全域をカバーする広範な政治システムは消滅した。しかし、人びとの生活に組み込まれていた職業分化が消えることはなかった。特定の生業と結びついた「民族」と、それぞれの民族がもつ職能集団、さらにそれらの集団を貫く社会階層は存続し、現在に至っている。

歴史人類学者である坂井は、西スーダーンの生業区分と民族区分の一致を、サバンナの経済的交換システムに根差したものであると分析している。坂井によると、「異なる生業を営む諸集団は、それぞれ文化を異にする民族的集団として認識される傾向が強い。それらの諸集団は、……日常の物々交換と市場での生産物の交換システムのなかに含みこまれていた」。生業が特殊化・分業化すると、異なるものを生産する他集団との交換システムが不可欠となる。西スーダーンではそれが、「多民族、多業種、多職能の諸集団からなる複合的社会編成によって支えられていた」のである（坂井 二〇〇三：五七）。

西スーダーンでは、ある生業をある特定の集団が担う専有化がマリ王国の時代に起こった。それがマリ王国やソンガイ王国などの広範囲な政治権力と交易ネットワークによって展開・定着したことにより、多集団間での交換システムが築かれていった。同時に、交換システムが政治権力によって補強・保障されていることによって、各集団による生業の専有化が強まったのである。エヴァンス＝プリチャードは『ヌエル族』で、一つの集団が牛の飼育と農業と漁撈といった異なる生業に従事する、いわばジェネラリスト的な生業のあり方の豊かさを描いた。一方、マリを含む西スーダーンではむしろ、同一の政治＝文化システムのなかに統合されることで各集団が他との差異と交換関係を強化するスペシャリスト的な生業形態を構築していったのである（Meillassoux 1971; Diop 1971: 57-59）。

ニジェール川内陸三角州で生業と民族の調査を行ったガレは、ではなぜ、言語や生業も含む諸民族の差異がこれほど密接に関わり合って共存しているにもかかわらず、時間の経過とともに互いに融解していかなかったのだろうかと疑問を呈している（Gallais 1967: 25）。その疑問への答えの一つは、西スーダーンの諸王国の政治システムの特徴に依っていると考えられる。西スーダーンの諸王国は、あまねく政治的支配を行き渡らせる「面の支配」ではなかった。交易ネットワークの要所を、少人数の役人・軍隊を派遣したり納税を義務づけたりすることで部分的・間接的に抑える「点の支配」であった。それにより、同一の政治システムへの統合の度合いが低かったため、各民族がもっていた生業や言語、宗教における差異が、統合されるには至らなかったと考えられる。

西スーダーンの他地域同様、ジェンネでも、同じ生業を担う集団が民族として認識される傾向にある。民族／生業の差異は再生産され続け、貨幣経済が浸透した今でも、異なるモノを生産する民族間での交換システムが維持されている。その詳細――どの民族がどのような生業を行い、他の集団とどのような関係を築いているのか――を、次節で詳述する。第一節で、ニジェール川内陸三角州の諸民族・諸生業を概観した。ジェンネも内陸三角州の一部分であり、民族構成も三角州全体とほぼ共通している。しかし、一致しない点やジェンネに特有の生業の在り方も見られるため、次節ではジェンネに限定して記述する。ジェンネの民族と生業の特殊性は、ジェンネが他の三角州の村落と異なり、サハラ交易の主要な中継地・交易品供給地として栄えてきた都市であること、また、人口が稠密する都市ゆえに生業にもさまざまな制限を受けることに起因している。

3　ジェンネの民族構成とその特徴

オランダの地理学研究所が一九七八年に行った調査によると、ジェンネの民族構成は表2のとおりである。三〇年以上前の統計であるが、その後ジェンネで民族構成の悉皆調査は行われていないため、本書でもこの調査結果を使用する。住民によると、マリンケの若干の減少と、「その他」の民族とりわけブアとドゴンの流入による微増以外は、三〇年前と大きな違いはないという。

ジェンネではソンガイ、マルカ、フルベ、ソルコが人口のおよそ八割を占めるが、過半数を超える民族はない。残りのおよそ二割は、バマナン、マリンケ、ソモノ、ドゴン、ブア、トゥアレグなどの民族から成っている。

以下に、ジェンネの民族構成に関する二つの特徴を説明しよう。一つは「ジェンネ人」という集団区分、もう一つは、マリ全体やニジェール川内陸三角州全体ではマジョリティのバマナンがジェンネでは極めて少数である、という点だ。

表２　ジェンネの民族構成

民族名	主な生業	割合(%)	備考
ソンガイ（Songay (Koroboro)）	農業、商業	40.84	
マルカ（Marka）	商業、農業（米作）		独自の言語をもたない
フルベ（Fulbé）	牧畜	21.22	元農奴リマイベも含む
ソルコ（Sorko (Bozo)）	漁業	15.62	
バマナン（Bamanan）	農業（畑作）	5.41	
マリンケ（Malinke）	農業	4.40	
ブア（Bwa）	農業	3.20	
その他	–	9.31	Somono, Dogon, Touareg など

出所）Harts-Broekhuis 1980: 39 をもとに作成。

「ジェンネ人」とは誰か

表2に結果を示した調査では、ニジェール川内陸三角州の他の地域では明確に異なる集団と認識されているソンガイとマルカの統計結果が、一つにまとめられている。わたしがジェンネで知り得た限りでは、ソンガイは約二五%、マルカは二割弱である。ではなぜ、この調査ではソンガイとマルカが同じカテゴリーで算出されているのか。これはおそらく、ジェンネの人びとに「民族」を尋ね「ジェンネ・ボロ（*jenne bɔrɔ*「ジェンネ人」の意）」という答えが返ってきた場合も含めたこと、フランス植民地支配時の行政的な ethnie の区分とジェンネの人びとの *sii* の区分が必ずしも一致していないことに起因している。ジェンネで *sii* を尋ねると、マルカやソンガイといった民族名よりも先に、「ジェンネ人」と答える人も少なくない。

ジェンネで「ジェンネ・ボロ」という語は、以下の三つのカテゴリーを示している。（A）最も狭義には、ジェンネのソンガイを指す。（B）次に狭い意味では、「ジェンネでソンガイ語を第一言語とする人びとで、フルベとソルコ以外の民族」（つまりほぼソンガイとマルカと同義。場合によっては独自の言語を持たないソモノも含まれる）である。この意味で用いられる場合が最も多い。表2の統計でソンガイとマルカが一つに区分されているのも、この意味で「ジェンネ・ボロ」が用いられた回答をまとめたためであろう。（C）最も広い意味で用いられる場合は、「数代以上前の祖先からジェンネに居住していて、ジェンネ生まれジェンネ育ちの人間」を指す。この意味でのジェンネ・ボロは、民族を問わない。日本語でいう「江戸っ子」や「博多っ子」といった、都市とその歴史が形成する住民の気質や矜持までを含んだ用いられ方に近い。

わたしがジェンネのジョボロ街区で生業と民族のアンケート調査を行っていたときや、普段の会話で民族が話題にのぼったときには、複数の *sii* の用いられ方がなされていた。以下にそのうち三つを挙げる。

MT（五〇代男性、ソンガイ）の場合

（わたしが *wor sii foo?* と尋ねると）ジェンネ・ボロだ。（普段外国人とあまり接点のない彼はわたしをフランス語ネイティブだと思っていたため）あ、いや、君の国（フランス）の言葉だとソンガイだな。ジェンネ・ボロでソンガイだ。

ST（四〇代男性、マルカ）の場合

（わたしが *wor sii foo?* と尋ねると）マルカでジェンネ・ボロだ。（わたしが質問票の ethnie と書いた欄に Marka と書き込むのを見て）あ、お嬢さん、わたしの ethnie はジェンネ・ボロだよ。

AM（二〇代女性、ソルコ）の場合

（彼女が定期市で手づくりのビーズ・アクセサリーを売り歩いていると、フランス人男性観光客に「これはあなたが作ったの？」と声をかけられた。フランス語があまり得意でない彼女は、隣にいたわたしに通訳を頼んだ）ええ、わたしが作ったの。娘さんに買って帰ったら？　これなんか、いいじゃない！（フランス人男性が「これはジェンネに特有のモチーフ（*motif à la djennéme*）なの？」と尋ねた。わたしが djennéme（フランス語風の「ジェンネ人の」「ジェンネの」の表現）を「ジェンネ・ボロの」と訳して伝えると）うーん、まぁ、わたしはジェンネ・ボロじゃないからねぇ……。でも、ジェンネで生まれてジェンネで育って、母親からネックレスの作り方を教わったわよ。だからそうね、ジェンネ・ボロのモチーフね。

MTの場合の「ジェンネ・ボロ」の用語法は、ソンガイがマジョリティの他地域（ソンガイ王国の首都だった北部の街ガオ周辺とトンブクトゥ周辺）のソンガイとジェンネのソンガイの区別をつけたい場合などによく見られる。「ソンガイ」とだけ言った場合、こうした他の地域のソンガイも含まれるため、ジェンネのソンガイの中には「ジェンネ・ボロ」と答える人や、「ジェンネ・ボロでソンガイ」と答える人も多くいる。また、フランス植民地時代のジェンネでは、植民地政府によって民族ごとの代表者を選出するよう定められており、そうした民族の一つがソンガイであった。これをふまえて、MTは自身の *sii* を「フランス語ではソンガイ」と答えたのである。

STは、ジェンネで最も大きな外国人観光客向けホテルの敷地内に土産物の店を出している。フランス語も流暢に話すので、仕事を通じて知り合った外国人の友人も多い。外国人観光客と日常的に接する機会の多い土産物売りや観光ガイドは、自身が（C）の意味での「ジェンネ・ボロ」、つまり「生粋の地元民」であることが、観光業における一つの資質として優位に働くことを、身をもって知っている。彼は質問票にMarkaと記入したわたしに、ジェンネ・ボロであることも書き足しておくよう勧めた。

AMはソルコなので、（A）（B）の意味では「ジェンネ・ボロ」ではない。しかし「ジェンネ生まれのジェンネ育ち」であることから、（C）の意味でジェンネ・ボロだと自認しているのである。

「市場の言葉」としてのバマナン語

バマナンはマリ共和国で最も人口の多い民族で、マリの人口の二五―三〇％を占める。また、セグー以南のマリ南部を中心に、バマナン語がリンガ・フランカとして用いられている。マリ人の八割ていどがバマナン語を話すことができるといわれている。しかしニジェール川内陸三角州では、バマナンは全国より少なく一六％（Gallais 1967: 22）、ジェンネではさらにその三分の一の五・四一％に過ぎない。

ソンガイとトゥアレグが中心的なマリ北部では、バマナンはごく少数である。バマナンの主な生業は畑作を中心とした農業であり、農耕が困難なサヘル地帯では生業を維持できないからだ。しかしジェンネでは周辺での農耕も可能であるうえに、徒歩やカヌーで二〇分ていどのごく近くに、バマナンが多く住む村が点在している。しかも、バマナンの中心地（バンバラ王国（一七一二―一八六一年）のかつての首都）であるセグーとも、直線距離で三三五キロしか離れていない。

なぜジェンネではバマナンが少数なのか。その理由の一つは、ジェンネの発展の歴史に見出される。先住のソルコとマルカの同盟にその端を発し、ソンガイの流入によって交易が活発化したジェンネでは、周囲からバマナンが流入する社会的余地が限られていた。また、ジェンネはサハラ交易の中継地とイスラーム学問・教育の中心地として発展してきた。バマナンはその他称「バンバラ（Bambara）」がもともと「異教徒（非ムスリム、「野蛮者」）」から来ているように、西スーダーンの諸民族のなかでもイスラーム化が比較的遅かった。現在ジェンネのバマナンのほぼ全員がムスリムであるが、西スーダーンで最も重要なイスラームの中心地の一つとして栄えてきたジェンネに、バマナンが流入することは難しかったと考えられる。

人口の五・四一％という少数である一方で、マリ共和国の他の地域と同じく、ジェンネでもバマナン語を話すことができる人は多い。ジェンネの小中学生（一二―一九歳、一五四人）を対象に使用言語をアンケート調査したマリ人言語学者のアブドゥライ・バレイによると、「問題なく話すことができる」言語としてバマナン語を挙げた生徒は一〇〇％であった（表3）。わたしがジェンネで知り合ったすべての人も、バマナン語を話すことができた。バレイの調査では「ジェンネ語」と呼ばれ、街区やモスクでの共通語として用いられるソンガイ語のジェンネ方言を話せるのは、八五・〇％であった（Barry 1990: 192）。

ジェンネにおけるバマナンの少なさ、バマナン語を第一言語とする話者からの直接的な言語習得機会の少なさを鑑みると、調査対象の子どもの全員が問題なくバマナン語を話すことができると自認しているのは、驚きである。同じくバレイのアンケート調査では、子どもたちに「市場（定期市）で使う言語」も尋ねている。アンケートによると、

表３　ジェンネの小中学生が話すことができる言語

民族 第一言語	バマナン	ジェンネ	フルベ	ドゴン	ボゾ	ソニンケ
バマナン語	51	37	23	1	3	2
ジェンネ語	53	53	22	0	6	0
フルベ語	39	35	39	0	0	0
ドゴン語	6	4	2	6	1	0
ボゾ（ソルコ）語	4	1	0	0	4	0
ソニンケ語	1	1	1	0	0	1
合計（人）	154	131	87	7	14	3
割合（%）	100.0	85.1	56.5	4.5	9.1	1.9

N = 154
出所）Barry 1990: 192 をもとに作成。

市場ではバマナン語が最も多く使われ、一五四人中一五一人がバマナン語を使用すると答えている（Barry 1990: 194）。彼らはバマナン語のネイティブからバマナン語を習得するというよりも、周辺のバマナンが多い村落からジェンネへ定期市のためにやってくるバマナンとのやりとりのなかで自然と身につけていくのである。

そのため、ジェンネの人たちのバマナン語は、バマナン語のネイティブからすると滑稽なくらい「ジェンネ訛り」が強いようだ。ジェンネでわたしが住んでいた長屋に、一時、カイ州（マリ南部の、バマナンを含むマンデ系諸民族が多数を占める地域）から引っ越してきた女性とその二人の娘が住んでいた。彼女はカイでの離婚や親族とのトラブルを機に、数年前、知り合いを頼ってジェンネにやってきたという。その娘二人（一五歳と一九歳）と話をしていると、彼女たちがジェンネに来たばかりのころの話題になった。わたしが「ジェンネ語がまったく分からずに大変だったでしょう」と言うと、姉妹は顔を見合わせて、何かを思い出すように楽しそうに笑い転げた。姉が必死に笑いをこらえながら答えた。「今でもジェンネ語はあんまり分からないけど、ジェンネの友達とはバマナン語で話すから問題ないわよ。でも、ジェンネの人のバマナン語ったら、おかしいのよ！　アクセントも発音も変なの！　ジェンネ語みたいなバマナン語とか、フルベ語みたいなバマナン語なの。ジェンネに来たばかりのころ、よくこの子（妹）とそれを真似して笑ってたのよ」。ジェンネ語・バマナン語のいずれも第一言語でないわたしが聞いても、ジェンネのソンガイやフルベが話すバマナン語には、それぞれの言語に特有のかなり強い訛りがある。そこでわたしもジェンネのフルベが話すバマナン語を真似てみると、彼女たちは「ミク、上手！」と、また笑い転げるのだった。

本節では、ジェンネの民族構成とその特徴を概観した。では、それぞれの民族のジェンネにおける生業や生活のありようは、どのようなものなのだろうか。次節以降では、先行研究と調査で得た語りをもとに、ジェンネを構成する主要な民族（ソルコ、ソンガイ、フルベ、マルカ）について個別にみていく。

4 ジェンネのソルコ

ボゾと呼ばれる、ニジェール川上流から下流にかけて居住する漁撈を主な生業とする民族がある。彼らはニジェール川内陸三角州で最も古くから居住しているといわれる（Monteil 1971: 29）。ボゾは、ケレンガ（Kelenga）、チエ（Tie）、ソロゴ（Sorogo ジェンネではSorko）、コチャ（Kotia）という四つの言語集団から成っており、これらを総称する言葉はこの四つの言語のなかに存在しない。言語も漁の形態も異なる諸集団をボゾと総称したのは、周辺の他民族と、フランス植民地政府の行政官や当時政府から派遣された民族学者であった（竹沢 二〇〇八：七）。ジェンネのソルコはこうしたボゾの一下位集団の自称で、ジェンネでは一つの「民族 *sii*」と見なされている。

ジェンネにおけるソルコは、自他ともにジェンネの最初の居住者とされており、その先住性に由来する、周辺の水域の所有権をもっている。そのためソルコはときに、ハリ・コイ（*hari-koi* ジェンネ語で「水の主」）ともいわれる。ハリ・ジン（*hari-jin* 水の精霊）と深い関わりをもち、ハリ・ジンと人間の仲介やハリ・ジンへの供犠を執り行うのも、「水の主」ソルコの仕事である。ジェンネのソルコは主に漁業を行っている。漁閑期には、家を建築するバリ（*bari* 泥大工）として生計を立てるソルコも多い。

街の先住民であり、水や水域に関して他の民族より優位にあるソルコだが、ジェンネ内における政治的立場は常に「二番手」である。ジェンネ語を第一言語とする人も多いにもかかわらず、（前節で述べた（B）の意味での）「ジェンネ・ボロ（ジェンネ人）」に含まれないことにも、それは表れている。

先住の水の主

口頭伝承によると、現在のジェンネに最も早くから住んでいたのはソルコであった（Monteil 1971: 29）。ジェンネ・ジェノからジェンネに人びとが移動し始めた当時（一二世紀ごろ）には、すでにソルコがジョボロ（現在のジェンネの南西の街区）あたりに住み、漁撈を行っていたという。彼らのもとに、ジャ（三角州西部の街）からノノ（Nono）と呼ばれる集団がやって来てソルコと同盟を結び、共に集落を形成していた(Monteil 1971: 31-33)。一章にも登場した、「ジェンネに最初から住んでいるソルコの子孫」と自他ともに認められているナボが、彼らの水域の所有権にまつわる伝承を聞かせてくれた（写真10）。

わたしたちの先祖は、バンディン・トゥマニ・ナボといった。三三年間、ジェンネ・ネ（「ここジェンネ」の意味、ジェンネ・ジェノではなく現在のジェンネ）には、わたしたちの他に誰もいなかった。……バンディン・トゥマニは漁師だった。ジェンネのまわりにある川、川の支流、すべて彼のものだった。すべての水辺が。それは当然だ。だって、他に人がいなかったのだから。彼が最初にここに来たのだから。

……新しい人びとがジェンネで力をもつ（政治的権力を掌握する）たびに、わたしたちのところに挨拶に来た。誰もが、わたしたちがジェンネに住んだ最初の人間だと知っているから。今のシェフ（chef de village）のマイガは、フタンケの後（一八六六年ごろ）に権力を握った。そのときから今まで、彼らのなかから新しいシェフが任命されるたびに、わたしたちの家族に服を一式贈る。それはずっと続いている。

ソルコはジェンネに最初に住みついたというだけでなく、その先住性に由来する水域の権利をもち、政治的には「上位」にある民族からの敬意を受けている。

土地の所有権は、ソルコも含めた他の複数の民族がもっている。それに対し、水域の所有権をもつのはソルコだけである。そのためソルコは「水の主」とも呼ばれる。水の主は、他民族も参加可能な集団漁の解禁日を決定したり、水域で祭りが行われる際のガーラ（*gaara* 祈祷）を務める。ガーラでは、新鮮な牛乳や、コラの実、ナムティ（トウジンビエの粉でできた甘い団子）、ジミンタ（ピーナッツ・ペーストを練った団子）といった白みがかった食べ物を水辺に放ち、水の精霊へ言葉をかける。

写真１０　家の敷地内にある、水の精霊に供儀を行う石壇を前にしたナボ家の人びと

水の精霊（ジェンネ語で「ハリ・ジン」）はソルコ語で「ジ・ディエン（*ji-dien*「水の子」の意）」と呼ばれる。[20] 人間の女性の姿をすることもあるといわれる精霊だ。あるソルコの男性によると、ジェンネにはかつて複数のハリ・ジンがいた。しかし「三〇年くらい前から、ほとんどいなくなった。いても、たまにジェンネに遊びにくるだけになった」という。現在ハリ・ジンの姿を見たという人は少ないが、三五歳くらいから上の年代の人びとに尋ねると、「子どものころによく見た」という答えが返ってくる。今日でも、ジェンネの子どもが溺れかけたり溺れて亡くなったりした場合には、「ハリ・ジンが足を引っ張ったのだ」とささやかれる。

わたしが間借りしていた長屋の大家バラダ・ダンベレ（五〇代後半）も、子どものころによくハリ・ジンを見たという。

そのハリ・ジンをわたしたちは「ティンティンカ」と呼んでいた。ティンティンカ（ジョボロ街区のはずれにある小高くなった水辺の名前）によく腰掛けていたからね。ナボ・ラ（ソルコのナボというクラン）の男が、ハリ・ジンを妻にしていた。（わたしが「ハリ・ジンと人間は結婚できるのか」と尋ねると）もちろんだ。ソルコは水の主だから、ハリ・ジンとも結婚できる。ハリ・ジンはソルコとのあいだに子どもを産むことだってある。

ティンティンカの肌は白かった。白人の女みたいに真っ白。服も真っ白だった。髪はとても長くてまっすぐで、腰まであった。ティンティンカは普段は水のなかにいる。時々水辺に上がってきて、腰掛けていた。誰かが「ティンティンカが（陸に）上がってきた！」と言うと、友達と走って見に行った。（わたしが「彼女に話しかけたことはあるのか？」と尋ねると）ないない！　怖くてできない。それに、わたしたちの言葉が通じるかも分からない。いつも遠くから、「わぁ、ハリ・ジンだ……」と眺めていた。（この話を傍らで聞いていたバダラの妻が、「ハリ・ジンを見たときは、心臓がトロトロトロトロといった（動悸がした）ものよ」と言うと）わたしの心臓もトロトロいったものだ。それはなかなか止まらなかった。ハリ・ジンの顔を直接見たことはない。それができるのは、ハリ・ジンを妻にしているソルコとその家族だけだ。

ハリ・ジンは昼間は街のなかに入ってこない。陸に上がっても、水辺にしかいない。でも夜は、ソルコの夫のところへ行く。そのときの姿を誰も見たことはない。夜といっても、皆が眠って、物音が一つもしない真夜中だからね。そこでハリ・ジンは、水の話（水に関すること）をソルコに伝える。「水辺で鍋の煤を洗う女がいる。あれは嫌だ」とか、「今年は西には水があまり来ない」とか、「ママディのカヌーはあそこに沈んでいる」とか。もしそれを他の人にも知らせる必要があったら、ソルコが皆に伝える。「ハリ・ジンは、人間が水辺で鍋の煤を洗うのを嫌がっているからやめてくれ」と。そう言われれば、皆守るよ。ジェンネは水に囲まれた街だ。ハリ・ジンを怒らせてはいけないと、皆が知っているからね。

政治的「二番手」

ソルコはジェンネで先住の民と自他ともに認められ、ジェンネの人びとの生活に欠かせない周辺の水域の所有権をもつ。しかし、彼らのジェンネにおける政治的な位置づけは、常にソンガイに次ぐ二番手である。たとえば各街区の伝統的な長は、すべての街区で常にソンガイである。ソルコは必ず副長を務めることになっている。また、ソルコとソンガイの生業である泥大工のギルドでは、ソルコが成員の多数を占めるにもかかわらず、長は常にソンガイが務める。

こうしたソンガイ—ソルコの主—補佐の関係は、ジェンネの街が興って以来、不変であるという。ジョボロ街区の副長（アミル・チイナ）を務めるソルコの男性は、ジェンネにおけるソルコの社会的地位を「二番手性（*hinkante-terey*）（the second-hood の意）」と表現し、以下のように説明した。

わたしたちソルコは漁に出る。一年のうち数か月は、漁のためジェンネにいない。そんな人たちがアミル（長）になるべきではないよ。アミルは常に街区や街の問題を知っていなければいけない。そのためには、ずっとジェンネにとどまっている人が良いだろう。（「では、たとえば学校の教師になってずっとジェンネにとどまるソルコがいれば、彼がアミルになる可能性もあるのですか？」と尋ねると）いやぁ、それはないだろうね。考えたこともなかったよ。ジェンネのソルコは、ずっとずっと昔から、常にチイナ（*chiina*「小さい」「副〜」「次〜」の意味）だ。（中庭で遊ぶ一〇歳くらいの子どもを指して）あんな小さい子どもだって分かってることだよ。彼らが学校や近所の友達とグループを作るとする。サッカー・チームとか、遊びのグループとか。そういう子どもたちのグループでも、リーダーを決めようとなったら、長（アミル）は常にソンガイ、副長（アミル・チイナ）は常にソルコだ。

白人の国では、「一番が偉い、なぜ一番にならない」と言われるのかもしれない。でも二番がないと一番がない。街のことはいつも街にいる人たちが一番になってやるのが良い。ソルコは二番が好きだ。ソルコは漁が好きだ。ソルコは自由が好きだ。それだけだよ。

ソンガイは、農業と店舗を構えた小売業、コーラン学校の運営が中心的な生業である。収穫時のごく短期間を除いて、常時ジェンネにとどまっている人が多い。魚を求めてどこへでも移動し、魚さえあればどこでも仕事ができると自負するソルコにとっては、土地に張り付いて街の政治に関わるよりも、「二番手」の気楽さ・自由さの方が重要なのだろう。

ソルコの漁とキャンプ生活

彼らの主な生業である漁は、どのように営まれているのだろうか。

内陸三角州の増水が引き始める一一月ごろから、ジェンネのソルコは漁に出始める。ソルコによると、増水が引き始める時期は、川のへりや川中にある島の周辺などに魚が集まって留まるため、増水期に肥えた魚を捕えるのが容易だという。ジェンネのソルコが用いる漁具は主に、フィリジョ（*fili-dio*）と呼ばれる潜水漁用の網と、ダール・ソ（*daal-so*）と呼ばれる投網である。これらの漁具は個人で行う漁に用いる。そのほかにも、複数人でグループを組んで行う、より規模の大きな漁もある。この集団漁には、端から端まで渡して川を堰き止めるダーフコイ（*daafukoi*）や、竹の枠組みに網を張った籠状のものを川に並べるパポロ（*papolo*）などがある。

ソルコの女性も、夫や父親、兄弟のキャンプに帯同する。女性たちは魚を干したり燻製にしたりする加工作業や、鮮魚・加工魚の販売、他民族の農作物との交換を担う。また、キャンプの周辺で小さなパポロを使って小魚を捕ることもある（写真11、12）。

漁に携わるソルコの多くは、一一月から翌年の三、四月ごろまで、ジェンネを離れてキャンプに出る。それ以外の季節はジェンネの家にとどまり、日帰りが可能な周辺の水域で、小規模な漁を行う。ジェンネのソルコは多くの場合、

写真１１　投網を投げるソルコの男性

写真１２　フィリジョで捕えた魚を下げたソルコの男性

モプチ（ジェンネも含むモプチ州の州都、ジェンネから約七六キロ北東）を中心とした、内陸三角州東部のニジェール川流域にキャンプに出る。そのためモプチには、ジェンネから来たソルコが集まる「リトル・ジェンネ」のようなコミュニティが形成されるという。

カブル・ヨーヌは、典型的な漁師といった雰囲気のおじいさんだ。「もう年だからあまり漁には出ていない」とは言うものの、真っ黒な肌にごつごつした大きな手、バランスよくついた筋肉、キャンプの話をするときの興奮した口ぶりが、仕事好きな働き者の漁師であることを物語っている。

カブル・ヨーヌ（ソルコ男性、七〇代、漁師）の話

漁のシーズンは、モプチに行くことが多いな。六か月くらいあっちに滞在する。水が減り始めたらジェンネを出発して、集団漁のころ（三月ごろ）になると戻ってくる。昔はモプチでは小屋に住んでいたんだ。でも、毎年こんなに長くモプチで漁をするんだから、家を建ててしまおうと考えた。一九八六年にモプチにもバンコ（泥づくり）の家を建てた。ジェンネのソルコには泥大工をしている人も多いから、家はすぐに建つ。泥もモプチにあるのを使えばいい。

モプチの一角に、ジェンネの漁民のコミュニティがある。そこに家を建てた。そこには、ジェンネ・ダガ（「ジェンネ・キャンプ地」の意）という名前がついている。そこに毎年来るのは、ほとんどがジェンネのソルコだ。あとは少しのソモノもやってくる。小さなジェンネといった感じだ。

……ジェンネ・ダガには、ジェンネのソルコのトン（*ton* 会合、互助組織）がある。ソンガイもフルベもいないソルコだけのトンだから、ジェンネのとは違う。でもやっていることは同じだ。問題があれば話し合う、金に困れば融通し合う。ジェンネの漁協の漁具の一部は、モプチのジェンネ・ダガに保管されているよ。それを使うこともできる。モプチとジェンネは同じ州だから、一年の半分住んでいても税金はとられない。ジェンネで払えばいいだけだ。漁の許可書も同じものだ。

近年は生業の多様化や気候の変化などのため減少しているそうだが、ニジェール川内陸三角州内だけでなく、その外へ移動するソルコもいる。ヨーヌも若いころ、一九六〇年代にはコートジボワールまで漁に出ていたという。

そのときはまだ若かったから、最初は両親と行った。一旦戻ってジェンネのソルコと結婚して、妻と一緒にまたコートジボワールに行った。あのころ、マリの通過はマリ・フラン（Franc malien, FM）で、コートジボワールの通過はセーファー（CFA Franc）だった。マリ・フランは弱かったから、二万五千CFAをマリ・フランに変えると、五万FMになったんだよ。だからあっちで漁をして魚を売ってお金を得て、マリでマリ・フランに交換するソルコがたくさんいた。ソルコは魚とカヌーさえあれば、どこでも仕事ができるからね。あちらでは言葉も違った。あちらの人はジュラ語とフランス語を話す。だから値段交渉のときは、フランス語を使う。いやいや、フランス語はまったくしゃべれないよ。まぁ、互いに理解するためのフランス語だ。自分たちしか分からない。もし君たちが聞いても、何を言っているのか分からないだろうね。フランス語であることすら分からないかもしれないね。だから、喧嘩をするときや金額の大きい交渉をするときには、言葉の分かる人に通訳をお願いしたりもした。

（「モプチにも家があり、外国でもうまく仕事していけたのなら、なぜジェンネに住み続けるのか」と尋ねると）ジェンネに家族がいるからだよ。祖先からずっと、ジェンネに住んできた。ジェンネはイセ・ベル（ニジェール川）までは少し遠いが、きれいなモスクもあるし、大きな市場もあるし、いろいろな祭りもある。良い街だ。でも、死ぬまでキャンプには出ていたいと思っている。……（わたしの母方の家族が日本で魚屋をしていると言うと）それはいい！このあいだ、テレビで日本の漁のようすを放送していた。あちらでは、漁はここよりずっと楽だろう。船も大きく、いろんな機械があった。ただ、こちらで使う漁具もあったな。網なんかは、そう変わりはしない。形を見たら、使い方はだいたい分かった。日本に行っても漁ができるかもしれない。君のおじいさん・おばあさんが、わたしが捕った魚を売ればいいんだからね。

若いころにセネガルやコートジボワールなどの遠くまで漁に出て稼ぎ、結婚し子どもが増えたころにジェンネに戻ってからは、モプチなど内陸三角州内でのキャンプに出る、というソルコ男性のライフストーリーは、よく耳にした。「水が／魚があればどこででも仕事ができる」という漁民の矜持に満ちた発言も、ソルコ男性がよく口にするものである。一方で、水がなければ、つまり増水が十分でない干ばつの年には、生活が厳しくなる。そのため干ばつが深刻であった一九八〇年代ごろからは、泥大工と漁師を兼業するソルコも増加している。

5 ジェンネのソンガイ

ソンガイの「飛び地」としてのジェンネ

ソンガイが集中して居住しているのは、ジェンネから直線距離で二五〇キロ離れたニャフンケ以北からガオやトンブクトゥにかけての、マリ北部である。ニジェール川内陸三角州では、ジェンネ以外にソンガイはほとんど居住していない（Gallais 1967: 22）。ジェンネにおいて、ソンガイはフルベと並んで最も多い民族であり、異なる民族の共通語としてもソンガイ語が用いられている。しかし、西アフリカ内陸部全体の民族と言語の分布を鑑みれば、ジェンネはいわばソンガイの飛び地なのである。

ある日わたしは、ジェンネから五キロほど南のジャボロ村で人形劇が催されるというので見物に出かけた。そこで会う人たちにジェンネ語で挨拶すると、バマナン語で「わたしたちはソンガイ語が分からない」との返事が返ってくる。徒歩で半時間もかからないすぐ近くの村であろうと、ジェンネを離れるとジェンネ語／ソンガイ語が通じないことに驚いた。

ジェンネのソンガイは、サハラ交易を通じてマリ北部からジェンネに定住し始め、一五世紀にソンガイ王国がジェンネを版図に含めて以降、さらに増加したと考えられている。サハラ交易が衰退した現在でも、マリ北部のソンガイとジェンネのソンガイの関わりは強く、ガオやトンブクトゥから／へ結婚を機に移動する人びとも少なくない。しかし、一五世紀にジェンネにやって来て五〇〇年以上が経過しているため、マリ北部のソンガイとジェンネのソンガイには、言語と宗教の点で顕著な違いもみられる。

ジェンネ・チーニ（Djenné-chiini ジェンネ語）と呼ばれるジェンネのソンガイ語は、トンブクトゥのソンガイ語コイラ・チーニ（Koira chiini「都市語」の意）とも、ガオのソンガイ語コロボロ・チーニ（Koroboro-chiini「都市民語」の意）とも、母音の数が異なる。またジェンネ語には、ガオやトンブクトゥには少ないバマナンやソルコ、フルベなどの他民族の言語の語彙が多く混ざっている（Heath 1998）。

また、トンブクトゥやガオおよびニジェール川大湾曲部のソンガイは憑依儀礼を行うことで知られるが（Stoller 1995, Rouch 1960）、ジェンネのソンガイはそれを行わない。この儀礼は、ホレ（*holle*）と呼ばれる精霊が音楽を通じて呼び寄せられ、人間に憑依し、憑依された人は狂ったように踊る、というものである。複数の精霊はそれぞれに名前をもち、人間のような「家族」を形成するという。儀礼の形式はさまざまであるが、精霊の憑依を通じて、病気の治癒や通過儀礼のイニシエーションを行う*21（Olivier de Sardan 1994）。マリ北部では現在でもソンガイの憑依儀礼が行われている。首都バマコに在住しているソンガイの一部は、移住先のバマコでも実践しているという。しかし、ジェンネのソンガイは憑依儀礼を行わない。ジェンネ語にも、ホレが転訛したと考えられるホロ（*hollo*）という言葉がある。しかしジェンネ語では、ホロは単に「狂っている（状態）」を意味する語であり、自ら精霊を呼び寄せて憑依させる儀礼を意味しない。

また、「飛び地」であるために、ジェンネのソンガイは後背地との婚姻を通じたつながりを、他の民族ほど強くはもっていない。ジェンネの人びとは、ヒトやモノの移動を通じて関わりが深い周辺の地域を、バンデ・ヘレ（*bande hɛrɛ* バンデは「背中」、ヘレは「～の方」の意、転じて後背地）と呼ぶ。バンデ・ヘレがどこからどこまでを指すのかは、文脈やこの語の使用者の移動範囲によって異なる。ジェンネを取り囲むように点在する三—五キロの距離にある村落を意味する場合もあれば、ジェンネを中心とした直径七〇キロほどの広大な範囲を意味する場合もある。また、かつての都市国家としてのジェンネの「領土」を指すこともある。ジェンネのバマナンやマルカ、ソルコ、フルベはこうした後背地の同民族の人びとと、社会的なつながりをもっている。ジェンネを越えた同民族同士のつながりを頼りに、土地の貸し借りや水域の管理、婚姻、季節的移牧の経由地選びなどを行っている。しかし、ソンガイは内陸三角州ではジェンネ以外には居住していないため、後背地との民族的なつながりが少ない。ジェンネのソンガイが後背地に土地を得る場合には、他の民族を経由して、その土地の所有者と交渉を行う。また、同じ民族の婚姻相手をジェンネの外から探したい場合には、他の民族のようにニジェール川内陸三角州内の後背地ではなく、ガオやトンブクトゥなどマリの北部から呼び寄せることが多い。

ソンガイの生業

ジェンネのソンガイは、主に米作を中心とした農民か、商人として生計を立てている。また、農業や商業を行うソンガイのなかには、コーラン学校の教師とこれらの仕事を兼業している者も少なくない。

ジェンネの常設市の前に店舗を構えるマイガは、五〇歳くらいのソンガイの男性である。四・五畳ほどの小さな店舗で、粉ミルクやインスタントコーヒー、石鹸、タバコ、小分けにした食用油などを売っている。わたしが店の前を通るといつも、店内から大声で「おーい、おしゃべりをしよう！」とか「お茶を飲んでいけよ！」と声をかけてくれる、好奇心旺盛で気さくなおじさんだ。店の前を通るたびに彼に捕まって話をするはめになるため、急いでいるときは彼の店の前を通らないよう遠回りをしなくてはいけないほどであった。彼は三〇年ほど前に、今はもう亡くなった兄と現在の店を開いたという。彼は、ソンガイである自分の商売とマルカの商売の違いを、以下のように説明した。

（彼の息子はバマコで専門学校に通っているため、彼もたびたびバマコに遊びに行くという話から）バマコで知り合った人に、「ジェンネで商売をしている」と言うと、みんな「では、たくさんの街に行ったことがあるんでしょうね。外国にも行くの?」などと聞いてくる。僕は(ソンガイに特有の名である)マイガなのに。ジェンネで商人をやっているソンガイは、マルカみたいに移動はしない。僕なんて、マリから出たことすらないよ。ジェンネの他には、バマコくらいしか知らない。マルカだったら、こんな小さな子どもも(と言って、店にお使いに来ていた小さな子どもを指す)、コートジボワールとかニジェールとかセネガルに行ったことがある。

マルカもソンガイも、売る物は同じだ。昔はジェンネのソンガイが岩塩とか馬とかも扱っていたと聞いたことはある。今はそんな大商人はいない。マルカもソンガイも、同じようにタバコや布を売ってる。でも、僕たち(ソンガイの商人)はブティキエ(boutiquier フランス語で「小売店主」「店の主人」)で、マルカはコメルサン(commerçant フランス語で「商人」、マリでは「交易商人」「行商人」といった意味合いをもつ)だ。あちこち移動して商売をするには、ジャッティギ(*dia-tigi* バマナン語で「宿主」「客を迎える者」の意味。旅先でお世話になる特定の家や人を指す)が必要だろう?マルカはコメルサンだから、どの村にも彼らのジャッティギがいる。本当に、どこに行っても彼らの眠る家(定まったジャッティギ)があるんだよ! 驚くだろう。彼らが日本に行ったら、「ミクは僕の日本でのジャッティギだ」と言い張って、君の家に泊まろうとするだろうね。彼らはホテルを必要としない人たちだ。

ジェンネで商売を行うソンガイの多くは、店舗を構えた小売業である。その多くが村々を回って行商を行うマルカとは、同じ商人でも、商売の形態が異なるのである。

ソンガイの政治的優位

ジェンネのソンガイは、他の民族に対して政治的な優位を維持している。ジェンネの首長(コイラ・ココイ、行政上の市長とは異なる長)はソンガイが務めている。ジェンネの各街区のアミル(伝統的街区長)もすべてソンガイである。

ソンガイよりも他の民族が多い街区もあるが、そこでも各民族の割合は関係なく、アミルはソンガイが務めるものとされている。

ジョボロ街区のアミルであるバモイ・トラオレ（六〇歳、男性）もソンガイである。ジョボロはソルコとフルベが大半を占める街区で、ジェンネ東部の街区に比べてソンガイは少ない。しかしジョボロ街区でも、アミルは常にソンガイが務めてきたという。

バモイ・トラオレの語り

ジョボロのアミルは、ずっとわたしの家の人間だ。わたしは四年前に、前のアミルが亡くなって、アミルになった。その前は、わたしの母の兄がアミルを務めていた。彼には息子がいなかったので、その世代の男のなかで一番年長者だったわたしがアミルになった。もし僕が死んだら、僕の息子がアミルになるだろう。

（ジョボロではソンガイは少ないが、なぜ常にソンガイがアミルなのか尋ねると）なぜって？　考えたことはなかった。昔から、ジェンネのアミルはソンガイだ。ソンガイが金持ちというわけでも、ソンガイが頭が良いというわけでもない。商人のマルカには金持ちがたくさんいる。学校で成績が良いのはフルベの子ばかりだ。でもまぁ、それが伝統だから、ソンガイがアミルになる。（ジョボロ街区の副長であるソルコが、「ソルコは移動するのでジェンネにずっといない。一番手は常にジェンネにいる民族が務めればよい」と言っていたことを伝えると）あぁ、ジャーティ、ジャーティ！（「実にそうだ」「ふむふむ」といった納得・同意の意味合いを表す感嘆詞）。今まで気づかなかったよ！　我々ソンガイは、田んぼを耕しているか、店で商売をしているか、コーラン学校のアルファをしている。フルベやソルコみたいに、「水が来たからあっちへ」「水が来ないからこっちへ」と移動はしない。街区の会合は、いつでも問題が起きたときに開く。そのときにアミルがいないと、会合は始められない。

ソンガイ語のジェンネ語化

ソンガイ語の優位は、ジェンネで用いられる言語にも表れている。異なる言語を母語とする人びとのあいだで「街の共通語」として用いられることが多いのは、現在では「ジェンネ語」と呼ばれるソンガイ語である。すべての街区の会合の議論は、主にジェンネ語で行われる。その理由を、上述のバモイ・トラオレは、「すべての人が理解できる言語だから」と述べている。また、ソンガイではない異なる民族同士が会話をするときにも、ジェンネ語が用いられる。ソンガイでない民族の人びとが、ジェンネに数代にわたって住むなかで、民族の母語を話さなくなることもある。ソルコ語をほとんど話せず、ソルコ同士でもジェンネ語を使う方が多い、といった若者もよく見かける。

わたしが住んでいた長屋には、二〇〇七年当時、わたしの他にフルベのジャロ一家とソンガイのトゥーレ一家とバマナンのドゥンビア一家の三家族が住んでいた。それぞれの家族成員間では、それぞれの民族の言語で会話がなされていた。また、フルベのジャロ一家の大人は、フルベ語以外にもバマナン語とソンガイ語を話すことができ、バマナンのドゥンビア一家の大人も、バマナン語以外にソンガイ語とフルベ語を話すことができた。互いの民族の言語を話すことができるものの、ジャロとドゥンビアのコミュニケーションは常に、第三者の言語であるソンガイ語で行われていた。時々、うっかりフルベ語で話しかけたジャロに対してドゥンビアがフルベ語で返したり、ドゥンビアに対してジャロがバマナン語で挨拶をしたりといった光景も見られた。しかしそういった場合でも、会話が進むうちにいつの間にか、両者のあいだで使われる言語はソンガイ語にシフトしていた。ソンガイ語の習得だけでも四苦八苦しているわたしにとって、彼らのあまりに自然でスムースな言語の切り替えは、何度目にしても毎度感心させられた。多言語の環境で生まれ育ったジェンネの人びとにとって、自分の民族の言語だけでなく複数の言語を話せるのは当然のことだ。ジェンネでは五歳の子どもでも、遊び仲間の民族によって言語を使い分けている。さらには、学校教育はおもに国の公用語であるフランス語で行われており、コーラン学校でコーランの読み書きを学ぶので、フランス語やアラ

表4　ジェンネの家族間での使用言語

使用言語＊1 民族	ソルコ語	フルベ語	ジェンネ語	モシ語	バマナン語	計
ソルコ（22人）	10	2	22	0	1	
フルベ（25人）	1	24	5	0	4	
ソンガイ（12人）	0	0	12	0	0	
マルカ（2人）	0	0	2	0	1	
モシ（1人）	0	0	1	1	0	
ソモノ（1人）	0	0	1	0	0	
バマナン（3人）	0	0	2	0	3	
計	11	26	45	1	9	92＊2

N＝66、複数回答あり
注）＊1　独自の言語を持たないマルカとソモノは含まれない。
＊2　家族間で使用する言語として複数の言語を挙げた人もいるため、総数は66よりも多くなっている。

ビア語の読み書きを知る人も少なくない。ジェンネの人に「日本では日本語しか話せない人が多い」と言うと、驚かれてしまう。「一つの言語しか話せずに、どうやって隣人と話をするんだい？」と。多民族・多言語の街に生まれ育った彼らにとって、一つの言語しか話せなくても大きな問題なく生きていける環境そのものが、想像しがたいのだ。

「ジェンネ語」としてのソンガイ語は、近年さらに力を増している。ジェンネでは、「ソンガイ風の」通称をもつソンガイでない人びとが増加している。マリの多くの人は、本名以外に愛称・通称をもっている。家族や友人間では、この通称で呼ばれることの方が多い。いつも通称で呼び合っているため、長年の友人でも、互いに本名を知らない場合もあるほどだ。ジェンネでよく耳にする通称は、バウォイ、ニャムイ、バモイ、バカイナなどである。これはいずれもソンガイ語であり、それぞれに「父方のおばと同名」「母と同名」「父と同名」「父の弟と同名」を意味する。通称にこうした語が用いられるのは、年長者への敬意を示すためである。たとえばある人が自分の娘に、自分の母親の名前をとってカディージャと名づけたとする。その人が子どもを「カディージャ」と呼ぶのは自分の母親を呼び捨てにしているようでもあり、年長者に対する敬意を欠くと考えられる。そのため、「カディージャ」の代わりに、「ニャムイ（母と同じ名前）」という通称を用いる。ジェンネの五〇代半ばの男性によると、彼が子どものころは、こうしたソンガイ語の通称がソンガイ以外につけられることは稀であった。しかし現在では、他の民族もこうした通称を用いている。わたしの知る限りでも、言語の境界を比較的強く保持しているフルベを除いて、ソンガイでない民族の多くの人が、ソンガイ風の通称を用いていた。

表4は、わたしが二〇〇七年七月にジョボロ街区の住民六六人（すべて大人、ソルコ二二人、リマイベも含むフルベ二五人、ソンガイ一二人、マルカ二人、モシ一人、ソモノ一人、バマナン三人）に行った、家族間での使用言語の調査結果をまとめたものである。縦列が回答者の民族、横列が家族間でその言語を使用すると答えた人の数である。ソンガイは家族間でソンガイ語（ジェンネ語）以外を用いない。その一方で、ソンガイ以外の民族の家族間のコミュニケーションでも、ソンガイ語が多く用いられていることが分かる。独自の言語をもたないマルカとソモノは、ソンガイを話している。独自の言語をもつソルコも、ソルコ語よりソンガイ語を用いるという人の方が多い。ソンガイの言語は、ソンガイという民族を越えて、街のリンガ・フランカとして定着している。

これを、自民族の言語が消えていくと捉え、快く思っていないソンガイ以外の人もいる。また、「ジェンネ語」をソンガイという民族のジェンネ方言ではなく、「ジェンネの街の言語」だと捉えて、特に気にしてはいない人もいる。今後さらにジェンネの「ソンガイ語化」が進んでいけば、前者の考えをもつ人びとも増えていくのかもしれない。

6　ジェンネのフルベ

口頭伝承に依拠した研究によれば、フルベがニジェール川内陸三角州にやってきたのは、一四世紀末ごろであったと推定されている。もともとセネガル川流域に居住していたフルベの一部が、気候の変動や人口圧の高まりから、牧草を求めてニジェール川内陸三角州に移動してきたと考えられている（Bâ et Daget 1984）。その後、数世紀かけてニジェール川内陸三角州のフルベは増加していき、現在では内陸三角州の約三五%、ジェンネの約二一%を占めるに至っている（Gallais 1967: 22; Harts-Broekhuis et als. 1980: 39）。

牛の委託

フルベにとって牛は、単なる生活の糧を得る手段ではない。牛はフルベの民族的な誇りと結びついている。ニジェール川内陸三角州のフルベは、一年のうち六―一一月あたりの約半年間、牧草地を求めてより乾燥した北部へ牛を移動させる。そして一一月の末あたりになると、村へ牛を連れ帰ってくる。この時期、フルベが多く暮らすジャファラベ(Diafarabe 三角州西南部)やソファラ(Sofara 三角州中東部)などの村では、周囲の河川の水位が高い。水辺に囲まれた村に牛を連れ帰るには、数百頭に及ぶ牛を数人の牛飼いで巧みに操り、溺れさせることなく無事に泳いで渡らせなくてはならない。半年間移牧に出て立派に肥えさせた牛を村に連れて帰るのは、牧畜民の男性にとって誇らしいことである。その帰りを待ちわびていた女性たちも盛装をして迎える。牧畜民であるフルベの言葉でヤーラル(*yaaral* ジャファラベ周辺での呼称)もしくはデガル(*degal* デボ湖周辺での呼称)と呼ばれるこの牛の河渡しは、ニジェール川内陸三角州を代表する祝祭の一つとなっている。二〇〇五年にはユネスコの無形遺産に登録された。

ニジェール川内陸三角州内のフルベは、主に、ニジェール川の自然増水に合わせた季節的移牧をともなう牧畜に従事している(Gallais 1984: 73-94)。ジェンネに住むフルベにとっても、牧畜は重要な生業である。ジェンネの街を含む行政区分ジェンネ都市コミューン(Commune urbaine de Djenné)の牛の数は、およそ三万二三〇六頭(二〇〇四年)である(DNUH 2005: 27)。都市コミューンの人口が一万九五五八人(一九九八年)であり、フルベが人口の三〇%と仮定して計算すると、子どもや女性も含めたフルベ一人あたり約五頭の牛を所有、一〇人規模のフルベの一世帯が約五〇頭の牛を所有していることになる。

ジェンネの街に限っていえば、フルベの牧畜は、ニジェール川内陸三角州の村落における牧畜に比べて小規模な傾向にある。その主な理由は、ジェンネは家々が密集しているため、牛をまとめて囲っておくスペースが限られていることである。そこでジェンネのフルベの多くは、自分やその家族の牛だけではなく、他の民族や同じフルベの他のクランが所有する牛も預かって放牧させている。以下に、①牛の「委託牧畜」を行っているフルべと、②牛を別のフルべに預けているフルべ、③牛をフルべに委託している他民族の二人、計四人の話を詳述しよう。

①セク・シディベ（四〇歳くらい、フルべ）の話

わたしの牛の群れは八〇頭。すべて雌牛だ。八〇頭のうち五〇頭は、自分と自分の家族の牛。三〇頭は他の人の牛を預かっている。わたしに牛を預ける人は、同じフルべもいるし、ソルコもいるし、マルカもいる。牛の所有者が誰でも、牛は牛だよ。彼らは二頭とか三頭をわたしに預ける。預かる場合は、一頭につき一か月一五〇―二〇〇ＣＦＡをもらう。それに加えて、一回（一年周期の一シーズン）で二万五千ＣＦＡ。これはエサ代だ。[*22] それ以外にも、注射代ももらう。牛には三種類の注射を打たせている。一つはジェンネ語で「ビネドル（*binedɔr*）」、フルべ語で「ベルネ・ナーウォーレ（*berne-naawore*）」という病気のための注射。肺の病気で、かかるとすぐに死んでしまう。もう一つは「ビル（*bir*）」（ジェンネ語）、「コラル（*korar*）」（フルべ語）という病気。これは、一頭がかかるとすぐに他の牛もかかる。だから一頭がコラルになったら、すぐに獣医のところに連れて行く。おとといもコラルかもしれない牛が二頭いたので、すぐに連れて行った。もう一つは、マラリア。注射代は一頭一回あたり五〇〇ＣＦＡくらいだ。今年（二〇〇九年）はコラルになる牛が多いと聞いたので心配だな。

水が高いとき（雨季―増水期）は、サヒール（サヘル地帯）まで牛を連れて行く。毎年、ドゥエンザ（モプチ州、ジェンネから約二一一キロ）かモーリタニアの国境まで行く。一か月もたたずに目的地に着くよ。乾季は、サンシトーロ（ジェンネ周辺の原っぱ）で牛を飼う。草が足りないときは、二トンくらいの草を買う。草は南からトラックで運ばれてきたり、バンデへレ（ジェンネの後背地）のブルス・ボロ（「藪の人」「田舎の人」の意）が運んできたりする。わたしは足の調子が悪いので、友達と一緒に放牧をしている。友達も五〇頭くらい所有しているので、わたしたちの群はとても大きなものだ。牛を売りたいときは、前もってまわりの人に知らせる。「要らないか？」と聞いて回る。ジェンネの肉屋かジェンネ

の友達に売る。もし急にお金が必要になったら、ジェンネに来るジュラ（ジュラ商人、マリ南部やコートジボワールの商人集団）に売る。（「でもジュラは常にジェンネにいるとは限らないのでは？」と尋ねると）ジュラのコレスポンダン（correspondand フランス語で「取引先」「仲介者」の意）がジェンネにいるので、まず彼らに売るんだ。そうすると、後でジュラが来たときに連れて帰る。彼らは牛を、バマコやアビジャンまで歩いて連れて行く。アビジャンまでは、一か月半くらいかかるんじゃないかな。売り値は一頭一五万ＣＦＡくらい。エサや移動にかかったお金を考えると、それほどもうけはない。人から預かった牛は、その人が売りたいと言ったときに売る。わたしがジュラを紹介することもあるし、牛の所有者が自分で売ることもある（写真13）。

②アブドゥライ・ボーリ・ジャロ（三〇代、フルベ）の話

一〇頭の牛を持っている。牡牛が一頭、雌牛が九頭。すべて自分の牛だけど、水が高いとき（雨季―増水期）は、人に預けている。その人もフルベだ。その人には、一頭につき二〇〇―五〇〇ＣＦＡくらいを支払う。エサ代は年によって違う。だいたい一頭につき一千ＣＦＡくらい。水が高いあいだは、牛を人に預けて、自転車修理の仕事とか、羊の飼育をしている。乾季は、サンシトーロ（ジェンネ近郊）で自分で牛をヤラヤラ（*yaala-yaala*「散歩する」「うろつく」という意味）させる。

牛を売りたいときには、自分で売る。牛が（移牧から）帰ってきたときが、一番太っていて美しいんだ。去年はそのときに一頭売った。妹の結婚式があったから、お金が必要だったんだ。知り合いのジュラの携帯に電話したら、ちょうどモプチにいると言うから、ジェンネに寄ってもらった。彼はトラックに牛を積んでいった。歩いて牛を南に連れていくジュラは、もう少ないんじゃないかな。連れて帰る途中で牛が死ぬかもしれないし。今、カナファ街区の外に、パルク（parc フランス語で「牧場」）を作っているだろう？　あそこにはトラックも入れる。あそこが完成すれば、トラックに直接牛を乗せるのが簡単になるだろうね。

写真13　ジェンネから直線距離で約340キロ離れたホンボリで移牧されるジェンネのフルベの牛

③バ・スマイラ・コノチォ（五〇代、ソモノ）の話

五頭の雌牛を所有している。二頭は自分の家で世話している。去年は五頭全部フルベに預けたけど、今年はこの二頭は痩せている。病気かもしれない。だから、三頭だけフルベに預けた。彼は友達だよ。すぐ向かいに住んでいる。毎月七五〇CFA支払っている。エサ代は、必要なときに払っている。草が多い年はあまり払わなくていいし、少ないときには多く払う。予防注射代も払っているよ。わたしはフルベではないので、どういう病気やどういう薬があるのかはよく知らない。前に彼（牛を預けているフルベの友人）に聞いたのは、下痢を止める注射を打って、ビタミンの錠剤を飲ませているということだった。一頭につき五〇〇CFA払った。牛を売るときは、自分で売るときもあるし、友人に売ってもらうときもある。その場合は、友人が三、わたしが七をもらう。彼がバマコかソファラに彼の牛を売りに行くので、そのときに一緒に頼むことも多い。バマコでは牛が高く売れるんだ。仔牛でも八万五千―一〇万CFAで売れる。

④ベイダリ・マイガ（四〇代、ソンガイ）

三頭の雌牛を買っている。全部、同じ街区（ファルマンタ―ラ街区）のフルベに預けている。彼が、ケケ（ジェンネから直線距離で約三〇〇キロ西）やドゥエンザ（約二一〇キロ北東）の方まで連れて行く。彼には、一頭につき一か月二五〇CFA支払っている。お金がかかるのは、薬や注射だ。毎年年末、マラリアの注射を打つ。それだけじゃない。病気のたびに獣医に診せないといけない。そのたびに彼にお金を払う。でも、死んでしまっては終わりなので、お金は払うよ。

牛を売るときは、アンブジェ(ジェンネ語かフランス語か不明)に売る。アンブジェというのは、ジュラ商人とは違う。彼らはバマコやサンから来る。アンブジェに売ると、彼がさらにその牛を太らせて、コートジボワールやギニアで売るんだ。だから、太った牛でなくても売ることができる。

普段は米を作っている。牛は、現金を得るために買っている。米だけでは、なかなか現金を得られないからね。自分の田んぼに牛が入ってきて、追い払うこともある。そういうときは、「フルベはちゃんと仕事をしろよ」と思う。「自分の牛をしっかり見ておけ」と腹が立つ。自分の牛を預けている彼は、問題ない。彼は子どものころからもう三〇年もフルベだから(牧畜にたずさわっているから)。彼とお金のことでもめたことも一度もない。

政治的「遊離」

ジェンネの主要な民族は、フルベ、ソンガイ、ソルコである。この三つの民族でジェンネのおよそ半分を占めている。過半数を占める民族が存在しないジェンネでは、この三つがまず先に「ジェンネの民族」として挙げられる。先に示したように、ジェンネの政治、とりわけ伝統的街区組織では、ソンガイが「一番手」、ソルコが「二番手」という位置づけが定着している。一方、ジェンネのフルベは、街区の成員と見なされてはいるものの、決して街区の三役(街区長、副街区長、アルムタシビ)には就かない。街区を越えたフルベの組織ワルデ(*waldé*)と、祝祭における他民族との別に、こうしたフルベの「部分的浮遊」が端的に表れている。

フルベはジェンネ内の各街区に、フルベ語でワルデと呼ばれる組織をもっている。ワルデはもともと「(家畜や家屋の）囲い」を意味する。ジェンネのフルベに特有の組織ではなく、マリの他の地域やカメルーン、ブルキナファソなどのフルベのあいだでも組織されている（Hagberg 2000）。各街区のワルデを取りまとめる形で、街全体のレベルのワルデがある。ジェンネでは、フルベおよびフルベのかつての農奴リマイベ以外は、[*23]街区を越えた民族ごとのトン（*ton* バマナン語起源の言葉で、「集まり」「組」の意）を組織していない。ジェンネの街全体のワルデの長であるシェイク・ムサ・シセによると、ワルデは「フルベの伝統的な文化的アソシエーション」であるという。主な活動内容は、牧畜に関する問題の討議と情報交換、成員の結婚式の準備である。

シェイク・ムサ・シセによると、ワルデの活動の詳細は以下のようになっている。ジェンネのワルデの長はフルベ語で「アミル・マウロ（*amir maulo*）」と呼ばれる。会合ごとに、彼の下にアミル・パモロ（*amir pamolo* 副長）、アル・カーディ（*al-cadi* 会計係。アラビア語起源の言葉）がつく。これらの役職は世襲ではなく、前任者が亡くなると会合で選出される。ワルデに加入するのはジェンネのフルベの義務ではないが、「入らなければ結婚式を行うことは難しいし、あらゆるときに正しく扱われない」という。ワルデに加入する年齢は特に決まっていない。多くのフルベが「牛の群れを率いることができるようになるころ」、つまり一〇代半ばの青年期に加入する。各街区のワルデに加入すれば、自動的にジェンネ全体のワルデにも組み込まれる。加入は一人ではなく、同年代のフルベの仲間一〇人くらいのグループで行うのが通例であるという。その際には、グループからジェンネ全体のワルデの長に「昔はコラの実四〇個、現在は飴四袋（一袋五〇—一〇〇個入りで五〇〇—一千ＣＦＡ）」と現金五〇〇ＣＦＡ」を渡す。飴は会合（フルベ語で *moturu*）で新加入者のアナウンスとともに配布され、現金は「ワルデの金庫」に納められる。

街全体のワルデの会合は、年二回開かれる。ワルデに加入しているフルベ全員が参加するのではなく、各街区のワルデの代表者が集まって行う。それ以外にも、「フルベで話し合うべき問題」が起きれば会合を開く。ワルデの会合場所は、モスク前広場の北東のスペースもしくはジェンネの市民会館（Maison des peuples）[*24]である。いずれの会合場所も、どの街区にも属していないいわば公共空間である。民族を超えた街区全体の会合が街区内の共有地で行われる

写真14　放牧中に集団漁のようすを見にきたフルベの青年。ジェンネ周辺で年に数回、漁民以外も参加できる集団漁が行われる。彼によると「真のフルベ」はたとえ祝祭であっても漁には決して参加しないという

のに対し、ワルデの会合にはジェンネの特定の民族とも特定の街区とも関わりのない場所が選ばれているのだ。

会合では、牛の河渡しの日程や、農民とフルベのあいだで取り決められる田畑に牛を入れてよい解禁日の情報などが共有される。これらはジェンネのフルベに限定されない、ニジェール川内陸三角州のフルベが共有すべき情報であることから、ワルデの長は普段から、ジャファラベ村やソファラ村のフルベとも密接に連絡を取り合っているという。

また、ジェンネ内で結婚式を控えたフルベの新郎新婦には、各街区のワルデの長を通じて、それぞれ二千ＣＦＡが渡される。これはジェンネ全体のワルデの金庫から支出される。そして、新郎と新婦が居住する街区のワルデの成員のあいだで、結婚式に向けた準備が話し合われる。

このようにフルベは、ワルデによってジェンネ内のフルベ間のつながりを維持するとともに、ジェンネ外のフルベとも連携することによって、他の諸民族との明確な境界を形成している（写真14）。

「フルベのカヌー」

ジェンネでは毎年、一一月の第二木曜日に「タバヨホ（*tabay-ho*）」と呼ばれる野ウサギの集団猟が開催される。これは主に、ジェンネ内の未婚の男女が中心となって参加する祭りである。各街区の一〇―三〇代の男性が各街区の

「港」からカヌーに乗って出発し、ジェンネ周辺の藪で野生のウサギを狩る。一〇人から三〇人が乗り込んだカヌーごとに仕留めたウサギの数が競われ、カヌーに括り付けられて誇示される。未婚女性たちは岸からそのようすを見守り、好意を寄せる男性や婚約者が乗ったカヌーが戻ってくると、彼に向かって身につけていたスカーフや飴を投げつける。普段は年長者の前であからさまに示すことがはばかられる異性への好意を忌憚なく表すことができる機会でもある。年長者はカヌーの出発のタイミングや藪までのルートを指示しながら、そのようすを楽しげに見守る。

この祭りでは、各街区が複数のカヌーを準備し、街区ごとに猟を行う。カヌーは主に年代別に分かれており、イジェ・カイナ（「小さな子ども」の意味、一〇代半ばくらいの少年）、コーソ（「青年」の意味、一〇代後半から二〇代半ばくらいまでの未婚男性）、ハル・カイナ（「若い男」の意味、二〇代後半から三〇代くらいの男性）が、それぞれのカヌーに乗り込む。カヌーはさらに民族によって二つに分かれている。藪での行動は民族に関係なく街区ごとに行われるが、カヌーは「フルベのカヌー」と「それ以外のカヌー」に分かれている。したがって、各街区のフルベ以外の民族は年代別のカヌーに乗り込み、フルベはフルベだけのカヌーに乗り込む。

ジェンネ周辺で干ばつが深刻化する前の一九七〇年代初頭までは、タバヨホの他に、「ンベセホ（*nbese-ho*）」と呼ばれる水牛の集団猟も行われていたという。タバヨホと同じく、男性が街区ごとにカヌーを用意して藪に出かけ、水牛を仕留めるのである。水牛の数が減少したため、一九七〇年代半ばからンベセホは行われていない。しかし当時を知る男性たちによると、タバヨホと同じく、各街区のカヌーには、「フルベのカヌー」と「それ以外のカヌー」があったという。

なぜフルベとそれ以外のカヌーは分けられるのか。その理由を尋ねると、フルベからもそれ以外の民族からもまず、「体力の違い」が挙げられる。「普段から漁や耕作をしている民族と、牛を連れて歩いているフルベでは、体力が違う」という説明である。しかし「フルベ以外」のカヌーには、普段は肉体労働しないマルカやソンガイの商人も乗り込んでいる。また、多いときには一〇〇頭以上の牛を一人で数百キロ離れたところまで移牧させるフルベの男性にも、漁業や農業に求められる筋力とは異なるかもしれないが、相当な体力が必要だろう。そのことを指摘すると、あるフルベの男性は「僕らは彼らとは違うラース（人種、フランス語 race）だから」、あるソルコの男性は「わたしたちは黒くて、彼らは赤いから」、あるマルカの男性は「フルベはガンダ・ボロ（陸の人間）で、カヌーに乗るシー（*sii*）ではないから」と理由を付け加えた。

周辺の他民族のそれよりも明るい傾向にあるフルベの肌を、「黒」ではなく「赤」と表現することは、ジェンネに限らず西アフリカで広くみられる。マリの国民アイデンティティ・カードには身長や髪色、肌の色を記入する欄がある。わたしがインタビューに際して名前の綴りを尋ねたとき、フランス語が苦手な人の多くは、このアイデンティティ・カードを示して氏名の綴りを教えてくれた。ほとんどの場合、肌の色の欄には「noir（黒）」と記入されていた。しかし「rouge（赤）」や「brun（茶）」と記されていた人もおり、いずれも肌の色が黒よりも茶や赤銅色に近いフルベであった。

民族固有の互助組織をもっていたり、特定の祝祭で別のカヌーに乗るからといって、ジェンネにおいてフルベが明らかな差別を受けているわけではない。街区の会合からも排除されてはいない。学校や街区で、フルベとそれ以外の少年少女たちは、ともに遊んでいる。また、「自分たちだけで集まる」「（肌が）赤い」「カヌーが恐い」といったフルベのステレオタイプ化された特徴は、異民族間で互いの特徴をあげつらい笑い合う冗談にも頻繁に用いられる。しかし、フルベとその他の民族の別について言及する上述のような語り口のなかには、ときおり、フルベとそれ以外の目に見えない心理的な距離や、他の民族に対しては示されない明確な境界づけが感じられる。

ジェンネにおけるフルベの「遊離」は、生業の違いや「人種」の違いのほかにも、フルベであったセク・アマドゥとジェンネのマラブーたちの対立にも由来するだろう。第一章の七で詳述したセク・アマドゥは、一九世紀初頭にそれまでのジェンネのイスラームの在り方を否定し、街のシンボルでもあった大モスクを破壊し、自身の宗教的・政治的意向をジェンネに徹底させようとした。このときのセク・アマドゥの行いに対しては、現在でもジェンネの人びとから非難の声があがる。ジェンネのそれまでの自治の歴史を否定したともいえる彼がフルベであったということも、現在の他民族との距離に影響を与えているのかもしれない。

7 ジェンネのマルカ

マルカは「民族」か

マルカは、西スーダーンで広くソニンケ（Soninké）と呼ばれる人びとに起源をもつ。ソニンケはマンデ系のソニンケ語を話す集団で、その起源の地は現在のセネガル東部・モーリタニア南部・マリ西部の国境が接する一帯とされている。彼らは、ガーナ王国の版図拡大にともなって西スーダーンに拡散した（坂井 二〇〇三：六六—七八）。その過程で、交易商人であったソニンケが農業に従事するようになったり、ソニンケ語を用いずボゾ語やバマナン語などの近隣民族の言語を話すようになった者もいた（坂井 二〇〇三：七六）。彼らの呼称は、定着した先々で「サラコレ（Sarakole）」「セラウリ（Serahuli）」「ワーコレ（Wakole）」などさまざまだが、ニジェール川内陸三角州では「マルカ（Marka）」と呼ばれる。その多くがソニンケ語を話さず、近隣民族の言語を母語とする。マルカとは、バマナン語で「マリの人間」を意味する *mari-ka* を語源とする呼称である。そういった経緯をふまえると、マルカは他の民族に比べてバウンダリーが可変的であり、文化的・歴史的に形成・想像されてきた集団といった方がより正確である。ニジェール川内陸三角州におけるマルカは、主に行商を中心とする商人か、米作を行う農民であると理解されている。

ジェンネでは、マルカはソニンケと別のシー（*sii*）であると認識されている。マルカが独自の言語をもたない商人・農民集団であるのに対して、ソニンケは「ソニンケ語を話す人びと」と解釈されている。ジェンネの商工会議所の代表者たち（マルカ）に話を聞いたとき、「組合のメンバーにはマルカが多いが、ソニンケも少なからずいる」という表現をしていた。また、別のマルカによると、「マルカはジェンネ・ボロだが、ソニンケはジェンネ・ボロには含ま

写真15　ジェンネの定期市でサンダルを売るマルカの男性

れない」という（写真15）。

マルカ商人

ジェンネにおいてマルカは一五％ていどであると推測される。ソンガイやフルベに比べて少数であるものの、交易都市であったジェンネでは、現在でも商業におけるマルカの存在は大きい。米作に従事する民族は他にもいるが、ジェンネで商人とほぼ同義で語られるのは、マルカだけである。そのためここでは、マルカ商人の市場におけるようすは、次章で詳述する。そのためここでは、ジェンネの商業をめぐる現状について、商工会議所の代表へのインタビューをもとに概観していこう。

二〇〇七年の九月に、ジェンネ商工会議所の代表者アル・ハジ・ハモヤタ・バリにインタビューを行った。インタビュー場所には、彼の自宅が指定された。自宅には、ふかふかのソファや大きなタンス、細やかな装飾の鏡台、レースのカバーがかけられたテレビが備えられ、床には一見して上等なものと分かる絨毯が敷き詰められていた。ジェンネでは、家具は簡易なイスと棚のみという家庭も少なくない。ジェンネにこのような瀟洒な家具を揃えた家があることに、わたしはとても驚いた。ハモヤタ・バリはわたしに、「身元の確認のため」、調査許可書を提示するよう求めた。マリで調査許可書の提示を求められたのは、後にも先にもこのときだけだった。彼の横では、商工会議所書記のイブラヒム・トラオレが、わたしの質問を流麗な筆記体でノートに記録していく。普段、他人の大事な書類を見せてもらったり、人の話をノートにメモしながら聞く側にいるわたしは、その行為がどれほど相手に威圧感を与えうるかを、逆の立場から痛感したものだった。マリではよく、商業に携わるマルカやソニンケへの敬意と疑心を込めて、「商人には気を付けろ」と言われる。たしかにその通りで、この雰囲気にすっかり萎縮してしまったわたしは、いつものような雑談のような流れから発する質問をほとんどできなかった。

ジェンネの商人アソシエーション（正式名称はジェンネ商工会議所（La chambre locale de commerçant de Djenné）だが、本人たちも含め、商人アソシエーション（association de commerçat）と呼ぶ場合が多い）のメンバーは、現在二五〇人。マルカとソニンケでほぼ一〇〇％だ。店舗の店主、レストランの経営者、定期市を回る行商人の多くが加入している。テーブルの上に飴や茶葉やタバコを載せて売っているような（小規模な小売業）者も、メンバーに入っている。メンバーは毎年二五〇〇CFAを、アソシエーションの金庫に納める。

昔は、ジェンネの商人にアソシエーションなどなかった。商人は互いに協力し合わないと商売できない。商品の仕入れや運送、（商人自身の）移動などは、仲間の助けがないと簡単ではない。だから、行政上の（行政に届け出た）アソシエーションを組む必要もなかった。ただ、行政に何かを働きかけるときには、行政上のアソシエーションがあった方がよいからね。だから、二〇〇二年にモプチ州庁ジェンネ支局に届けを出して、正式な組織になった。（非公式な）アソシエーションの時代から数えると、わたしは五代目の代表だ。

ジェンネで新しく店を開こうと思ったら、できれば開業前に、それが無理なら開業後三か月以内に、税務署のジェンネ支局（Centre des impôts de Djenné）に届け出をしないといけない。それを過ぎると、ペナルティが課される。ただ、一万CFAとか二万CFAの資金で始められる行商については、申請は不要だ。

ジェンネは昔から商業の街だった。だからここの商人は、税金を支払うこと、商売に関する規則や約束を守ることがどれだけ重要か分かっている。だから皆、ちゃんと申請して、必要な税金を納めている。もしそれが払えない人には、アソシエーションの資金から融資をすることもある。

……昔は、ジェンネの商人のほぼ一〇〇%が、店舗を持たないマルカ行商人だった。倉庫に仕入れた商品を保管しておいて、それをあちこちの市場で売り歩いていた。だから一九九二年以前は、ジェンネに店舗は五軒しかなかった。(「一九九二年に何かきっかけがあったのですか」と尋ねると)その年に、アルファ・ウマール・コナレが大統領になって、店舗の開業を自由化したんだよ。ムサ・トラオレの時代(ムサ・トラオレ大統領の在任中一九六八—九一年)は、税金が高く、その申請の仕方も、支払いの形もややこしかった。それまで何百年も自由に商売をやってきたわたしたちにとって、とても辛い時代だった。とても小さなことにも、許可書だ証明書だ申請だと言われ続けたからね。だからあの時代、たくさんのジェンネの商人が、ジェンネを離れて外国で商売をしていた。一九九二年に店舗の開業が自由化されてからは、ジェンネの行商人も簡単に店舗を開けるようになった。行商は息子に任せて、自分は店舗で販売をするという人も増えた。

……今のジェンネは、昔のような商業の中心ではない。でも、我々マルカがいる限り、ジェンネの商業は廃れないだろう。時代にあった商売をすることが、何より重要だ。大昔は、時代に合った商品が金や塩だった。今は(外国人観光客が購入する)ミネラル・ウォーターだ。人間は少しばかり食べなくても死なないが、水を飲まなくては生きていけないからね。ただし、わたしたちジェンネの商人は、決してアルコール飲料を扱わない。いくら外国人が欲してもだ。アソシエーションでアルコールの扱いを禁じているわけではない。我々の信仰心がそうさせるんだ。(「ジェンネの外国人向けホテルで提供されるアルコールの仕入れや運送に、マルカは関わってないのか」と尋ねると)あれは首都からやってきたホテルの人間が、自分たちで仕入れている。彼らはジェンネの商人とは違う。時代に合った商売と、自分たちの信仰に合った商売。両方を維持することは、難しいことではないんだよ。

ハモヤタ・バリはインタビューの終わりに、「このインタビューがあなたの本に載った場合、わたしたちに何か利益は還元されるのか」と確認してきた。調査対象となる人びとへの謝礼や何らかの形での「還元」という問題は、人類学の内部でもしばしば議論を呼ぶ。わたしは何と答えてよいのか分からずに、口ごもるばかりだった。わたしがジェンネで行う調査の大半は、羊がうろつく中庭や、賑やかな屋外の市場、煙が立ち込めるかまどの前などで行う、世間話の延長のようなのんびりしたものだった。それとは対照的な「正式な」インタビューの雰囲気と、「利益の還元」という言葉に面食らった。しかし同時に、サハラ交易の時代からジェンネで商売をしてきたマルカ商人のしたたかさと、彼が瀟洒な家具を購入し得た秘訣を見た気がした。一緒にインタビューの場にいた助手のママドゥは帰り道、疲れきった表情でつぶやいた。「ああ、これだから商人は苦手なんだよ」。

第3章 ジェンネのイスラーム

第二章では、ジェンネに暮らす主要な民族の、それぞれの生活のようすを記述した。では、異なる生業をにない、異なるサイクルの季節的移動を行う彼らは、どのようにして「ジェンネ人」として共に暮らしているのか。第三、四、五章では、彼らの共生の技法を、イスラーム、街のシンボルであるモスク、市場、街区での人びとのようすをもとに描写する。

1　多民族を通底するイスラーム

ジェンネの人びとの日々の生活にはイスラームが根づいている。第一章で詳述したように、ジェンネの街の繁栄とイスラームは密接な関わりをもっている。現在でも、ジェンネの住民のほぼすべてがムスリムである。[*25]

ジェンネには五〇以上のコーラン学校があり、五歳から一四歳のおよそ七九%が通っている（CAP (2005) およびDNUH (2005) から算出）。ブルキナファソやニジェール、コートジボワールといった近隣諸国から、ジェンネのコーラン学校に「留学」や「遊学」をしてくる子どもも少なくない。街を歩けばあちこちからコーラン詠唱の練習の声が聞こえ、コーランの書き写しを教師から添削してもらっている子どもたちを見かける。トマトを買おうと常設市に行けば、店主は黙々と礼拝中であることも日常茶飯事だ。そういうときは、その店主より少し早く礼拝を終えた隣の店の人が、礼拝のため敷いていたおんぶ布についた砂をパンパンとはたきながら、「この人は礼拝中だから、わたしが聞いとく。何が欲しいの?」と、待っていた客を代わりにさばくのである。

現在ではジェンネの市場や売店でも、中国産の安価な腕時計が一千CFA（約二〇〇円）以下で手に入る。日本と同じように、時計機能がついた携帯電話を所有する中学生も少なからずいる。しかし現在でも、時間に言及する際には「時計の時間」ではなく、礼拝が大きな目安となっている。「首都行きのバスの出発はアルファジャ (*al-faaja* 夜明け前の礼拝）よりも早いから、乗り遅れないよう気をつけなさい」「（事前に約束していたインタビューの時間に訪ねても不在だった男性の妻が）次の礼拝をした後にまたおいで。夫もそのときには帰ってるから」といった具合だ。

イスラームに関連した職業に就いている人の割合も、マリ国内の他の地域と比べて非常に高い。古いデータではあるが、一九七〇年代に行われた職業調査では、ジェンネの就業人口の一三・二九％が「マラブタージュ」を主な生業にしているという結果が報告されている（DNUH 2005）。マラブタージュ（*maraboutage*）とは、アラビア語圏で広く「イスラーム聖者」を表すマラブー（marabout）にフランス語の接尾語の -age を付けて作られた語である。ジェンネでは「マラブー」はフランス語と認識されており、ジェンネ語で「アルファ」と呼ばれるため、以下ではアルファと呼ぶこととする。アルファの主な仕事は、コーラン学校の教師とイスラームの知識を用いた薬や護符づくりである。ジェンネのようにその他の複数の生業が可能な都市で、一〇人に一人以上がイスラームに関連する職業に就いているのだ。コーラン学校が多いジェンネには、朝と夕にコーラン学校の教師を務め、それ以外の時間に農業や漁業、商業といった他の仕事を行う人も少なくない。また、ジェンネが西アフリカにおけるイスラームの中心として西アフリカ全域で有名なことを活用して、農閑期に外国を含む外部へ護符づくりの出稼ぎに行く者もいる。ジェンネに生活してこうした人びとを頻繁に見ていると、一〇人に一人がマラブタージュに従事しているという一見大げさにも思える数字が、間違いではないと感じられる。

すべての人間がアッラーの被創造物であるという理念上、イスラームはすべての人に開かれている。ジェンネでも、特定の民族や職能集団と密接に結びついている生業や土地の所有などとは異なり、イスラームはすべての人を包摂するものである。そのため、ジェンネの人びとの民族的差異は、彼らのほぼ全員が信仰・実践するイスラームによって、メタなレベルで不問とされる。本章では、ジェンネにおいて民族的差異を包摂したり、さまざまな差異を取り結ぶイスラームのかたちに焦点をあてる。ジェンネでは、イスラームの観点から特権的な民族は存在しない。あらゆる民族の者がモスクの管理人や時報係、コーラン学校の教師などを務めている。生業と民族の境界がほぼ一致しそれが保持される傾向にあるジェンネで、イスラームはそうした境界が不問とされる民族横断的な領域なのである。

2 イスラームに関連する役職

ジェンネでマラブーはアルファと呼ばれる。アルファとは、アラビア語で「イスラーム法学者」を意味する *al-qīh*（アル・ファキーフ）が訛化した呼称である。しかし現在のアルファの活動は、かならずしもイスラーム法と関係があるわけではない。ジェンネ語では、イスラームに関連する職に就いている者全般を指す。街に一人のイスラーム導師（イマーム）や数人の礼拝の時報係（ムアッズィン）も、兼業を含めれば数百人いるコーラン学校の教師も、すべてアルファと呼ばれる。ジェンネではこうしたいわゆるイスラームの正統的役職者やコーラン学校の教師だけでなく、イスラームと土着の伝統との混淆の度合いがより強いとされるお守りづくり、薬づくり、卜占といった営みを行う人びともアルファと称される。彼らは宗教的に特殊な力をもつために畏怖・尊敬されると同時に、民族や性別、世代を超えた紐帯となる身近な存在として、ジェンネの人びとの生活に不可欠な役割を果たしている。ジェンネでは、農業・漁業・牧畜・商業などの生業は、それぞれを専業とする民族集団や職能集団が担っている。しかし、本人が努力して認められさえすれば、アルファにはどのような出自であってもなることができるのである。

以下に、ジェンネで「マラブタージュ」に含まれる役職を挙げ、それぞれを概観する。

イマーム

街の宗教的指導者で、大モスクでの礼拝の指揮を務めるのがイマームである。彼もアルファの一人とされる。二〇一一年現在、アリマミ・コロバラ（Alimamy Korobara ソンガイ、七〇歳前後）が務めている。ジェンネでは、イマームの役職は世襲ではない。コーラン学校の教師たちや各街区の長（コンセイエ、第五章で詳述）らが協議したうえで、住民の総意を代表するかたちで、ジェンネのコイラ・ココイ（*koira-kokoi* 行政的な市長とは異なるジェンネの街の長、第五章で詳述）が任命する。任命されたイマームは、亡くなるまでその役職を務める。政治的な長であるコイラ・ココイと宗教的な長であるイマームはそれぞれに役割が異なるため、明確な上下関係はない。しかし、コイラ・ココイとイマームを含む人びとで会合を開く際には、イマームがコイラ・ココイの家に出向くという。現在のイマームであるコロバラのクランは、多くのイマームを輩出している。口頭伝承によると、ジェンネのイマームは街の興りから現在まで四九人いる。現在のイマームを含め、そのうち五人がコロバラという名をもつ。

ジェンネのイマームは、街の人びとの宗教的な指導者であると同時に、政治的にも大きな影響力をもっている。街の外からジェンネに役人や研究者がやってくれば、ジェンネの人びとは、まずジェンネの長（コイラ・ココイ）とイマームを訪問して来訪の目的を伝えるよう助言する。また、外国からの大規模な支援プロジェクト（一九九六—二〇〇四年のオランダによるジェンネの家屋改修プロジェクト、二〇〇七—一二年のモスクの改修プロジェクトなど）の準備・実行委員会には、イマームが住民の側の代表者として参加している。

イマームが、ジェンネの人びとにどれほど畏怖されているのかを実感したことがあった。アガ・カーン・カルチュラル・トラスト（以下AKCT）というNGO団体が、二〇〇七年からジェンネのモスク改修工事に着手した。着工前の最終会合が、二〇〇七年三月に文化省文化財保護局ジェンネ支部で開かれた。AKCT側の代表者三名のほかに、文化財保護局の職員五名、イマームを含むモスクの管理人組合の五名、ジェンネ観光ガイド協会の代表者、泥大工の代表者、各街区の長などが参加していた。文化財保護局から調査許可書を発行してもらっていたわたしは、その会合に撮影係として参加するよう局長から頼まれていた。イマームが発言をしているようすをビデオとカメラで撮影していると、ある参加男性がわたしの腕をつかみ、とても小さな声で、しかし厳しい口調でこう言った。「こら、イマームをカメラで撮るもんじゃないよ」。会合が休憩に入ったとき、先ほどの男性が改めて忠告してきた。「イマームを撮ってはいけないわけではないけれど、必ず本人に許可を請うべきだ。彼はとても強い力をもっている。君がカメラを向けたとき、イマームが顔を下に向けたのが分からなかったのか？　もし彼が許可なしに撮影されるのを嫌がっていると したら、彼は君になんだってできるんだからね。ファネ（わたしに撮影係を頼んだ局長）はよそ者だから彼の力を知らないんだろう」。休憩後も四時間にわたって会合は続いた。最後はイマームの主導のもと参加者全員でドゥアー（*duaa* イスラームの祈願）を行い、閉会した。

わたしは当時ジェンネに来てまだ数か月しか経っていなかったため、「イマームはなんだってできる」という忠告の意味がよく分からなかった。年配の人にはカメラで撮られるのが苦手な人も多いから気をつけなくてはいけないな、と反省したていどである。しかしその後、ジェンネでの生活が長くなり、その意味を徐々に実感するようになった。その二か月後、わたしは改めてイマームの家に挨拶に行った。何人もの人が「君もそろそろイマームに挨拶に行っておいた方がいいだろう」と進言してきたからだ。

イマームの部屋には、ジェンネの一般家庭ではめったに見かけないパソコンと固定電話が設置されていた。イマームの携帯電話も、そのときにマリで手に入る最新機種の一つだった。ピカピカの液晶画面がまぶしい。イマームは、「メールや電話で外国の友人たちとも頻繁に連絡をとる」のだという。それに驚いたわたしが、帰宅してから長屋の人びとに「イマームの家にはパソコンがあった。携帯電話もとても上等なものを持ってたよ！」とふれまわると、それまで楽しげに話していた皆が突然小声になった。「きっとそれは、プロジェクトで外国人からもらったお金で買ったんだ……」とひそひそ話している。イマームはさまざまな外部からの支援プロジェクトで住民側の代表の一人となっている。イマームは、そうした立場を利用して私腹を肥やしているのではないか、という不満が住民にあるのだ。しかしその不満が表立って示されることはない。一瞬顔を出しかけた不満はいつも「……でも、イマームは強い力をもっているから」という誰かの一言で、静かにひっこめられるのである。

畏怖の一方で、イマームは「ジェンネのなかでも最も立派なムスリム」として尊敬されてもいる。二〇〇八年二月に、犠牲祭明けの集団礼拝が行われた。集団礼拝には三千人以上の人が集まるため、モスクでは手狭である。そのため礼拝は街はずれの広場で行われ、イマームがコーランを詠唱したり礼拝を主導したりする声は、臨時に設置されたスピーカーを通じて流されていた。イマームがコーランの一節を読み上げているとき、その声が次第にか細く、とぎれとぎれになっていった。具合でも悪くなったのかと心配してよく耳を傾けると、それは涙声だった。最後には、ほとんど聞き取れないほどの嗚咽で詠唱は終わった。その声を聞いていた人びとのなかには、つられてすすり泣く人も見られた。わたしは後で人びとに、イマームはなぜ泣いていたのか尋ねた。すると皆が、口々にこう答えた。「イマームのアッラーへの愛は、ジェンネの誰よりも深いからだよ」「彼はよくコーランを読んでいるときに涙を流す。アッラーの愛のお言葉が、彼を泣かせるのだ」「わたしたちもコーランを読むが、あのようになることはない。彼はとても偉大なムスリムだ」。皆、イマームに不満をもらすときの下世話な怪訝さとは一転、うっとりとした尊敬のまなざしで話すのだった。

イマームはジェンネの人びとにとって、民族を越えた「ジェンネのムスリム」という集団から選出された宗教的な長であり、対外的にジェンネの宗教的代表者ともなっている。彼への人びとの承認は、彼がもつ「力の強さ」からくる畏怖と尊敬にもとづいている。イマームに対する人びとのこうした畏怖は、コーラン学校の教師、薬づくりのアルファといった他のアルファへの、より身近で親密な接し方とは対照的である。

モスクの管理委員会

ジェンネには現在、モスクが一つしかない。一八一九年にジェンネを支配下に置いたセク・アマドゥが、当時各街区に一つずつあったモスクを廃し、大モスクだけとするよう指示したためである。その後セク・アマドゥはジェンネでの政治的影響力を失ったが、現在までジェンネのモスクは一つだけのままである。ジェンネ語で「ジンガル・ベル(*jingar ber* 大礼拝(所))」と呼ばれる大モスクは、街のシンボルであり、ジェンネの人びとの誇りともなっている。

そのモスクを守っているのが、以下のメンバーから構成されるジェンネ・モスク管理委員会(Comité des Gestion de la Mosquée de Djenné）である。委員会の長は、ジェンネの長（コイラ・ココイ）が務める。現在はハセ・マイガである。イマームはこの委員の副長を務める。長と副長の他に、二人の時報係がいる。時報係（ムァッズィン）はイマームがジェンネのアルファのなかから任命する。現在はアルファモイ・ニェンタオとモディ・シディベが務めている。彼ら四人のアルファの他に、各街区のコンセイエ（conseiller コイラ・ココイが各街区に置いている街区長）一一人を加えた一五人で、モスク管理委員会が構成されている。モスク管理委員は、モスクに関する日々の仕事（清掃、警備、アザーンなど）の他に、年に一度行われるモスクの化粧直しの祭りの実行委員ともなる。

イマームと同様、この委員の役職は無償で行ういわばボランティアである。そのため、委員のメンバーはそれぞれに仕事をもっている。たとえばコイラ・ココイでもあるハセ・マイガはソンガイで、現在は高齢のため息子たちに任せているものの、長年、米作を行ってきた。時報係の一人ニェンタオはソルコであり、コーラン学校の教師とジェンネ周辺での漁を行っている。もう一人の時報係シディベはフルベであり、コーラン学校の教師を務めている。

モスクの管理委員会の主要な三役が、ジェンネの主要な三民族から構成されているのには、何か意図があるのだろうか。イマームにそれを尋ねると、「民族で選んでいるわけでない。そのアルファが正しく仕事をするかを考えて選ぶ。どの民族であっても、正しいムスリムはいるものだよ」という答えが返ってきた。しかしわたしには、複数の民族が役職を務め、各街区の代表者がモスクを管理していることが、ジェンネのモスクの超民族的な位置づけを体現しているように思われた。

ジェンネには、イマームやモスクの時報係の他にも、数百人のアルファがいる。その大半は、コーラン学校の教師である。次節で、コーラン学校の教師としてのアルファについて詳述する。

3 アルファ――ジェンネの街の「先生」たち

ジェンネのアルファたちの説明によると、アルファの活動は大きく二つの種類に区分できるという。まず、アルファの活動はバイヤナとシリの二つに分けられる。バイヤナ（*bayana*）とは、ジェンネ語で「隠されることのない知識」であり、その最も重要なものがコーランに書かれていることである。バイヤナがさらに進展したものが、キタオ（*kitaw*）と呼ばれる。キタオはもともとアラビア語で「コーランの複写」や「コーランの解釈」を意味する。ジェンネではそれが転じて、コーランの読み書きだけでなく、ハディース（預言者ムハンマドの言行録）などを用いてコーランをより深く理解する能力が求められるアルファの仕事を指す。一方シリ（*siri*）とはジェンネ語で「秘密」を意味し、「その家族だけに伝わるバイヤナではない知識」や「黒い知識（*bai bibi*）」を用いるアルファの仕事である。主に、薬の処方や魔法陣（*tasliya*）を用いた卜占を指す。[*26]

ジェンネのアルファたちの多くは、バイヤナもシリも行う。コーラン学校の教師として子どもたちにコーランの読み書きを教える一方、必要であればシリを用いて、ときには「黒い知識」を用いて仕事を行っているのである。イマームが良きムスリムとして尊敬される一方で、「なんでもできる力をもつ」と畏れられていたように、アルファたちのシリを用いる仕事は、表立っては行われない。この二つのうち、まずはバイヤナの方、つまりコーラン学校の教師の方から詳述する。

コーラン学校の先生としてのアルファ

ジェンネ語でコーラン学校は「ティラフ（*tira hu*「宗教の家」の意）」と呼ばれている。ジェンネには行政が把握しているだけで五八のコーラン学校があり（二〇〇七年現在、うち約一二校はキタオ・ティラフと呼ばれる高等コーラン学校も兼ねている)、ジェンネの子どもたちの大多数が通っている。ジェンネの子どもたちがコーラン学校に入るのは、多く場合七歳からである。修了時期は生徒個々人の習熟度によって異なるが、(コーラン学校ではない学校の)中学部に上がる前の一二―一五歳くらいまで通うのが一般的だ。アルファは早朝からそれぞれの自宅やモスク前の広場などで、二〇人ていどから、ときに一〇〇人以上にもなる生徒を集めて、コーランの暗誦と筆記の授業を行う。授業は朝七時ごろから始まる。午前八時すぎに朝の授業は終わり、学校へ通っている生徒は家に帰って朝食を食べ、学校へ向かう。午後に家の手伝いや仕事がない生徒は、放課後にもコーラン学校へ行き、一八時ごろまで授業を受ける。

自分の子どもをどのコーラン学校に通わせるかは、個人の自由とされている。居住している街区で開かれているコーラン学校でなくてもよいし、生徒自身と異なる民族のアルファが教師を務めているコーラン学校でもよい。多くの場合は、両親のいずれかが子ども時代に通ったコーラン学校を選ぶ。そのためアルファは、複数の言語を話す子どもたちを受け入れることになる。ジェンネではソンガイ語のジェンネ方言がリンガ・フランカであるため、多くのアルファはソンガイ語を介してアラビア語のコーランの読み書きを教えている。しかし、家ではソンガイ語を解することができない幼い子どもや、他の国や地域から「留学」してきた子どもたちのなかには、ソンガイ以外の言語を話している者もいる。そのため、ジェンネのコーラン学校の教師が結成している組合の長によると、アルファはそれぞれの生徒の民族に合わせて複数の言語を用いて教育を行っているという。

二〇〇七年の五月、知り合いが教師を務めるコーラン学校の授業を見学した。そこで教師を務めているのは、ブバ・テラ(Bouba Terra 三九歳)とその兄である。他のジェンネのコーラン学校と同じく、教室となるのは彼らの家のシーファと呼ばれる玄関間だ。その日は入学して日の浅い年少の子どもたちだけを集めた日とのこと。七―八歳くらいの子どもが二二人、薄暗い玄関場の砂の上にぎゅうぎゅうに座っていた。ジェンネの家屋の床は固く踏み固められた土間かコンクリートであるが、シーファだけは、コーラン学校の教室に使われることが多いため、生徒が長時間座っても痛くないよう白い砂が敷き詰められている。この日のテラの生徒二二人のなかには、四五キロほど離れた村と隣

写真16　子ども向けのコーラン学校のようす。この学校では女性（写真左）が教師をつとめている

国ブルキナファソから来て、テラの家に住み込みながらコーランを学んでいるという少年二人（一〇歳と一一歳）も含まれていた。彼らはジェンネでは少数のブワという民族であるが、生徒の出自はさまざまであるため、指導するときにブワの言語は用いない。生徒の持ち物をチェックするため、持ち物の呼称を声に出していく。「ワラ！」。ワラ（*walaa*）とはインクで文字を書く木の板のことで、アラビア語起源のソンガイ語である。それを聞いて、子どもたちは元気に自分のワラを頭の上に掲げる。ソンガイ語を解さないために皆の動きから遅れたフルベの子どもに向かって、テラはフルベ語で「ドゥダン！」と言い直す。フルベ語話者以外の子どもたちも、楽しそうに口々に「ドゥダン、ドゥダン」と復唱する。コーランの読み書きを学ぶ機会は、すべての人に開かれているべきとされている。そのためこのようにコーラン学校では、街のリンガ・フランカであるソンガイ語は必ずしも主流の言語ではない。アルファは必要に応じて生徒の民族言語を用いて、コーランの読み書きを教えるのである。

ジェンネのコーラン学校は、木曜以外は毎日開かれる。休みの前日にあたる水曜日の午後に、それぞれの生徒は、親から渡された「授業料」を教師に渡す。金額に決まりはなく、一人当たり五〇ＣＦＡから二五〇ＣＦＡが最も多いという。現金を用意できないときには、米や干し魚などを持ってくる生徒もいる。七歳から二三歳の生徒二八人を教えるアルファ、マハマドゥ・チョカリ(四〇代、フルベ)によると、生徒が持ってくる授業料だけで生活できるアルファは、ジェンネに五人ほどしかいないという。ほとんどのアルファが、コーラン学校や護符づくりで得た収入と、農業や漁業、牧畜を組み合わせて生活している。チョカリの生徒二八人が水曜日にそれぞれに一〇〇CFAを持ってきた場合、一週間で二八〇〇CFAの現金収入になる。他の生業に比べて季節的な変動がほとんどなく安定的に現金収入を得られるとはいえ、ジェンネの熟練労働者が早朝から一二時まで六時間ほど働いて得る収入が一五〇〇―二千CFA、中程度の品質の米一キロが市場で五〇〇―七五〇CFAであること考えると、その収入だけで生活するには十分でない。チョカリは、コーラン学校の教師の仕事は「確かにお金がなくて大変なときも多いが、お金の問題ではない。ムスリムとしての意志の問題」であるという(写真16)。

人生儀礼とアルファ

アルファはコーラン学校におけるイスラームの知識の伝達だけでなく、日常生活や人生儀礼においても、そのバラカ(アッラーから授けられた力)を人びとに分け与えることが求められている。ジェンネの割礼、結婚、葬儀といった人生儀礼に、アルファは不可欠の存在だ。ジェンネの人びとの人生のあらゆる節目に、アルファがいるのである(写真17)。

子どもが誕生すると、誕生から七日目の朝に名づけの式が行われる。これがジェンネの人にとって、一生のうちで最初のアルファとの関わりといえよう。名前はすでに親や親族が決めている。しかし、アルファを介して神の祝福を受けるこの日に初めてその名が家族以外の人びとにアナウンスされる。すでに赤ん坊の名が決まっていても、名づけの式より前に口に出して呼ぶことはない。

またジェンネでは、割礼(*bango*)も男女ともに行われる重要な通過儀礼である。割礼を終えていないと、たとえ

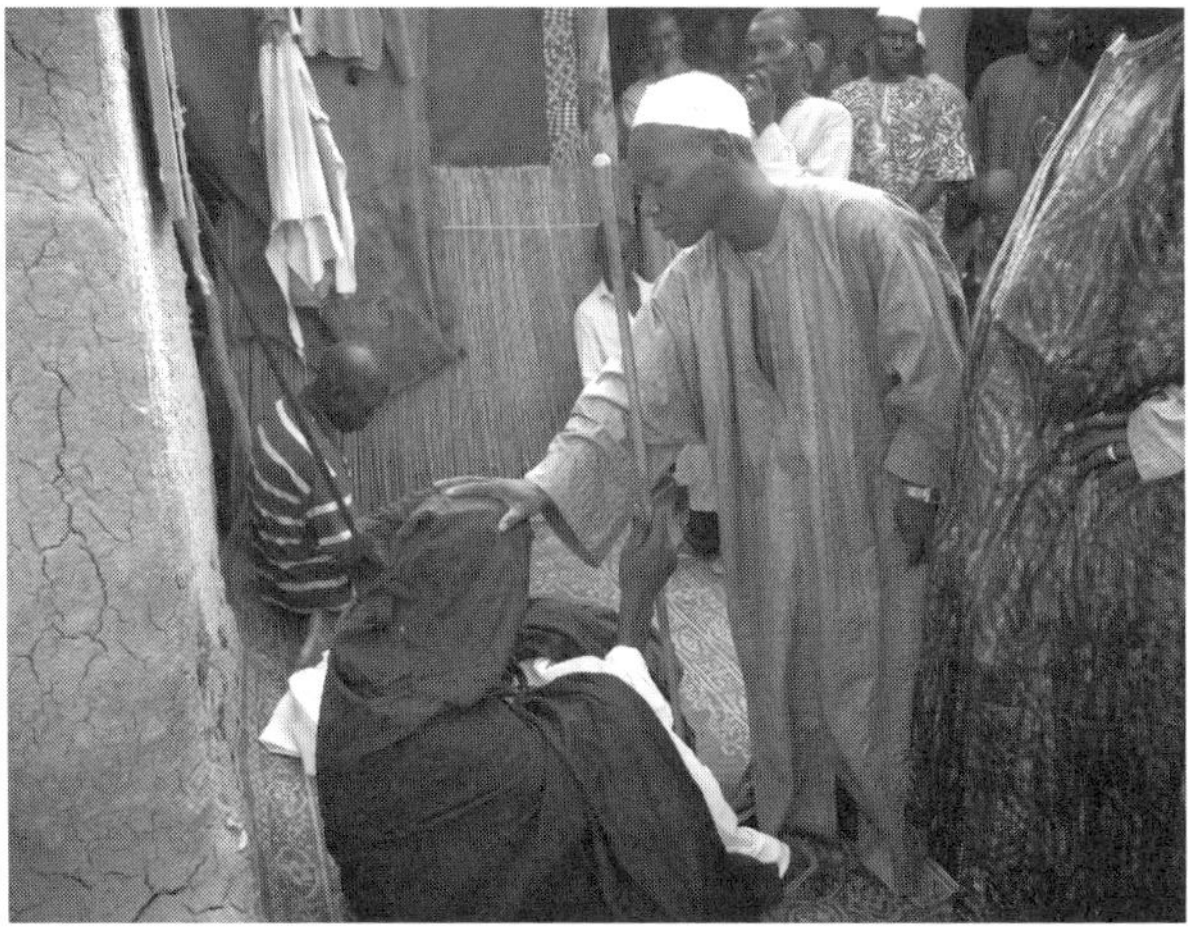

写真 17　結婚式で新郎にアッラーの祝福を伝えるアルファ

年齢的・身体的・経済的に大人であっても、社会的に大人とみなされない。割礼が実行される日とその前後の計一五日間、子どもたちは世話役である街区の大人と寝食を共にする。アルファはその初日と最終日に、子どもたちが寝食を共にしている家（割礼の家）を訪れ、彼らのために祈祷を行う。アルファはまず初日に、割礼前の青い貫頭衣（割礼入りの衣）に身を包んだ子どもたちに向かって、彼らが割礼をほどこすことのできる一定の年齢にまで無事に成長したことへの祝いを述べる。続いて割礼の無事のための祈祷が行われる。アルファはコーランの一節を唱えながら、子どもたちの頭や服、身に着けているお守り、履物の一つ一つにゆっくりと触れ、唾を吹きかける。最終日にも同様に、アルファによる祈祷が行われる。初日に祈祷を行わなければ、それは割礼の失敗の可能性を高め、最終日に行われなければ、たとえ施術がすでに済んでいても割礼は完了しないといわれるほど、アルファによる祈祷は重要視されている。

婚姻においても、アルファは重要な役割を果たす。近年ではジェンネにおいても、結婚相手を本人が選び、それを親や親族に承認してもらうという手順で結婚する夫婦も増えてきた。しかし多くの場合はこれまでのやり方を踏襲し、息子の結婚相手を父親が選ぶ。その父親と結婚相手の親との仲介を務めるのも、アルファである。

息子に適したと思う結婚相手を父親が見つけると、父親は彼自身が学んだコーラン学校（多くの場合その息子も通ったコーラン学校）のアルファに、相手方の家族との仲介を依頼する。アルファはその依頼を承諾すると、一人で相手方の家へ出向き、父親の意向を伝える。その際にアルファは、父親から託された五千―一万CFAの現金とコラの実一〇―六〇個を持参する。相手方の父親が承諾すれば、その旨が申し出た側の父親に伝えられる。その後父親は相手方の家やアルファのもとを何度も訪れ、（子どもがまだ若い場合には）婚約期間や、（近々結婚する場合には）式の日どりなどをアルファの助言をもとに決める。もちろん申し出が断られる場合もある。もし最初の段階で断られた場合は、アルファが何度もその家へ足を運び説得するという。それでも無理な場合は、その旨を申し出た側の父親に伝え、ときにはその父親と一緒に息子の結婚相手を選びなおすこともある。

離婚の際にも、アルファは仲介を行う。離婚に至らないように夫婦双方から話を聞いて助言を行うが、それでも離婚に至ったときには、財産分与のほかに夫から妻へ最低限必ず支払わなければならないお金がある。それはヒージャルマもしくはヒージェイ・アルマ（*hii jey arma*「婚資」の意）と呼ばれるもので、現在は二万CFA（およそ五千円）ていどが相場である。離婚の際、ヒージャルマを夫から預かって妻とその家族へ手渡すのも、アルファの役割である。

人が亡くなったときにも、アルファに望まれる役割がある。ジェンネでは人が亡くなったとき、なきがらを洗い清めるのは、同性の親族や友人である。その際、亡くなった人の性別を問わず傍らで手助けをするために呼ばれるのが、亡くなった人が生前にお世話になったアルファである。なきがらは洗い清められ、清潔な白い綿布を着せられ、ござやむしろに包まれる。親族や近隣の人びとが列をなして遺体を運び、親族の男性とアルファがその列の先頭につく。家が街のどこにあろうと葬列は必ずジェンネの大モスクの前を通過し、モスク前の広場で、アルファの主導のもとジャナーザ（*janazah* 葬送の礼拝）が行われる。その後葬列は街の北はずれにある墓地（亡くなったのが子どもの場合は各街区のなかにある子ども墓地）に向かい、埋葬を行う。その際に墓穴へ降りるのは、近しい家族と、穴を掘り土をかぶせる役目の泥大工、そしてアルファである。

助言者としてのアルファ

アルファは人生儀礼だけでなく、より日常的な悩みやトラブルの相談相手としても重宝されている。「悪しきもの」に憑かれた人からそれを追い払う、西洋医学の医者では治療できない病を治すといった緊急を要する相談の他にも、不妊に悩む女性、早い出世を願う公務員、好意をいだいている相手と相思相愛になりたい若者、商売がうまくいかない商人、夫婦仲や親族との関係に悩む夫・妻などが、アルファのもとにやってくる。アルファはそれぞれの悩みに応じて、コーランの一節を書いた護符を封じ込めた御守や指輪を作ったり、植物の皮や根から作った飲み薬や嗅ぎ薬を処方したりする。ジェンネの街を特徴づけている泥の建物を新築する際に、護符を作って祈祷を行うのもアルファである（Marchand 2009: 74-81）。

これらのアルファの仕事を、コーラン学校の教師を務めるアルファが行う場合もある。また、護符づくりや薬づくりを専門とするアルファもいる。後者のアルファを、コーラン学校のアルファと区別して、「サファリコイ・アルファ（*safari-koi alfa* 薬の主のアルファ）」と呼ぶこともある。

わたしが生活していた長屋の裏手に、ママドゥ・ニャフォというサファリコイ・アルファがいた。彼はおよそ九〇歳という高齢で、彼のサファリコイ・アルファとしての評判は高かった。ジェンネで大規模な定期市が開かれる月曜日には、ジェンネ内だけでなく周辺の村からも客がやってきて、彼の家に出入りしていた。ある月曜日、彼の家を近所の人がそわそわと覗き込んでいた。何か起きたのかと尋ねると、スーツを着た男性が、ニャフォの家に入っていったという。ある人が、「彼はモプチ州選出の国会議員だ。バマコにすごい豪邸を持っていて、会社もたくさん持っている。ニャフォじいさんに当選の薬を作ってもらいに来たに違いない」と興奮気味に話している。実際にその男性が国会議員であるのかは最後まで分からなかったが、三〇分ほど経ってニャフォの家から出てきた男性は、ジェンネではおよそ見かけない仕立ての良い三つ揃えのスーツを着ていた。ぴかぴかに磨き込んだ革靴でジェンネの泥の路地を歩きながら、彼が誰かもはっきりしないまま握手を求める野次馬にも、鷹揚に握手を返して去っていった。この出来事に限らず、ニャフォの家にはよくジェンネ外からも人が訪ねてきた。家の前に座って涼んでいると何度か、「カラモゴ・ニャフォ（ニャフォ先生）の家はどこですか」と尋ねられた。ジェンネのアルファのシリ（秘密）やバイ・ビビ（黒い知識）がもつ力への畏怖は、ジェンネ外の人ももっている。首都バマコや州都モプチではたびたび、「ジェンネの方から来た」という自称マラブーによる詐欺事件が起きるほどだ。たとえば、二〇〇八年に首都バマコで起きた詐欺事件では、ジェンネの出身だという男が、出世を望む男性に「薬の材料費」として六八万CFA（約一四万円）、「追加の供犠費用」として二四〇万CFA（約四八万円）、「悪魔をなだめるための金」として三〇〇万CFA（約六〇万円）などを要求し、その一部をだまし取っていたという（マリの新聞 *L'Essor* 二〇〇八年二月二〇日）。

では、ジェンネの人びとは、どのようなときにアルファに薬づくりや助言を求めるのだろうか。また、サファリコイ・アルファはどのような仕事をしているのだろうか。以下に三つの事例を挙げる。

商売の成功祈願

ある日の朝、わたしがジェンネの道を歩いていると、見知らぬ二〇歳くらいの青年から声をかけられた。「マダム、ユーロかドルを持ってない？」。外国人観光客相手に高い手数料をとって両替商をしている人かと思い、わたしは「ジェンネに住んでるからユーロもドルも使わないの。持ってないよ」と冷たく答えた。すると彼は、「一ユーロでもいいんだ。一ドルでもいいんだ。交換してよ」と、必死に懇願して引き下がらない。「なぜユーロかドルがいるの？ここではどちらも使えないよ」と尋ねると、「アイ・アルファ（僕のアルファ）がそう言ってるんだ。商売がうまくいくには、外国の紙幣を持ちなさいって」と言う。彼は、車のバッテリーを販売・メンテナンスする年の離れた兄の仕事を手伝っていると言う。しかし、いつまでも兄の仕事を手伝うだけでは嫌だ。自分で独立したり、新しいことを始めて成功したい。そこで彼がいつも相談をしているアルファに、商売で成功したいと相談したところ、そのように助言されたという。

興味をもったわたしは、「一ユーロはコイン。五ユーロ以上しか紙幣ではないよ。でも、一ユーロ六五六CFAだから、五ユーロでも三千CFA以上になるよ。それだけのCFAはあるの？」と尋ねた。三千CFAは、彼のように若く現金収入が安定していない者にとって、安い金額ではない。しかし彼は舞い上がったように、「マダム、アバルカ（アッラーのご加護を）！　アバルカ！　アイ・アルファに言われたけど、今はチュバブが少ない時期だから、ユーロが全然見つからなかったんだ！　メルシー！　アバルカ！」と、感謝のことばを連呼した。

わたしはそのときユーロ紙幣を持ち合わせていなかったため、その日の夕方に交換する約束をした。約束の時間にその場所に戻ると、彼は交換するための三二五〇CFAをしっかり準備して待っていた。五ユーロ紙幣を渡すと、それにそっとキスをし、とても大事そうに折りたたみ、国民IDカードのあいだに挟み込んだ。そして、首からぶら下げていたナイロン・ポシェットにしまって、とても満足気だった。

子どもの病

ある日、近所に住むMS（男性、フルベ、三〇代）がわたしを尋ねてきた。MSは外国からの支援を受けて設立されたNGOのプロジェクトで臨時職員として働いている。周囲の同輩にその実直さをからかわれるほど真面目な人物だ。彼はわたしに、「娘を医者に見てもらいたいから、お金を貸してもらえないか」と頼んできた。当時わたしは、外国人というだけで大金持ちだと思われ、見ず知らずの通りすがりの人からもお金を無心されることに腹が立ち、大変うんざりしていた。そのため、彼の娘が時々体調を崩して寝込むことを知ってはいたが、「NGOで働いているんだから、子どもの病院代は出せるんじゃないの？」と意地悪に答えてしまった。

するとMSは一気にたたみかけた。「何度も病院に連れて行ったんだ。ここのチュバブ医師（ジェンネの州立診療所の「白人医師」。当時ジェンネの診療所ではキューバから派遣された二人のキューバ人女性医師が勤務していた）のところに、何度も連れて行った。でも、原因が分からないんだ。原因が分からないと、医者は『マラリアですね』としか言わない。そうやって何度も病院に連れて行って、処方箋をもらって、薬を買って、それでも治らなくて、お金がなくなってしまった。そんなことをしているあいだに、きのう、娘の手はこうなってしまった（と言って、鉤爪のような形に両手指を折り曲げる）。これはおそらく鳥のせいだ。でもチュバブ医者にはそれが分からないんだよ。だから今度は、アルファに見せる」。

娘の体調不良の原因が「鳥だ」と言われてすぐには意味が分からなかったわたしは、「なんで鳥なの？」と尋ねた。するとMSは「いや、鳥っていうのは、本当の鳥じゃない。ミクの国にはいないかもしれない……」と口ごもった。そのときやっとわたしは、彼が「鳥」と言っているものが、鳥のような姿に化けることが多いと信じられているチャルコ（妖術師）のことだと理解した。彼は普段、フランス人でないわたしともフランス語で会話をしようとし、NGOを通じて欧米人とも接触が多い。娘の体調不良の原因が妖術師であると「白人」であるわたしに言ってしまったことに、少しバツの悪さを覚えたのではないだろうか。どんどん声が小さくなっていく。しかしわたしが「チャルコに襲われているかもしれないから、アルファに見せに行くのね？」と確認すると、安心したように「ああ、君はチャルコを知ってるのか。そうだ。鳥の病気は、アルファにしか治せない」と言った。ひとまずわたしは二五〇〇CFAを貸した。彼は「じゃあ、サファリコイ・アルファに会ってくるよ」と言って、普段とても律儀に挨拶をする彼からは想像できないほどのせわしなさで帰って行った。

「秘密の」用途

わたしがジェンネの定期市をぶらぶらしていると、一人の女性に腕をつかんで引き止められた。毎日買い物に行く常設市で玉ねぎや小分けした調味料を売っている、五〇歳くらいの女性だ。彼女から買い物をしたことはあるが、名前や家は知らない。一通りの挨拶を終えると、彼女が「ねえ、あなたの髪はいつ切るの？」と尋ねてくる。縮れた髪の人びとのなかにあって、わたしのまっすぐな髪は好奇心の的だった。わたしの髪を怖がる子どもや、つけ毛やウィッグではなく本物かどうか確かめるために「引っ張っても大丈夫?」「触ってもいい?」と尋ねてくる女性はよくいる。そのため、彼女もそのような好奇心をもって尋ねているのだと思い、笑いながら「うーん、分かりません」と答えた。すると彼女は真剣な表情で、「切ったら、わたしに売ってちょうだいよ。分かった?」と耳打ちをしてくる。人に聞かれるのがはばかられるのか、大喧噪の定期市にあって、聞き取れないほどの小声である。「あなたの髪に編み込むんですか?」と尋ねると、さらに小声で「いやいや違う。夫がアルファなの。御守りづくりのために、あなたの髪が欲しいと言っているの」「あなたのご主人はそれで何を作るんですか?」「それはシリ(秘密)だから、わたしも知らないわよ」。

彼女の言うことに興味がわいたが、少し怖くもなった。ジェンネでの生活でさんざん、いろいろなアルファの「力(バラカ)」の強さについての逸話や奇蹟譚を聞かされていた。アルファは必ずしも「誰にとっても善」であることをするのではない、とも聞かされてきた。わたしはムスリムではなく、自分のアルファももっていない。しかし、自分の髪がこうした「秘密の」用途に使われるのには、抵抗がある。彼女が真剣な表情でわたしの腕を離さないため、わたしは嘘をついて彼女から逃れることにした。「わたしの国では、髪の毛を売ることは、神さまが許していないんです」。すると彼女は、「パィ!(「まぁ!」「なんですって!」というような驚きを表す感嘆詞)」と言って、わたしの腕を放した。「神が許してない」という理由に諦めがついたのか、「分かったわ。またわたしのところに玉ねぎ買いに来なさいね」と言われ、別れた。

ジェンネのアルファの活動は、人びとの人生・生活に密着して多岐にわたっている。近寄りがたいほどの威厳を放つコーラン学校の教師もいれば、高い護符を外国人に売りつけようとするどこか怪しげなアルファもいる。飄々とした高齢のサファリコイ・アルファはまるで、中国映画に出てくる謎の凄腕漢方薬医のようだ。アルファは、ジェンネの人びとにとって、単にイスラームの「聖人」「知識人」を意味しない。「学識者」「教師」「医者」「師」「占い師」などさまざまな職業に就く者への敬称であり、ときに揶揄の響きを帯びることもある、日本語の「先生」に近い。アルファは日々の生活に密着した身近な存在なのである（伊東 二〇〇八）。

ジェンネの人びとのなかでは、民族的差異が日常的な会話で頻繁に冗談にされたりもする。しかし、子どもを通わせるコーラン学校や「アイ・アルファ（自分のアルファ）」の選定、コーラン学校での指導や薬の処方などでは、民族的差異はいっさい触れられない。アルファは、「どこの（民族、クラン）誰か」よりも、「どれだけ良きムスリムか」で信頼を得るのである。またジェンネにおけるアルファは、民族的な差異を橋渡しするのみならず、人生におけるさまざまな境界の橋渡しでも不可欠な役割を担っている。

4 「ジェンネっ子」のモスク

ジェンネの人びとに「ジェンネのイスラームについて知りたい」と言うと、ほとんどの人がまず、モスクの歴史を語る。ジェンネの人びとに、どこか別の村や街へ行ってきたと報告すると、「あそこのモスクはジェンネの真似だ」[*27]「ジェンネとその村のモスク、どちらが美しいと思う？　ジェンネのモスクでしょう」と、必ずと言ってよいほどモスクの話題がもち出される。朝の挨拶でも、「家族は元気か」「よく眠れたか」といったやりとりのなかで、「今日もモスクは美しいね」という言葉が交わされたりもする。わたしもジェンネのモスクの美しさは格別だと思っているが、それを生まれて以来ずっと見続けているジェンネの人びとが、住民同士でも頻繁に、自分たちのモスクの壮麗さを誉め続けていることが可笑しくもあった。ジェンネの人びとの「ジェンネ人」としての矜持やムスリムとしてのアイデンティティに、モスクの存在は重要であることが窺えた（写真18）。

ジェンネのモスクはどのようなもので、それがジェンネのイスラームに果たす役割はどのようなものなのだろうか。

写真18　ジェンネのモスク。子どもたちが広場を通って登校していく

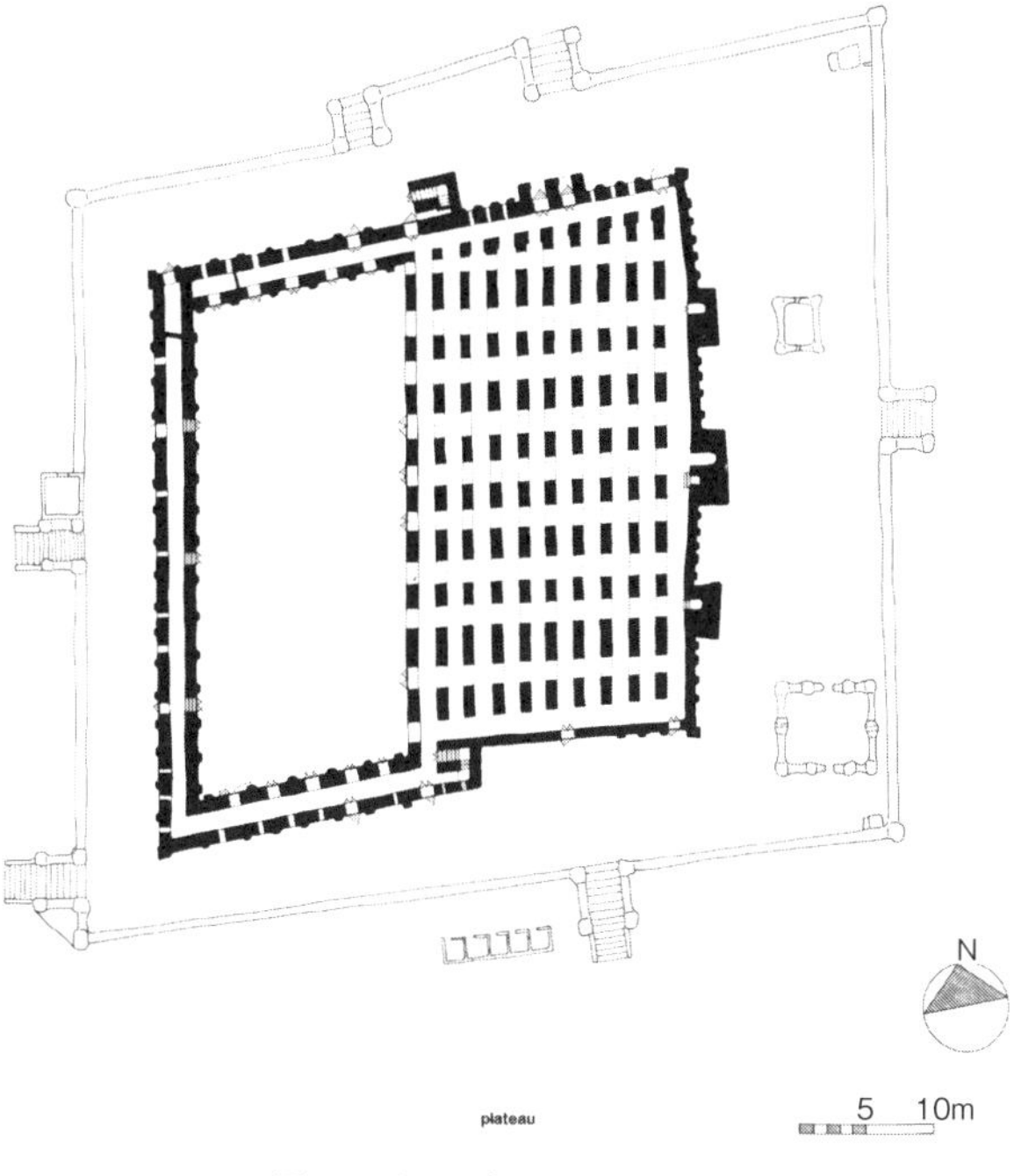

図2　ジェンネのモスクの平面図

以下に概観する。

モスクの規模と位置づけ

ジェンネのモスクは、街のほぼ中央に位置している。ファサッドはキブラ（*qibla* メッカの方角、ジェンネではほぼ真東）を向いている。縦横約七五メートル、高さ約二〇メートル（基壇を含む）である。内部は主に二つの部分に分かれる。一つは九〇本の柱に支えられた屋根に覆われた約二六×五〇メートルの礼拝空間。もう一つは、その礼拝空間の南にある約二〇×四六メートルの中庭である。中庭は主に、女性の礼拝スペースもしくは屋内が暑すぎる時期の礼拝スペースとして用いられる（図2）。

モスクは他のジェンネの家屋と同様、泥を天日で乾燥させた日干し煉瓦を積み重ねて壁と柱を作り、その表面を発酵させた泥で化粧塗りする工法で建てられている。屋根はヤシの木を組んで、その表面を化粧塗りしている。

モスクおよびその前の広場は、どの街区にも属さない。ジェンネの街全体のモスクであり、その管理は各街区の代表者も含むモスク管理委員会が行っている。後で詳述する年に一度のモスクの壁の化粧直しも、全街区が参加して行われる。

現在は、原則的にムスリム以外立ち入り禁止となっている。モスクの時報係を務めるアルファによると、一九九二年ごろまでは、非ムスリムでも礼拝の時間以外は自由に立ち入りができた。しかし、一九八八年にユネスコの世界文化遺産に登録されてから観光客が急増し、静かに礼拝をしたい人の邪魔になることが、街の人びとのあいだで問題になった。肌の露出が多い服装でモスクに入ってくる人や、カップルでやってきてモスク内でキスをしたり、水着姿の女性の写真撮影をするなど、不適切な行為を行う人がたくさんいた。こうしたことを問題視した管理委員会が、やむなく非ムスリムのモスク内立ち入りを禁止したという。

現在のモスク建設の経緯

現在のジェンネの大モスクは、一九〇七年に建設された。ジェンネの人びとによると、このモスクは「ジンガル・ヒンジャンテ（*jingar hinjante* 三代目のモスク）」であるという。初代の大モスクは、一二―一三世紀ごろにジェンネで最初にイスラームに改宗した首長コイ・コンボロが建てたものである。口頭伝承によると、イスラームに改宗したコイ・コンボロは、自身の屋敷を壊し、そこ（現在のモスクとほぼ同じ場所）にモスクを建てさせたという。初代のモスクは、現在の三代目モスクとほぼ同じ規模と類似した意匠であったといわれている（Dubois 2010: 177-179）。この地域の気候や泥と木材という建材の性質を考えると、一三世紀から一九世紀までの六〇〇年間あまり、一切の建て直しをせずに維持されたとは考えにくい。建築研究家ブルジョワは、この初代モスクはコイ・コンボロの時代から何度か改築されたはずだと推測している（Bourgeois 1987）。しかしジェンネの人びとは、この一三世紀に建てられたというモスクを、「セク・アマドゥが来るまで（一八一九年ごろまで）あったジェンネのジンガル・フォンテ（最初のモスク）」と位置づけている。

初代モスクの姿は、フランス人軍医アルベール・ルソーが一八九三年ごろに撮影した写真にもおさめられている。一九世紀末に撮られた写真に写っている初代のモスクは、崩れかけた廃墟となっている。この時点でモスクとしては利用されておらず、著名なアルファたちの墓地として利用されていたという。一九世紀末当時、この崩れかけた初代のモスクとは別に、ジェンネに大モスクがあった。これがジェンネで「セク・アマドゥのモスク」とも呼ばれる、二代目のジェンネのモスクである。一章で詳述したように、ジハードによってマーシナ国を興したセク・アマドゥは、一八三〇年代にジェンネも統治下におさめた（Bâ et Daget 1984: 151-152）。彼は、政治組織や徴税の体系だけでなく、衣服や歌・踊りなどにおいても「厳密な」イスラームの実践を人びとに徹底することをめざした（Johnson 1976）。彼がジェンネに建設した二代目の大モスクは、彼が「華美にすぎる」と批判した初代のモスクとは対極にあるように、ミナレット（尖塔）はなく、装飾を排し、ごく簡素で広い礼拝スペースをもち、天井は三メートルに満たない低いものだった（Bourgeois 1987: 46-54）。ムスリムにとって、モスクを意図的に破壊することは許されない。セク・アマドゥは、初代の大モスクの排水溝をふさいで放置することで、時間をかけて自然と崩壊させていったという。

その後ジェンネは、アルシナール大尉が率いるフランスの植民地政府軍に侵攻された。その直後にセク・アマドゥのモスクは取り壊されたという。そして二〇世紀に入るとすぐ、その跡地にはフランス植民地政府によって小中学校（Ecole régionale）が建てられた。街のほぼ中央、常設市のすぐ南に位置するその場所は、現在でも小中学校となっている。現在のモスクは、一九〇六年に着工し、一九〇七年に完成した。その設計と総監督を行ったのは、泥大工イスマイラ・トラオレである。その玄孫にあたり、彼自身も泥大工のギルド（バリ・トン）の長を務めるベ・セク・トラオレによると、現在のモスクは、崩れかかっていた最初のモスクの一部を再利用して建てられたという。セク・アマドゥがモスクを崩壊させたあとは墓として利用されていたことから、モスク再建の作業は、埋葬されていた人骨をしかるべき場所に移して埋葬し直すことから始まった。また、「良くないジン（イスラームの精霊）」がたくさん棲んでいたため、それらが悪戯をして作業員を死なすことがあり、日々の作業には細心の注意が払われたという。

モスクの化粧直し

モスクの壁や柱、屋上は、発酵させた泥で化粧塗りされている。しかし外壁と屋上の化粧塗りは、雨季の激しい雨で流れ落ちてしまう。そのため、毎年雨季に入る前に、住民総出で化粧直しが行われる。この作業はジェンネ語で「ジンガルベル・ゴイ（*jingar-bɛr goy* 大モスク仕事）」と呼ばれ、ジェンネにおいて一年で最も大規模な祭りである。

ジェンネで毎年行われる祝祭には、モスクの化粧直しの他にも数種類ある。一つ目の種類は、イスラームの祝祭である。「ジンガル・チィナ」（*jingar-china* 小礼拝）と呼ばれる断食月明けの祝祭（アラビア語圏では主にイード・アル＝フィトル）、「ジンガル・ベル」（*jingar-bɛr* 大礼拝）[*28]と呼ばれる巡礼月の半ばに行われる犠牲祭（イード・アル＝アドハー、西アフリカの多くの地域ではタバスキ)、そして預言者ムハンマドの生誕を祝うマウリドがこれにあたる。これらはジェンネに限らずイスラーム圏の多くの場所で祝われる。二つ目の種類は、マリ共和国独立記念日の九月二二日に行われる街区対抗のカヌー・レース。[*29]ジェンネに限らずニジェール川内陸三角州でよく見られ、ジェンネ特有の行事ではない。一方モスクの塗り直しは、ジェンネの人びとが「ジェンネにしかないもの」と強調する行事である。[*30]

イスラームの祝祭や独立記念行事が、遊びを表す「ホーレィ」(*horey* ジェンネ語)や祝祭を表す「イード」(eid アラビア語)と呼ばれるのに対し、モスクの化粧直しは「ゴイ」(ジェンネ語で「仕事」の意味)と表現される。モスク管理委員のニャンタオに、なぜこの行事は「ホーレィ」ではなく「ゴイ」なのかと尋ねると、以下のような説明をされた。「これは遊びではなく、わたしたちがアッラーに礼拝をする場所を守るための仕事、義務なのだ。君のようなムスリムでない人も参加できる。遊びのように音楽をかける。子どもたちがふざけて大人に泥を塗ることもある。でも、ジンガルベル・ゴイでやっているのは、アッラーへの感謝を示すこと」。モスクの化粧直しは、建物を維持するためのプラクティカルな作業であると同時に、ジェンネのイスラームにおいて重要な行事なのである。

化粧直しの毎年の開催日は定まっていないが、三月上旬から五月上旬のあいだの木曜日に行われるのが通例である。この期間に開催されるのには、大きく二つの理由がある。一つは、雨が降らず作業に適した乾季であること。もう一つは、他の期間にはジェンネ外に長期間移動することが多い漁業・牧畜・農業に従事する人びとが、この期間はジェンネにとどまっていることである。毎年、二月始めごろになると、今年の開催日がいつになるかが、人びとの話題にのぼる。日程は、ジェンネの建築の専門家である泥大工のギルトの長、ジェンネのコイラ・ココイ、イマーム、各街区のコンセイエが集まって決める。[*31]その日程が、開催日が決定した次の金曜日の集団礼拝の日にモスクで発表される。また、各街区に住む泥大工が伝達役を担うことで、すぐにジェンネ中に周知される。近年では、観光客やテレビ取材向けに全国放送のラジオを通じて伝えられたりもする。

開催日が一—二か月ほど前に決定したら、街区ごとに会合を開いて準備に入る。会合は、開催日が決まってから当日まで、ほぼ毎週開かれる。当日に化粧塗を実際に行うのは、一〇代半ばから三〇代までの男女である。そのため各街区はまず、この年代のなかから、男女それぞれのアミル（長）とアミル・チイナ（副長）を決める。街区によって、年長者の指名で決まるところと、自己・他者が推薦して年長者の承認を得て決めるところ、当該世代のなかで話し合って決定するところがある。そして、各街区に住んでいる泥大工が中心となって、化粧直しに用いる泥を準備する。各街区で街の外に（場合によってはその場所を他の街区には秘密にして）、日干し煉瓦で囲うなどして小さなため池を作り、川底から取ってきた土や泥、水、すさとなる稲のもみ殻などを配合して、独自の泥を発酵させる。泥大工によると、持ちがよくなめらかな泥を作るには、最低でも一か月かかるという。その後本番が近づくと、化粧直しに必要な道具（泥を運ぶ籠、鼓舞する太鼓・笛・旗など）を新調するための集金が行われる。

二〇〇七年三月二二日にわたしが住んでいたジョボロ街区で行われた集金のための会合は、以下のように進んだ。開催日の四月五日まであと二週間に迫った日の夜であった。以下に、この日から当日までのようすを詳述する。化粧直しの日に向けて、街全体が少しずつ興奮していく。その熱気とモスクへの愛着は、当日に一気にあふれだす。

会合に集まったのは（途中から参加したり途中で抜けた者も含めて）四八人。うち女性は四人で、そのうち一人が今年のジョボロ街区の若者女性アミルである。五人ほどの年配者を除いて、ほとんどが二〇―三〇代半ばくらいの若い人びとだ。会合場所は、街区のマラ・ドォ（会合場）であるジョボロ・イセメ（ジョボロの川の口＝港）と呼ばれる水辺である。水辺に面した奥行一〇メートル、幅一五メートルほどの小さなスペースだが、路地が入り組んだジェンネの居住空間では、これでも立派な「広場」だ。一九時から始まるとのことだったが、実際に開始されたのは一九時四五分過ぎだった。後ろにある家の灯りが漏れてくるていどで、あたりはかなり暗い。皆は慣れているのか、懐中電灯を持って参加しているのはわたしだけだった。

前々回の会合で若者男性アミルに任命されたジェネポ（三〇代半ば、ソルコ）が「ゴロ！　ゴロ！（座って、静かにして）」と声を張り、会合が始まった。これ以降は、アルムタシビと呼ばれる会合でのスピーカー役が、発言者の言葉を大声で復唱しながら会合が進む。数人の年長者が若い参加者と対面するように座ってはいるが、この日はいっさい発言せず、若者のようすを楽しげに眺めているだけだった。

前回の会合ですでに集金を行うと決まっていたため、この日はすぐに本題の資金集めに入る。ジェネポが、「お前がアル・カーディをやれよ」と、友人の一人に言う。アル・カーディとはアラビア語起源のジェンネ語で「罰金係」や「会計係」を意味する。ジェネポが、パーティーの司会者のようにおおげさに楽しげな口調で、「さぁ、誰が最初だ！」と盛り上げる。するとある二〇歳くらいの青年が、座っていた丸太から芝居がかったゆっくりとした所作で立ち上がり、紙幣を高々と挙げる。まわりの皆が「おぉ！」「わぁ！」とはやし立てる。アルムタシビが「アルハジ！アブドゥライ・ジャッロ！　二千CFA！」と、紙幣を挙げた人のあだ名と本名、金額を連呼する。アル・カーディは、学校で使う学習帳に、アラビア語で彼の名前と彼が差し出した金額を記入していく。まわりの皆は、それが正確に書かれているかチェックするように、頭を突き合わせてノートを覗き込んでいる。その後も四人が同様に紙幣を差し出し、歓声が上がり、名前が記されていった。さらに次の人には続かず、お金を差し出す人がなかなか出てこない。するとジェネポがある参加者に向かって、「おいガブ、君の妹は市場で牛乳を売ってるじゃないか！」とつつく。名指しされた青年は苦笑いしながら、「一千（CFA寄付する）！　妹があとで持ってくる！」と応じ、まわりから歓声が上がる。このような調子で、同年代の参加者同士で互いをからかい、はやしたて、集金をして記録をし、四五分ほどでこの日の会合は終わった。

この日集まった金額は、合計で二万七二五〇CFAだった。男性リーダーのジェネポによると、これをもとに、当日に使用するマリ国旗とロバ車の借り賃、壊れている太鼓二つの革の張り直し、泥を作った泥大工が立て替えてくれていた、すさ用の米のもみ殻代の返済をする予定だという。

化粧塗りの前日の午後には、各街区の人びとが泥を街なかまで運ぶ。街の外で発酵させていた泥をかごに入れ、それを頭に載せる。各自で運ぶのではなく、それぞれの街区が二〇人ずつくらいの隊列を組んで、鼓舞する太鼓のリズムに合わせて走ったり掛け声を上げたりしながら、モスクの周辺まで運ぶのである。各街区が泥を作っている場所は散らばっているため、街の中心にあるモスクに向かって、四方の路地からたくさんの隊列が猛スピードでなだれこんでくる。それぞれの街区の隊列は、最初は「オイ！　オイ！」「ダ！　ダ！」といった勢いまかせのバラバラな掛け声だった。それが徐々に、独特の節がついたシャハーダ（イスラームの信仰告白）の冒頭「ラーイラーイッラッラー（アッラーの他に神はなし）！」になっていく。街のあちこちから、叫び声にも似たシャハーダがこだまし、いつものツンと澄ました古都風情のジェンネとはまったく違う熱気が漂う。

泥運びは三時間ほど続き、夕方になると、夕飯の支度の手伝いを終えた若い女性たちも徐々に集まってくる。水を入れたバケツを頭に載せて、運ばれてきた泥に水をかける。乾季のため、泥は運んできたままにしておくと当日までに乾いて化粧塗に使えなくなってしまう。泥の乾燥を防ぐために水を運んでくるのが、若い女性たちが担当する主な作業である。女性は男性の隊列のように走ったりはせず、おのおのバケツを頭に載せ、一〇人ていどでゆっくりとおしゃべりをしながら、ときに熱くなりすぎて小競り合いになったりする男性の隊列をひやかしながら、自分の街区の泥置き場に水を運んでいる。女性たちがじゃばじゃばと水を注ぐため、泥置き場にいる泥大工が「ここはもういいってば！」「あっちに持っていってよ！」と大声で指示を出している。それが耳に入っているのかいないのか、若い女性たちは楽しそうにどんどん水を注いでいく。ひょうたんに宝貝を巻きつけた楽器でカシャカシャとリズムをとる女性もあらわれ、華やかさが増す。若者たちが勢いよく泥を運び込んでいる傍らで、モスクの前では、泥大工たちが黙々と、一〇近い巨大はしごを組み立てていた。その日は、若い人びとの歌声や太鼓の激しいリズムが深夜まで響いていた。

当日は、日の出と共に化粧直しが始まる。イマームがコーランの一節を読み上げる声が、スピーカーから聞こえる。そして朝日がちらりと顔を出すと同時に、ジェンネで最年長者の泥大工が、モスク正面の中央部のくぼみ（ミフラーブ）に向かう。かなりの高齢なのだろう。とてもゆっくりと、震える手で最初のひと塗りをする。それを合図に、泥大工たちがいっせいにモスクの正面の壁を駆けのぼる。日の出後とはいえまだ薄暗いなか、彼らははしごも使わずに、片手には泥が入ったかごを持ち、ひょいひょいとモスクの壁をのぼって、慣れた手さばきで泥を塗りつけていく。わたしはその様子をモスクの時報係のニャンタオと一緒に眺めていた。彼によると、モスクの化粧直しは、街区どうしの「ヤナヤナ」（競争、喧嘩）の場であると同時に、泥大工の「ババイジェ・テレイ」（同じ父から生まれた子同士のライバル関係、転じて同じことをしている同年代の者同士の競合関係）の場でもあるという。泥大工の若者にとってこの日は、自分の技術を人前で披露する恰好の機会なのだ。

しばらくしてあたりが明るくなってくると、徐々に各街区の隊列も気勢を上げ始め、大声を上げながらモスクになだれこんでくる。狭い階段で街区の隊列同士が鉢合わせしてにらみあいになったり、われ先にと梯子に登る人で梯子が倒れてきたりと、混沌とした熱気である。八時ごろになると、直接作業には参加しない年配の女性や男性、小さな子どもたちも集まり始める。モスク前の広場には数百人が集まり、塗られたばかりの泥で徐々に黄土色からグレーに変わっていくモスクを眺めている。モスクの壁に設置された大きなスピーカーからは、レゲエの王様ボブ・マーレーやマリの国民的歌手サリフ・ケイタのテンポの良い曲が、耳をつんざく大音量で流れ始める。その横で、ジェンネのラジオ局のDJが、マイク・パフォーマンスで若者を鼓舞している。「おい、ヨブカイナ（街区名）！　もっと塗れ！　早く塗れ！」「美男子よ行け！　美男子でない男も行け！　美女よ行け！　美女でない女も行け！」「泥を運べ！　農民も牛飼いも漁民も商売人もアルファも赤ちゃんも老人も、ほらほら運べ！　さっさ

写真19　小さな子どもたちも真剣に参加する

写真20　モスクの化粧直しのようす。高い箇所は主に本職である泥大工が行う

と運べ！」。この日だけは非ムスリムも自由にモスク内に立ち入りができ、作業にも参加できる。楽しそうに泥だらけになっている子連れのフランス人観光客の一家や、高価そうなビデオカメラを飛び散る泥から必死に守って撮影する日本のテレビ局カメラマン、どこかの街区の隊列に混ざり込んで真剣な表情で泥を塗っているひょろりと背の高い外国人観光客の姿もある。

少し離れて広場から見ると、たくさんの人が入り乱れる大喧噪と大混乱だが、その中でも作業は着々と進んでいく。巨大なモスクの表面は、三時間たらずで塗り終わる。モスクの内部の床や屋上にも泥が塗られ、一〇時ごろにはすべての作業が終了した。若者たちの一部はそのまま、乗り合いバスや自転車やバイクに乗り、ジェンネから約二三キロ離れたバニ川へなだれこんでいった。体についた泥を洗い流し、若者だけでどんちゃん騒ぎをするためである。彼らが鳴らす喧しいクラクションが、徐々に遠ざかっていった。

モスクの前にござを敷いて作業を監督していた老人たちは、作業が終了するとゆっくりとモスク前の広場に集まってきた。周囲で作業を見守っていた年配の男性・女性や泥大工たち、モスクの管理人などもいる。三〇〇名ほど集まっただろうか。泥大工の最年長者が小さな声で「今年も問題なくモスクの仕事を終えることができた。実に美しい仕事だった」と挨拶をした。そして、誰かがよく通る声で発した「ファーティハ（コーランの開端の章の章名）！」という言葉とともに、ざわついていたその場が一瞬で静まった。この言葉を合図に、その場にいた人びとがいっせいにドゥアー（祈願）を始める。数百人の人びとが同時に両掌をそろえて胸の位置に上げ、小さな声でそれぞれがドゥアーを唱え、唱え終えると掌で顔をなでる動作を行う。そのようすはとても静かで美しいものだった。一五秒ほどでドゥアーが終わると場の空気がふっと溶け、人びとは互いに握手を交わし合う。満足気にモスクを見上げながら話をする老人たち、いそいそと家に戻る赤ちゃんをおぶった若い女性、梯子の解体にかかる泥大工の男性などが、それぞれの方向に散らばっていく。こうして、年に一度のモスクの塗り直しは終了した（写真19、20）。

モスクの塗り直しは、泥づくりのモスクを維持するために欠かせない作業である。また、おなじ街区に住む人びとのあいだの連帯が明示される場である。ときに利害が対立することもある民族や世代間の差異を越えて協働することで、おなじ街区の全員に強い一体感が生じる。また、各街区が互いに競合をすることで、同じモスクを共有するジェンネという街の人びと全体の連帯が深められる機会でもある。さらに、ジェンネの人びとが協働で塗り直しを行うことで、ジェンネのモスクの美しさやジェンネのイスラームの特色は、対外的にも誇示される。こうした傾向は、ジェンネの街が世界遺産に登録され、大勢の観光客がやってくるようになり、海外のメディアの撮影も頻繁になるにつれて、ますます盛んになっている。

第4章 ジェンネの市場

1　二つの市場――交換と交歓

ジェンネには二つの市場がある。一つは、日常的にジェンネの人びとに用いられる常設市。もう一つは、毎週月曜日にジェンネ内外からヒトとモノが集まる定期市である。

常設市は、ジェンネの女性を中心に運営されている日常の空間である。街の中心に開設されており、毎日、朝から日没まで開かれている。売り手の女性たちは、それぞれの民族や親族のネットワークを活用して売り場を確保し、商品を入手し、顔見知りの相手に売る。固定された定価はないものの、買い手・売り手の双方は「相場」を把握しており、値切り交渉はあまり行われない。固定店舗での売買と同じように、淡々と地に足のついたやりとりが繰り広げられる。

定期市は、常設市とは対照的だ。定期市にまつわるあらゆるものが開放的である。定期市の場所となるのは、普段はいかなる活動にも使われないモスク前の広場である。そこが定期市の前夜から「開放」され、前日からジェンネ入りしている行商人や周辺の村の人びとなど、外部の人びとが寝泊まりする。また、定期市に関わる人にも制限がない。ジェンネに住む人、マリの他の街や村落の人、近隣諸国の人、すべての世代・出身の人が、定期市で売買を行うことができる。もしそうしたければ、外国人観光客が市場で自分のものを売ることも可能だ。それぞれの商品の「相場」はあるものの、値切り交渉は必須である。定期市での値段交渉を見ていると、単により安く購入することを目指すだけではなく、相手と自身とのあいだで、コミュニケーションの技法を披瀝し合っているようにも思えてくる。

ジェンネの定期市は、さまざまな人びとにとって重要なものである。ジェンネの人びとにとっては、第一に、生産・製造したものを売り、必要なものを購入する経済活動の場である。それだけではなく、ジェンネ内外からたくさんのヒトやモノが押し寄せ活気あるさまは、かつての交易都市としてのジェンネの威容を、ジェンネの人自身や外部の人に再認識させるのである。

2　常設市

現在ジェンネには、一つの常設市がある。街の中心にあり、広場を挟んでモスクと向き合う形で位置している。常設市はモスクやモスク前広場と同じく、どの街区にも属していない。結婚前に市場でかごやざるを売っていた女性（九〇歳くらい、ソルコ）によると、当時（今から七〇年ほど前）から、現在と同じ場所に市が立っていたという。

現在の常設市は、約三〇×四五メートルほどの壁で囲われたスペースで開かれている。その壁の二面には、外に向かってそれぞれ奥行二・五×幅三メートルほどの小さな店舗が並ぶ。服の仕立屋、生地屋、雑貨屋、化粧品屋、土産物屋、手芸品屋、カセット・CD屋などである。モスクに面した店舗の前には、常時五人ほどのパン屋が、小さなテーブルを出してパンを売っている。店舗とパン屋の販売は、すべて男性がになっている。仕立屋のミシンの音や、カセット屋から流れるヒット曲を背に、たくさんの店主が店の前にイスを出し、お茶を飲んでおしゃべりをしながら店番をしている。

一方、常設市への出入り口周辺から壁に囲まれた常設市内部では、女性しか見かけない。売り手も客も、ほぼすべてが女性である。壁の周囲ののんびりした雰囲気とは異なり、せわしない。立ち止まる人は少なく、買い物かご代わりのバケツを肘のあたりにひっかけた女性が、いそいそと、しかし厳しい目で、必要なものを吟味し購入していく。男性の姿があるとすれば、親に使いに遣られた子どもだけである。時どき、売り手の女性に用事があり、男性が入ってくることがある。その男性が居心地悪そうにそそくさと出ていくようすは滑稽なほどであるが、わたし以外、その男性のようすに目をくれる人もない。

常設市では主に、日々の料理に用いる食材が売られている。タマネギ、トマト、ピーマン、ンゴヨ（学名 *Solanum aethiopicum*）、オクラ、キャッサバ、トウモロコシ、ピーナツ、カボチャ、ジャガイモなどの野菜、マンゴーやオレンジ、バナナなどの果物、鮮魚、親指の第一関節ほどの小さな分量に小分けされた塩や化学調味料、小分けにされたピーナツ油などである。売り子の女性たちはそれぞれ、一メートル四方ほどのテーブルに商品を並べ、その後ろに座っている。魚の燻製やくたびれた野菜がかもす独特のにおいが、壁に囲まれた狭いスペースに充満している。落ちたのか棄てられたのか、しなびた野菜や傷んだ果物が、通路で泥まみれになっている。売り手は各列に一〇—一三人ほどで、縦に四列並んでいる。時間帯によって異なるが、常時三〇—五〇人くらいの売り手が常設市にいる。列と列の通路は狭く、一メートルほどである。大柄な女性が向かいからやってくると、すれ違うのが困難なほどだ。そういうときは暗黙の了解で、より小柄な方やより年の若い方が、テーブルとテーブルのあいだの狭い隙間に避け、道を譲る。それが当然のことであり、互いが急いでいるので、改めて「ありがとう」や「すいません」という言葉のやりとりはない。慣れないわたしが通路を譲ってくれた人に「ありがとう」と答えたら、驚いたような表情で女性が振り返ったこともある。

常設市は定期市とは異なり、売られている品物の種類と分量が限られている。また、買いにくる客は毎日のように来ているため、それぞれの品物の季節的な相場や時間帯による値段や分量の違いを熟知している。そのため、常設市で繰り広げられるような、売り手と客の熱心な値段交渉は見られない。代わり映えのしない停滞感と、気を張らずに顔見知りの女性同士で売り買いする気安さとがないまぜになったような、地に足のついた雰囲気である。

ジェンネ語で市場を意味することばは「ヨブ（*yobu*）」である。常設市も月曜の定期市もヨブであり、多くの場合は、ヨブといえば定期市を指す。定期市に買い物に行くときには、「ヨブ」に重点が置かれ、「アイ・コイ・ヨブ（市場に行ってくる）」と表現される。それに対し、常設市に行くときには、「デイデイ」という動詞に重点が置かれ、「アイ・コイ・デイデイ」と言う。「デイ（*dey*）」は「買う」という意味の動詞であるが、「デイデイ」と繰り返すことによって、「調味料や野菜などの日々のこまごまとしたものを買う」という意味合いが強まる。常設市と定期市の両者を区別する必要があるときには、いくつかの呼び分けが行われている。たとえば、ある漁民の女性は、定期市を「ハム・ハンビビ・ヨブ（黒い魚＝燻製魚の市場）」、常設市を「ハム・ハンガニ・ヨブ（新鮮な生魚の市場）」と呼び分けるという。

また、あるフルベの女性は、常設市を「ヨブ・デイデイ（こまごまとした買い物の市場）」、定期市を「ヨブ・ベール（大市場）」と表現していた。こうした呼び分けは、常設市を日常的に使っている女性のあいだでしかなされていないようだ。常設市の売り子へのアンケート調査を一緒にしていた調査助手ママドゥと、「面白そうだから」と調査についてきていたママドゥの友人（ともに三〇代の男性）は、女性たちの市場の呼び分けを聞いて、外国人のわたしと同じタイミングで「へ～ぇ」と声を上げた。「あなたたちはジェンネで生まれ育ったのに、今まで知らなかったの？」とその女性にからかわれると、彼らは言い訳するように「男にとってヨブは、月曜のヨブしかないもんなぁ……」と苦笑いしていた。

女性が取り仕切り、女性が売り買いしている常設市であるが、正式には二〇〇四年からジェンネ市の管理下にある。常設市で二〇年ほど前から魚を売っている女性ダディ・コシナンタオによると、二〇〇四年以前もジェンネ市が管轄していることにはなっていたものの、特に何らかのコントロールがあるわけではなかった。常設市で売り手をしている女性同士で、場所の確保や融通、清掃、年に一度の壁の化粧直しの資金の集金などを行っていたという。二〇〇四年にジェンネ市が市場の壁を建て直してからは、ジェンネ市が税金を徴収し、定期清掃を行うようになった。建て替わった壁の表面は、泥の化粧塗りではなく焼き煉瓦が貼り付けてあるため、それ以来毎年の化粧直しは行われていない。現在、常設市に新しく参入するには、二五〇〇ＣＦＡの登録料をジェンネ市に支払う必要がある。今はすべての場所が埋まっているため、新しく参入することは困難であるが、親族や知り合いの場所を二分割して貸してもらったりすることは許容されている。もしそれも不可能で、どうしても新しく商売をしたいのならば、「市場の外で太陽の下でやる。それだけのこと」だと言う。

ジェンネ市による市場の管理は、以下のように行われている。まず、新規参入には登録料二五〇〇ＣＦＡを支払う。その後は毎月末、各売り手が五〇〇ＣＦＡの税金を支払う。ジェンネ市の男性担当者が登録された売り手の名前が書かれたリストを持ってきて、一人一人名前を呼び、五〇〇ＣＦＡを徴収し、リストにチェックを入れていく。登録者の名前と実際の使用者の名前が異なっていることがほとんどだが、市の担当者によると「それは問題ではない」という。売り手たちは、女性だらけのなかで精いっぱい「役人らしく」ふるまう若い男性担当者を、「いま五〇〇CFA持ってないから、魚で払うわ。え、ダメ？　なんでダメなのよ？　嫁に持って帰ってやりなさいよ」「わたしの名前はアミナタよ。アイシャタじゃない。あなた学校に行ってたのに、フランス語読めないのね」などと茶化す。そして、しぶしぶといった表情で五〇〇CFAを納める。この支払いが二か月連続で滞ると、場所が没収されることになっているが、これまでに場所が没収された人はいないという。ジェンネ市は週に二回、二名の清掃係を送って、市場に人がいない早朝に清掃をしている。先述の売り子の女性コシナンタオによると、「ここは毎日汚れる。週二回掃除に来たからって、きれいになるわけでもないのよ。わたしたちは毎日、自分の場所を掃除して帰る。週二回の掃除代として一人五〇〇CFAも払ってるのかしら。掃除くらい自分たちでやるのに」と笑う。

常設市で買い物をするのは、ほぼ全員がジェンネの人である。しかし売り手のなかには、ジェンネの外から来ている女性も一二人いた。ガニャ、イェンテラ、ジャボロ、スマトロ、スワラ、ニャラ、シンなどのジェンネから三一一五キロていどの距離の村から、ほぼ毎日やってくる。主に農業をいとなむバマナンであり、彼女たちの夫や親族が栽培した野菜や、彼女たち自身が村の周辺で拾い集めた薪を売りに来ている。

店舗をかまえて商売をしている男性の民族がマルカとソンガイに集中しているのに対し、常設市の売り手の民族はさまざまである。主に、自身の民族の生業と結びついた商品を売っている。以下に、常設市の売り手の女性から聞き取った商品の仕入れ先などの例を挙げる。

魚を売るソルコの女性HDの話

HDは、ジョボロ街区の五〇代ソルコの女性である。小魚（鮮魚、燻製いずれも）と、Magie（マギー。仏語圏ではマジーと発音される）というネスレ社の化学調味料のタブレットをさらに小さく砕いたものを売っている。

夫は退職した公務員。三人の息子は、漁師と泥大工。もう一人は、アルファベットの先生（バマナン語の識字教室の講師）をしているわ。息子たちの漁はあまり（規模が）大きくないので、彼らが獲ってきた魚は、ほとんど家族で食べてしまう。魚（鮮魚）を売るのは、それが余ったときだけ。燻製魚は、月曜の定期市で仕入れている。ムニャ（ジェンネから西に二五キロほどの村）から、月曜日にジェンネの定期市にやってくるソルコの男性から。彼はわたしの親族ではない。名前もシエンタオというジャム（クラン名）しか知らない。一〇年ほど前から、彼のところから買うようにしているの。彼から仕入れる理由は、同じソルコだから。すぐに顔を覚えて、次の市では彼から声をかけて、安く売ってくれた。それと、彼が持ってくるナマズの燻製は、いつもよくできていて、とてもおいしいから。彼の奥さんは、燻製を作るのがとても上手い。わたしも燻製を作るから、違いが分かるの。下手な人が作ると、肉（魚の身）がとても固くなってしまう。（「魚を売っているのはほとんどがソルコではないんですか？」と尋ねると）ソルコがほとんどだけど、村々を回ってソルコから魚を仕入れるマルカもいる。マルカよりも、同じソルコから買った方が、質も値段も良いと思う。マルカは、魚やボロ・テレィ（人間関係）よりも、お金が好きだから。

……毎週月曜日に、シエンタオからナマズの燻製を仕入れる。仕入れ値は季節によって異なるけれど、だいたい一キロで一二〇〇CFA。それを多いときは一度に二〇キロくらい買う。それを分けて、火曜から土曜まで五日間、常設市で一キロ一二五〇CFAとか、その半分を七五〇CFAで売っている。いつでもだいたい一割の利益がつくように値段を決めている。学校へは行ったことないけど、商売は長いから、計算は問題ないわ。季節によっては、月曜市に村のソルコから鮮魚を仕入れて、その日のうちに売ることもある。鮮魚は主にハムコーレイ（フランス語でカプテン。フエフキダイ科の魚）を扱っている。定期市は祭りなので、多くの人がたくさん買う。一匹だけ鮮魚が欲しい人、少ししかお金を持っていない人は買いにくい。だから、たとえば五匹買ってお盆に載せて、一匹ずつ売る。

……マジーは、三年ほど前から扱っているの。以前は、干し魚を仕入れて、それを自分で杵でついて粉にして売っていた。それが昔のマジー（＝だしの素）だった。でも、最近は干し魚の方が高い。それに、杵でつくよりも、安いマジーを買った方が早い。マジーの方がおいしいという人もいる。わたしはそうは思わないけどね。でも、商売は、口（客の嗜好）を聞かないとね。

ヨーグルトを売る女性ADの話

ADはコイテンデ街区の二〇代のフルベ女性である。登録料・使用料が必要な常設市の内部ではなく、モスク前広場に面した出入り口付近でヨーグルトを売っている。家で牛を四頭飼っているが、夫は牧畜ではなく観光ガイドをしている。

週に二回か三回くらい、ここでヨーグルトを売っている。なか（常設市内部）と違って自分の場所が決まっていないので、朝早くにここに来て場所をとらなくてはいけないの。とても早起きをするわ。ヨーグルトは、家の牛の乳を使って自分で作っている。ジェンネでヨーグルトを作るフルベ女性は少ないんじゃないかしら。たいていは、ジャボロ（ジェンネから五キロほどの村）のフルベが売りに来る。わたしの母も上手に作れなかった。だから、ジャボロからヨーグルトを売りに来ている妹（彼女と同じフルベの知人女性、実際には彼女の妹ではない）に、どうやったらおいしく作れるか聞いたこともある。今はとても上手になったと思う。わたしは少しフランス語ができるから、チュバブ（外国人観光客）もわたしから買っていく。チュバブもわたしのヨーグルトをおいしいと言っている。あなたのお姉さん（おそらくアジア系の女性観光客）にも、売ったことがあるわよ。彼女は、「ビニール袋に入れてもらうのは嫌だから、ブテイユ（ペットボトル）に入れて」と言って、（ペットボトルを空にするために）ここで水を全部飲みほしたのよ！

値段は、一ジョート（一〇〇ミリリットルていど入る小さいヒョウタン製もしくはプラスチック製のおたま）で一〇〇CFAくらい。でも、暑い季節にはもっと安く売ったり、同じ値段でトントン（「追加追加」、売り買いの場合「おまけ」

写真21　わたしが暮らす長屋にヨーグルトを売りにきていたフルベの女性。常設市での販売の合間に得意先への訪問販売も行う。ジェンネに遊びに来てこの写真を撮影したわたしの兄は、彼女のことを「ジェンネのヤクルトレディ」と呼んでいた

の意）したりする。早く売らないと、暑い季節にはヨーグルトがすぐすっぱくなるから。夕方にも値段を下げたり、トントンしたりする。残ったヨーグルトは次の日には売らないから。（わたしが「ジェンネ市にお金を払って商売している人から、入口の人もお金を払えと言われないのか」と尋ねると）そういうことを言う人もいる。でも、見てごらんなさいよ。あっちはゆっくり腰掛けに座っている。わたしはいつもバケツ（をひっくり返した上に座る）。あっちはテーブルを出している。わたしは盆だけ。それに、あっちは朝の九時にここに来ればいいけれど、わたしは六時から来ているんだから。なかの人も、お金（使用料の五〇〇ＣＦＡ）を払ってなかったりするわよ（写真21）。

野菜とローストしたピーナツを売る女性ＢＢの話

ＢＢは、四五歳くらいのバマナン女性である。バマナン街区に住む。タマネギとオクラを中心とした野菜を売っている。夫は、ジェンネから自転車で二〇分ていどのソアラ村に土地を借りて畑作を行っている。

常設市での仕事はとても楽しいわ。家にずっといても、楽しくないでしょう。他の人は、朝九時くらいからここに来て、お

昼過ぎまで売っている。そしてお昼ごはんを食べて、また夕方から日が沈む前くらいまで売っている。でもわたしは、朝は売らない。夕方だけ。小さい子どもがたくさんいるから、ずっとここにはいられないの。朝はこの場所を、ソアラの人に貸している。彼女はわたしのおばの娘なの。だから彼女からお金はとっていない。

売っている野菜は、それぞれ仕入れ先が違う。トウモロコシは夫が作っている。タマネギは月曜市で買う。一〇タース（一二〇個くらい。タースは「一山」の意。幼児の握りこぶし大の小さなタマネギが一〇―一五個ていどで一タース）二千か二二五〇CFAくらいで買って、ここで一タース二二五―二五〇CFAで売る。乾燥オクラも月曜市で買う。唐辛子はモプチからジェンネのあいだの道にある村で、息子が買ってくる。息子の一人は今モプチで働いているから、息子がジェンネに帰ってくるときに買ってくるように頼んでいるの。ピーナッツも月曜市で仕入れて、自分で炒って売っている。

仕事は楽しいけれど、ここでは自分の場所に気をつけないといけない。去年、二人の女（の売り手）が大喧嘩をしたの。ある女が隣の女に、「あなたのテーブルがわたしの場所にまで出ているじゃない！」と言って、テーブルをドンドンドンと強く叩いた。だから隣の女は、「アル・ハラーム！（アラビア語で「禁じられたもの」。ジェンネ語で人に対して使われた場合は「無礼者」の意）」と言った。そしたら女たちは、互いの髪をつかんだり、サンダルで叩いたりして喧嘩を始めた。とても大きな喧嘩になった。（「どうやって解決したのですか」と尋ねると）この市のなかには、あの女が正しいと言う人と、その女が正しいと言う人がいた。だから、それぞれ三人のウォイ・ベル（目上の女性）をつけて話し合いをした。テーブルを叩いた女は、他の人に場所を貸すことになった。場所の名前（名義）はまだ、彼女のままだけどね。（「そういうとき、（ここを管理している）市役所には行かないのか」と尋ねると）ハハハ、行かないわよ。ここはわたしたちの市場だから、わたしたちで話をする。男に言ったって「どちらも悪い！　はい終わり！　帰った帰った！」って言われるだけよ。あなたもそれは知ってるでしょう？

常設市は、買い手・売り手ともに女性優位の空間である。二〇〇四年からはジェンネ市役所によって管理されているが、日々のいさかいの解決や場所の融通、清掃などは、売り手の女性たちのあいだで行われている。一部の売り手を除いて、買い手・売り手ともにジェンネ内の市場ではあるが、その仕入れ元や商売の仕方には、ジェンネを越えた親族・民族関係が活用されている。

では、もう一つのジェンネの市場である月曜日の定期市は、ジェンネの人びとにとってどのようなものなのか。次に詳述する。

3 定期市

主にジェンネ内の人同士が、日々の食糧品を小分けに売り買いをする常設市とは対照的に、定期市には、ジェンネ外部から大量のヒトとモノが集まる。ジェンネの人びとは、この定期市を「ジェンネの街ができたときから月曜日に開かれていた」と断言する。いつからジェンネの定期市が月曜日に開催されていたかは定かではないが、古くから大きな規模で開かれていた市であることは確かである。ジェンネの市場の活気は、多くの歴史書や探検家の記録に残されている。

現在ジェンネは、こうした記録に描かれていたような、サハラ砂漠の南北をつなぐ交易の重要な中継地としては機能していない。しかし今日でも、ジェンネの定期市はニジェール川内陸三角州のなかで最も大きな定期市の一つであり、近隣諸国を含めたジェンネ外の地域からも、多くのヒトとモノが往来する。モスクと並んで観光資源の一部にもなっている。外国人観光客には、定期市の前日にジェンネに来て街を散策し、一泊したあと月曜に定期市を見て回り、その夕方にジェンネを離れるというプランが一般的だ。

開かれる広場

ジェンネの定期市は毎週月曜日に開かれる。主な会場となるのは、モスク前の広場である。この広場は、月曜以外は特定の用途には用いられない。建物が稠密するジェンネでは、この広場以外には、一〇×一〇メートルていどの小さなスペースさえほとんどないにもかかわらず、この広場がどこかの街区の会合や大人数のコーラン学校の授業に使われることはない。月曜日以外は、一週間に一便ジェンネと首都を直結するバスの到着場として、また、夕暮れにゴール・ゲートのないサッカー場として使われているていどである。

しかし、日曜の夜から月曜の日没に限って、市場のために用いられる。日曜の夜になると徐々に、定期市のために前日からジェンネ入りした外部の人びとが寝泊まりを始める。月曜の早朝から一気にテントや露店が立ち並び、日中は大いに賑わい、午後六時ごろには、また何もない、何にも使われない静かな広場に戻る。売れ残りの傷んだ果物やビニール袋が落ちていなければ、つい先ほどまでそこに数百もの露店が並び、何千もの人が行き交っていたことが信じられないほどの短さと変化の速さである。

定期市の前日である日曜日から、ジェンネには多くの外部者が入ってくる。モスク前の広場には、ワゴン型の乗り合いバスや荷物を積んだトラックが乗り入れる。車両の台数は季節によって異なり、ジェンネが水に囲まれる増水期には減少する。ジェンネへ続く道が水没することがあり、カヌーでやってくる人が増えるためである。二〇〇九年四月（乾季）の例を挙げると、前日からジェンネに来ていた車両は以下のようになる。トラックは計五台。マリ南部のカイ州から来たというマンゴーやバナナを積んだ四―一〇トントラックが三台、ナイジェリアで仕入れてきて州都モプチを経由してきたという古着を積んだ四トントラックが一台、首都バマコから来たという、荷台が水槽になった鮮魚を積んだトラックが一台。トラックにはそれぞれ運転手一人しか乗っておらず、ジェンネの商人が各地の「パートナー」や「パトロン（親方）」と連携して前もって買い付けたものを、この日ジェンネの商人に引き渡すという。マリでは「トランスポール」と呼ばれる、ワゴン型中・長距離乗り合いバスは九台停まっていた。こうした乗り合いバスは、最も南はセグー（ジェンネから直線距離で約一九〇キロ）、最も北はセヴァレ（約八五キロ）、最も西はサロ（約七七キロ）から来ていた。これに乗っているのは、主に小規模な行商人の男性か、普段は商売をしておらずジェンネの定期市の日だけ農作物や魚を売りにくる女性たちである。最小限のシート以外を取り払ってスペースを作った車内には、それぞれに一三―二二人がぎゅうぎゅうに乗っていた。これらは前日からジェンネ入りする人びとが乗った車両であり、定期市当日の月曜日には数えきれない台数の車が出入りする。また、各街区の港には無数のカヌーがやって来る。

前日の日曜日からジェンネ入りした外部者の宿泊先は、二種類ある。一つは、ジェンネに住む知り合いや親族の家、もう一つはモスク前の広場である。ジェンネに知り合いや親族がいれば、その家に泊めてもらう。もし知り合いや親族がいなければ、モスク前の広場で寝泊まりをする。モスク前の広場では、定期市前日の日曜の夜以外、誰も寝泊まりしない。もし他の曜日にそこで寝泊まりをしている人がいれば、不審がられ、追い出されるだろう。定期市前の日曜夜であっても、広場以外の場所（街区の路地や「港」と呼ばれる水辺など）で寝泊まりすることはできない。もし他の曜日にジェンネに来て、泊めてもらえる知り合いがいなければ、見知らぬ人の家に頼み込んででも、誰かの家の敷地内で眠らなくてはならない。わたしが暮らしていた長屋は、ジェンネに乗り入れる乗り合いバスの発着場から最も近い民家の一つであった。そのため二か月に一回ていど、日曜日以外の日に、「おたくの庭か屋上に泊めてください」と言って、ジェンネ外部からの旅行者や行商人が訪ねてきた。彼らは長屋のどの住民とも知り合いではないが、定期市以外の日にジェンネの路地や広場に寝泊まりすることはできないため、こうして見知らぬ者の家の軒下を借りにくるのだ。このようなときには、長屋の他の住民と相談し、長屋の所有者の許可が得られれば、彼らを敷地内に宿泊させる。モスク前の広場に宿泊できる日曜日に、こうした外部者が訪ねてくることはなかった。

定期市の前夜は、モスク前の広場は外部者にも自由に開放される。毎週日曜の夜は、常に三〇人以上が寝泊まりをしている。ジェンネへの陸上アクセスが限られる増水期には、前日からカヌーに乗ってジェンネに来る人が増加するため、五〇人ほどが寝泊まりをしている。寝泊まりだけでなく簡単な煮炊きをする者もいるが、それがジェンネの人に咎められたり、問題視されることは一切ない。定期市の前夜から当日の市が終了するまでに限って、モスク前の広場はいわば一時的な「開放区」となる。

開かれる商売

ジェンネの定期市では、誰でも商売ができる。[*32] ジェンネに居住している者もそうでない者も、普段商業に携わっている者もそうでない者も、子どもも大人も、自由に売りたいものを売る。ジェンネの人によると、「今日ジェンネにやってきた外国人観光客が、市で自分が着ていた服を売り始めても、何の問題もない」という。

わたしも調査中三回、定期市で「商売」をした。一度目の商品は、フランス人観光客が置いていった丈夫でカラフルなファッション雑誌を切り貼りして作った学習ノート・カバー。二度目は、ワイヤーに端切れを巻きつけて作った、樹木の形をしたアクセサリー・ハンガーを売った。三度目は、首都で買った車輪型のショート・パスタをゆでた後に油で揚げて砂糖をまぶしたお菓子を作って売った。いずれも、毎週定期市でジュースを作って売っているジェンネの友人の隣で、彼女に手伝ってもらいながらの商売であった。明らかに外国人であるわたしがジェンネの女性にまざって品物を売っていることに、驚かれたり笑われたりはしたが、文句を言われたり怪訝な顔をされたりすることは一度もなかった。常連の売り子である知人の助けがあったことを差し引いても、ジェンネの定期市は誰にでも開かれている、ということを実感する人びとの反応であった。

定期市の日は、普段商売を行っていないジェンネの人も売り買いをするため、多くのジェンネの子どもたちは学校に行かない。親や親族の商売を手伝ったり、定期市をうろついて遊ぶのだ。月曜日に生徒の出席率が激減するため、ジェンネでは一九九六年から、小中学校の休みが土曜日・日曜日から、日曜日・月曜日に変更された。休日の変更を行ったCAP-Djenné（Centre d'animation pédagogique マリの行政の最小単位であるセルクルごとに設置された教育委員会のジェンネ支部）のボワレによると、「定期市の日に合わせて学校が休みになっているところは、マリ国内でもジェンネだけだろう」という。ジェンネの人びとにとってどれだけこの定期市が重要な経済活動の場であるか、また、定期市が世代と年齢を越えてすべての人に開かれたものであることが、こうしたエピソードからも分かる。

定期市のヒトとモノ

ジェンネの月曜市では、暗黙の了解で、売られるものの種類によって売り場が定まっている。モスク前の広場の中央部には、テントを張った露店が並ぶ。そこで売られているものは、主に衣料品（靴、新品の服、古着など）、布、電化製品、化粧品、プラスチック製品などである。ここでこれらの商品を売っているのは、マルカを中心とした、普段から商業を生業としている人びとである。彼らが扱っているのは、定期市以外の日にはジェンネで手に入らない（もしくは手に入っても高価な）品物が中心なので、客の呼び込みに力を入れなくても、客が商品を求めて寄ってくる。そのため、あまり声をかけてくる商人はいない。商品の並べ方も、大量の品がなだれ落ちないようピラミッド状にきれいに並べてあったり、商品の見本をテントの柱に等間隔にくくりつけていたりと、それぞれの商人のこだわりが感じられるディスプレイとなっている。値段交渉もシビアで、買い手が低い価格を示すと、商人はとても渋い顔で、「仕入れ値がいくら、ここまでの交通費がいくら、だからこの値段までしか下げられない」と、下限を明示する。定期市の日以外は商売をしていない人が多く、「見ていってよ！」「これなんて、どう！」という賑やかな呼び込み声が飛び交い、商品の並べ方にもどこか「素人」の隙と愛らしさが感じられる他のゾーンと比べて、「プロ」がかもすピリリとした空気が漂っている一角だ。

広場の南部分で売られているのは、唐辛子、乾燥オクラ、かご、カリテバター、果物などである。カリテバターと果物は専門の商人が販売していることが多いが、それ以外は、バマナンと米作を行う村落部のマルカ、ソルコ（ボゾ）

写真22　広場の北東では、多様な品種の米が売られている

など、普段はこれらの商品を生産・製作している人もしくはその親族が販売している。広場の南の縁では、マルカの商人が手芸用品（綿花をほぐす櫛、ビーズ、テグス、縫い針など）、骨董品（多くの場合模造品もしくは違法な盗掘品と推測される「遺跡から掘り出された本物のビーズ」など）を売っている。それほど需要の高い商品ではないので、五軒ほどしかない。

広場の東南には、食べ物の屋台が三〇軒ほど並ぶ。主にジェンネの女性が、魚のフライや揚げパン、ピーナッツ菓子、ジュースなどを作って売っている。買い物客だけでなく、店を出している人たちも昼食を買いに来る。売り手の女性たちはその場で作って売るだけでなく、息子や娘に商品を持たせ、市場を歩いて売ってくるように命じることもある。こうした食べ物は安価で同じものを多く買えるため、「ヨブ・イジェ」にされることも多い。ヨブ・イジェとは直訳すると「市場の子ども」であり、定期市の日に用いられると、「ちょとした市場土産」という意味になる。定期市の日にたくさんの品物を買って帰ってきた人は、金額としてはごく安いものでもかまわないので、ヨブ・イジェを持ち帰ることが期待されている。「あれも買った、これも安かった」と市場での買い物の成果を披露する人に、家族やバトゥマ・ボロ（同じ中庭を共有する人びと）が「……それで、私たちへのヨブ・イジェは？」と冗談半分にせがむ光景を、月曜日のジェンネでよく見かける。

広場の北東では、主に生産者自身によって、米と魚と家禽類が販売されている。ここの販売者は、米作民のマルカや漁民のソルコの女性が中心である。買い手も女性が大半である。毎日の食材となるものなので、売り手と買い手、女性同士の交渉が激しい。ある雨季の月曜日、わたしは隣人のクンバ（四〇歳くらい、バマナン）と市場に出かけた。雨が上がった正午ごろ、彼女が米を買いに行くというのでついて行ったのだ。クンバは、米を売る女性たちが五〇人以上ずらりと並ぶこの一角に来ると、狭い通路を行き交う人に突き飛ばされるのも気にせず、とてもゆっくりと、それぞれの米を見ていった。一巡するまでは一度も立ち止まらない。一〇分ほどかけて一巡したあとようやく、目星をつけた米を売る女性の前に立ち止まる。立ち止まったクンバに対し、売り手の女性は一気に、この米がいかに良いか、どれほどおいしいかをたたみかける。クンバは彼女が売る米を手に取り、「この米は全部欠けてるわね」とか「色が良くない」「小石がたくさん混ざっているじゃないの」と次々と文句をつける。その文句に対して、売り手の女性は一切ひるまない。「米はいつでもこれくらい欠けてるわよ」「色は太陽があるから（日光の加減で）黄色なのよ」「小石は取ればいいじゃないの」とぽんぽんやり返していく。

写真23　街の中心部は人びとでごった返す

値段の交渉も、マリの人にとって最も小さな金額である二五CFA（約五円）単位で行い、互いが納得する値段まで、じりじりと歩み寄っていく。座っていた売り手の女性は、交渉が白熱してくると立ち上がり、彼女の背中で眠っている赤ちゃんを気にすることもなく、激しい手振りと口調で値段交渉に応じている。雨の後だったので地面はぬかるみ、雨が止んだ直後に太陽が猛烈に照りつけたため、地面からは泥くさく湿った熱気がゆらゆら立ちのぼっていた。人ごみとあいまって、わたしの意識はもうろうとしていた。クンバの値段交渉のようすをメモにとろうと思ってついてきたのだが、猛暑のなか延々と繰り広げられるクンバと売り手の交渉に、わたしは彼女

写真24　自作のアクセサリーを売る女性

についてきたことを後悔し始めていた。するとクンバが「ほら！」と売り子に二五〇〇CFAを渡した。値段交渉が成立したようだ。先ほどまで怒鳴り合うように値段交渉をしていた二人だが、売り手が大袋から二五〇〇CFA分（このときは、一リットル容量くらいのボウル五杯分）を取り分けているあいだに、「どこの村から来たの？」「ガニャ」「ガニャだったら、知り合いがいるわよ」「え、その人なんて名前？」などと談笑している。こうした、互いに初対面の売り手と買い手の容赦ない値段交渉とその後の融解は、常設市では見かけない。たとえ戦略的な値段交渉であっても、日常生活で他人に対してこれほど強い口調でものを言うことは、非難されるべきこととされるからである。しかし定期市ではそれが許され、売り手にとっても買い手にとっても当然のやりとりとして受け入れられている。

　モスク前の広場以外も、定期市の会場となる。常設市の東側では、羊と山羊を中心とした家畜がやりとりされる。三〇頭から多いとき（羊の犠牲祭の前）には一〇〇頭以上の山羊や羊が、それぞれの売り手が持つ縄につながれて、落ち着きなく動き回っている。家畜の売り手にはフルベが多いため、他のゾーンではマリで最大のリンガ・フランカであるバマナン語でのやりとりが主流なのに対して、この一角ではフルベ語がよく用いられている。山羊や羊は金額が大きいため（たとえば、大人の雄羊は一頭五万―一五万CFA（一万―三万円ていど））、他ではあまり見ない一万CFA紙幣が飛び交う。売り手も買い手も男性のみで、値段交渉が成立すると、満足げな握手が交わされ、山羊や羊につながった縄が手渡される。

常設市の西側は、手工業のゾーンである。革細工、金銀細工の販売と「臨設工房」が並び、注文に応じてその場で加工を行っている。常設市と向かい合う学校の前には、伝統薬や香の素となる草木や、すでに調合された薬が売られている。

ひしめきあう露店と通路に溢れ出すモノ、ごった返す人びとのあいだを縫うように、頭に商品を載せたたくさんの売り子が行き交う。彼らの頭に載っているのは、衣類、タオル、懐中電灯やラジオなどの小型の電化製品、魚、揚げパン、ナイロン・パック入りの飲料水、布など、多岐にわたる。その年齢も、六歳くらいの子どもから五〇歳くらいの男性まで、さまざまだ（写真22、23、24）。

二〇〇八年一〇月の第一、二月曜日に、市場で販売をしていた二五人に対面のアンケート調査を行った。その結果の一覧を表5にまとめ、彼らの語りを示す。それぞれの商売を覗き込んでみよう。

①男性、三〇代、マルカ、クリコロ州バナンバ在住

バケツやヤカン、皿、コップなどプラスチック製品を売っている。仕入れはバマコの卸業者から。バケツは大一五〇〇CFA、中一二五〇CFA、小五五〇CFAくらい。毎週日曜の夜にトラックでジェンネに来る。ジェンネ以外のあちこちの定期市を回っているので、同じ街を回っているマルカの仲間のトラックに、商品と自分を乗せてもらう。月曜日は必ずジェンネで商売をする。

②男性、三〇代、ソルコ、ジェンネ在住

ナマズを中心とした魚の燻製を売っている。魚が大量に出回る寒い季節は、四〇〇CFA／キロもありえる。現在は一二〇〇CFA／キロくらいで売る。周辺の村のソルコから買い付けてくる。それほど遠くなく、乗り合いバスで

四時間くらいの距離までしか行かない。月曜以外は仕入れにあてているので、他の定期市には行かない。

③女性、三九歳、ソルコ、ジェンネ在住

ナマズを中心とした魚の燻製を売っている。買い付けのためにジェンネの外には行かない。月曜に周辺の村からソルコ女性が持ってくる魚を一二〇〇CFA／キロくらいで買って、一二五〇—一三〇〇CFA／キロくらいで売る。魚を持ってくるソルコは、自分で売るよりも、人に託せばすぐに帰れる。だから特に女性のソルコは、私のような人に売る人が多い。家にもたくさん仕事があるからね。月曜以外は特に仕事をしていない。

④女性、四〇代、マルカ、ジェンネと同じセルクル内のシリム村在住

米を売っている。一ジョート（この場合容量一リットルくらいのヒョウタンでできたボウル）六〇〇CFAくらい。自分たちの家族で生産している。ほぼ毎月曜日ジェンネに来ている。朝食を食べてから、同じ村の人が運行しているカヌーで来る。木曜日にイェベの定期市でも売るが、それ以外は商売をしていない。

⑤男性、五〇代、マルカ、ジェンネ在住

米とトウジンビエとモロコシを売っている。良い質のものを扱っているので、それぞれ九五〇CFA／キロくらい。普段はジェンネの店舗で売っているが、月曜日だけこうして市場に出店する。他の日には、店舗の仲間がポンドリとモプチでも売っている。自分はジェンネにとどまっている。月曜日の朝に、ジェンネの港で仕入れる。

⑥男性、四〇歳、マルカ、ジェンネ在住

ラジオとカセットを売っている。たとえばこの（二〇×一五センチくらいの）ラジオは二二五〇CFAが最低限の値段。払う人は三千CFAでも買っていく。二二五〇以下にすると儲けが出ない。二か月に一回くらいバマコに行って仕入れる。月曜日はジェンネ、火曜はソファラ、水曜はファンガソ、木曜日はマジャマ、金曜日は休み、土曜日はティサミ、日曜日はソマドゥグ（いずれも内陸三角州東部の村）の市場を回っている。ジェンネに帰ってくるのは週に三日。あとは市のある村に泊まって、そのまま次の村へ行く。

表５　定期市での売り手とその商品の一覧

性別	年齢＊1	民族	出身地	扱う商品
①男性	30代	マルカ	クリコロ州バナンバ	プラスチック製品
②男性	30代	ソルコ	ジェンネ	燻製魚
③女性	39歳	ソルコ	ジェンネ	燻製魚
④女性	40代	マルカ	ジェンネと同じセルクル内のシリム村	米
⑤男性	50代	マルカ	ジェンネ	米、トウジンビエ、モロコシ
⑥男性	40歳	マルカ	ジェンネ	ラジオ、カセット
⑦男性	37歳	マルカ	セグー州サン・セルクルのテネ町	文具、雑貨
⑧男性	20代	ドゴン	ジェンネ	美容品
⑨男性	46歳	バマナン	セグー州サン町	乾燥唐辛子
⑩女性	45歳	ソルコ	ジェンネ	アクセサリー
⑪男性	40代	ドゴン	ジェンネ	ふるい（販売・修理・製作）
⑫女性	50歳	ジャワンベ＊2	ジェンネ	ジュース、水
⑬女性	50代	ソルコ	ジェンネ	スイカ
⑭男性	約60歳	フルベ	ジェンネ	山羊、羊
⑮男性	38歳	マルカ	ジェンネ	靴
⑯男性	30代	ソルコ	ジェンネ近郊のジャラ村	ざる
⑰男性	30代	ソモノ	ジェンネ	服、生地
⑱男性	20代半ば	マルカ	モプチ州ジャ出身、ジェンネ在住	医薬品
⑲女性	50代	バマナン	ジェンネ近郊のジャボロ村	薪
⑳男性	45歳	ソンガイ	モプチ州モプチ市	古着
㉑男性	約50歳	サモゴ＊3	ブルキナファソ	紳士服用生地
㉒女性	58歳	ソルコ	ジェンネ	ひょうたんの器
㉓男性	30代前半	マルカ	ジェンネ	機械の金属部品
㉔男性	約30歳	マルカ	ジェンネ	ワックス、プリント布
㉕女性	40代	バマナン	マリ南西部カイ州	調味料

注）＊1　年齢を尋ねてもよく知らない／明確に答えたくない人も多いため、その場合は答えられたおおよその年代もしくは推測される年代を記入している。
＊2　フルベ語話者の集団の一つ。
＊3　ブルキナファソ南西部の民族。

⑦男性、三七歳、マルカ、セグー州サン・セルクルのテネ在住

文房具、カミソリ、石鹸、懐中電灯、小さい黒板（学童用）などを売っている。すべてバマコで仕入れる。商売はとても楽しい。あちこちの定期市を回るが、ジェンネのは特別だ。規模が大きい。日曜の夜にジェンネに来る。あまり遅くまでジェンネにいると（ジェンネと国道のあいだにあるバニ川を渡る）渡し船が混むので、四時には店をたたむ。月曜ジェンネ、火曜ソファラ、水曜ファンガソ、木曜マジャマ、金曜ベネナ、土曜テネ、日曜はお昼まで自分の村（テネ）にいて、午後にジェンネへ移動する。ジェンネへは乗り合いバスで来て、ここ（モスク前の広場）で、その車内で眠る。

⑧男性、二〇代、ドゴン、ジェンネ在住

美容クリーム、マニキュア、香水、アクセサリーなどの女性向けの商品を売っている。たとえば美容クリームは一瓶一二五〇ＣＦＡ。製品のほとんどは外国製。二か月に一度くらいバマコに行って自分で仕入れてくる。ジェンネ以外でも他の市場を回っている。

⑨男性、四六歳、バマナン、セグー州サン在住

唐辛子を売っている。二千ＣＦＡ／キロくらい。ヤンガスというサン周辺の村で買い付ける。日曜日に同じサンの商人や女性と一五人くらいで車に乗ってくる。日曜はここ（モスク前広場）で寝る。月曜以外は村に行って仕入れをしたり、仕入れた唐辛子を天日干ししている。

⑩女性、四五歳、ソルコ、ジェンネ在住

手作りのネックレスを売っている。二五〇〇ＣＦＡが「最後の値段」（底値）。チュバブ（外国人観光客）には四千―五千ＣＦＡくらいで売る。自分で作っている。ビーズは月曜日に仕入れる。月曜日は、売るだけではなくて、（市場を行き交う）人のネックレスを見る日でもある。良いなと思ったものは、真似して作ってみるの。チュバブが多い季節はサヌナ（バニ川のフェリー渡し場）でネックレスを売っている。それ以外は、夫がとってきた魚を燻製にする仕事をしている。

⑪男性、四〇代、ドゴン、ジェンネ在住

ふるい（*teme*）を売っている。これ（直径三〇センチくらいの丸いふるい。小麦粉やトウジンビエ粉に用いる）は二五〇CFAくらい。ムグ・テメ（ト（*toh*）というトウジンビエ粉を練って蒸した料理を作るためのふるい）は三〇〇CFA。バシ・テメ（クスクスを作るためのふるい）、リロン・テメ（ブイ（*bui*）というトウジンビエ粉の甘い粥を作るためのふるい）なども扱っている。自分で作る。枠を丸太から削り出して、網はこの市場で買う。作ったものを売るだけでなく、その場で言われた通りの大きさで作ることもできるよ。月曜はジェンネ、火曜はムニャ、水曜はマトゥム、木曜はイェベ、金曜は休んでふるいの製作、土曜はクアクル、日曜は休み。

⑫女性、五〇歳、ジャワンベ（フルベ語話者の集団の一つ）、ジェンネ在住

（粉末を水に溶かした）ジュースと冷たい水を売っている。家に冷蔵庫があるので、袋に小分けして凍らせる。月曜はジェンネ、木曜はマジャマ、金曜はマトゥム、土曜はシンタかクアクルに売りにいく。冷やしたものをクーラーボックスに入れて、乗り合いバスに乗って持っていく。土曜日にはコニオでも売っているが、これは同じジェンネの友達に託して売りにいってもらう。田舎の村には電気がないので、冷たいジュースはよく売れる。

⑬女性、五〇代、ソルコ、ジェンネ在住

スイカを売っている。スイカには二つのシーズンがある。一つは（その年の場合）断食月くらい。もう一つは涼しくなるころ。大きさによって、五〇、一五〇、二〇〇CFAくらい。マジャマやムニャ、バンカス、チエなどから村人が売りにくるので、それを買っている。だいたい知り合いなので、彼らがスイカを持って村から来たら声をかけてくれる。スイカの季節以外は、夫がとってきた魚を売っている。

⑭男性、六〇歳くらい、フルベ、ジェンネ在住

山羊と羊を売っている。小さい山羊で七千CFAくらい。でも値段は買う人によって、二倍も三倍も違ったりする。決まった値段はない。あちらが出すといった金額が定額。日曜の午後や月曜の朝に、周辺の村から羊と山羊を持って

くるフルベから仕入れる。牛はジェンネの市場では扱われない。バマコの方が高く売れるので、村人は牛をバマコに連れていくか、バマコから直接村に買い付けに来る商人に売る。

⑮男性、三八歳、マルカ、ジェンネ在住

靴を売っている。モプチかバマコで仕入れる。月曜ジェンネ、火曜ムニャ、水曜マトゥム、木曜イェンベかタカかマジャマ、金曜ムガ、土曜コニオかティサミかクアクルで売る。日曜日はジェンネに帰ってゆっくりする。ここ一〇年で中国産の製品とナイジェリアの製品が大量に入ってきて、サンダルの値段が下がった。今は女性用サンダルが二〇〇〇CFAから買える。昔は一千CFAで売らないと儲けが出なかったのに。こんなに安くなるなんて、考えたこともなかった。

⑯男性、三〇代、ソルコ、ジェンネ近郊のジャラ村在住

ざるを売っている。小さい（直径三〇センチくらいの）ざるは二〇〇CFA。大きい（四五×六〇センチくらいの浅い）ざるは二五〇CFA。自分で作っている。月曜日の朝にカヌーでジェンネに来る。月曜日以外は、ずっとざるを作っている。一つ一つは安いが、たくさん作ってたくさん売れるので問題ない。漁もする。でもわたしは、（漁のための）網やざるを作る方が好きだな。

⑰男性、三〇代、ソモノ、ジェンネ在住

新品の服とファンシー布（のれんや服の裏地、シーツなどに用いる薄手の布）を売っている。服は子ども用と紳士物が中心。ファンシー布は値段が決まっている。七五〇—一千CFA／メートル。すべてバマコで仕入れる。自分でバマコへ行って仕入れる場合もあれば、バマコに住む兄が買い付けて、それをジェンネ行きのバスの乗客に託して運んでもらうこともある。ジェンネ直行バスにはジェンネ人しか乗ってないから、（盗まれたり途中で降ろされたりする）問題はない。月曜ジェンネ、火曜ムニャ、水曜マトゥム、木曜イェベ、金曜休み、土曜クアクル、日曜休み。

⑱男性、二〇代半ば、マルカ、内陸三角州西部のジャ出身で一〇年前からジェンネ在住

医薬品を売っている。パラセタモル（頭痛薬）は一〇錠一〇〇CFA、歯磨き粉は三〇〇CFA。値段は決まっている。わたし自身で仕入れるのではなく、パトロン（親方）が送ってくる。パトロンは、クッチャラ、バマコ、サン、ソファラのそれぞれにいる。月曜以外も七時から二三時まで、ここで店を開いている。月曜は田舎からたくさんの人が来ているから、よく売れる。田舎には薬が売ってないからね。（薬局ではなく露店なので、「薬を売る許可書は持っているのか」と尋ねると）許可は要らない。薬の知識はパトロンから教えてもらうから問題ない。毎日勉強しているよ。

⑲女性、五〇代、バマナン、ジェンネ近郊のジャボロ村在住

薪を売っている。一束（直径一―五センチの枝が三〇―六〇本ていど）で二五〇―八〇〇CFA。薪は自分で拾ってくる。一束分集めるのに、増水期には一日、それ以外の季節は二―三日かかる。月曜以外は、毎日薪を拾いにいく。ジェンネには月曜の朝に来る。同じジャボロ村の人たちと馬車で来て、水辺でカヌーに乗り換える。月曜日は仕事が大変でとても疲れるが、いろいろな物を見ることができるので、楽しい日だよ。

⑳男性、四五歳、ソンガイ、モプチ在住

古着を売っている。モプチで仕入れる。ブルキナファソのワガドゥグやトーゴのロメから、モプチに大量の古着を持ってくる人たちがいるので、彼らから仕入れる。彼らによると、ロメの古着は、船でアメリカから来るそうだ。たしかにときどき、ドルの紙（ドル表記の値札）が付いた服が混ざっている。ドルはアメリカのCFA（通貨）だろ？　ジェンネには毎週日曜に自分たちの車で来る。日曜はここ（モスク前広場）で車のなかで眠る。暑い季節は車の外で眠る。他の日は、ソマドゥグやソファラ、マジャマなどの市場を回っている。

㉑男性、五〇歳くらい、サモゴ（ブルキナファソ南西部の民族）、マリ国内在住（マリ国内を巡回しているのでブルキナファソの実家以外に家はない）

布を売っている。紳士物のスーツやブルムス（礼拝用の長衣）用の布だけを扱っている。すべてバマコで仕入れる。ジェンネには日曜の夜に来る。以前は毎日曜日はここ（モスク前の広場）で寝ていたが、去年からこいつ（いつも隣に店を

出すジェンネの友人）の家に泊まっているんだ。年をとって、外で眠るのが疲れてきた。家族はブルキナにいる。一年に一―二度はブルキナに帰るが、商売が楽しいので、まだしばらくはこうしてマリを回っていようと思う。ジェンネに来たら、必ずこのモスクで礼拝する。

㉒女性、五八歳、ソルコ、ジェンネ在住

ひょうたんの器を売っている。これ（直径四〇センチくらいのひょうたんボウル）は一千ＣＦＡくらい。それより小さいものは七五〇ＣＦＡくらいで売る。ひょうたんは、（セグー州の）サンの周辺の村から、まずサンに集められる。それがジェンネに運ばれてくる。サンからジェンネに持ってくる人が友人なので、彼から仕入れている。市場で売るのは月曜だけで、他の日は家に置いている。必要な人がうちに買いにきたら売る。ジェンネの人は皆わたしがひょうたん売りだと知っていて、私のところに買いにくる。だから、店を出す必要はないわ。月曜だけ、より多く売るためにここにいる。

㉓男性、三〇代前半、マルカ、ジェンネ在住

機械部品を売っている。ネジやギア盤など。三か月に一度ほどバマコに行って仕入れてくる。三年前からジェンネに店舗もかまえている。それ以前は、こうしてあちこちの市場を回って売っていた。今でも月曜だけ、店舗を仲間に任せて、こうして外でも売っている。月曜は、田舎の村のバイク修理工が部品を買いにくることが多いので、バイクの部品を多く出している。いつ誰が何を買いにくるか、いつも考えて商売することが大事だよ。

㉔男性、三〇歳くらい、マルカ、ジェンネ在住

ワックス・プリント布を売っている。マリ南部のカイ出身で、中学を出てジェンネに来た。ジェンネに誰か知り合いがいたわけではない。知り合いの知り合い、そのまた知り合い、というふうに商人を頼ってきたら、一五年前にジェンネに着いた。布はバマコに住むおじから仕入れている。今年から店舗もかまえた。それまではずっと、ジェンネ周辺の市場を売り歩いていた。現在は、月曜日だけ市場にも店を出す。他の曜日は、仲間が他の村に売り歩きに行って

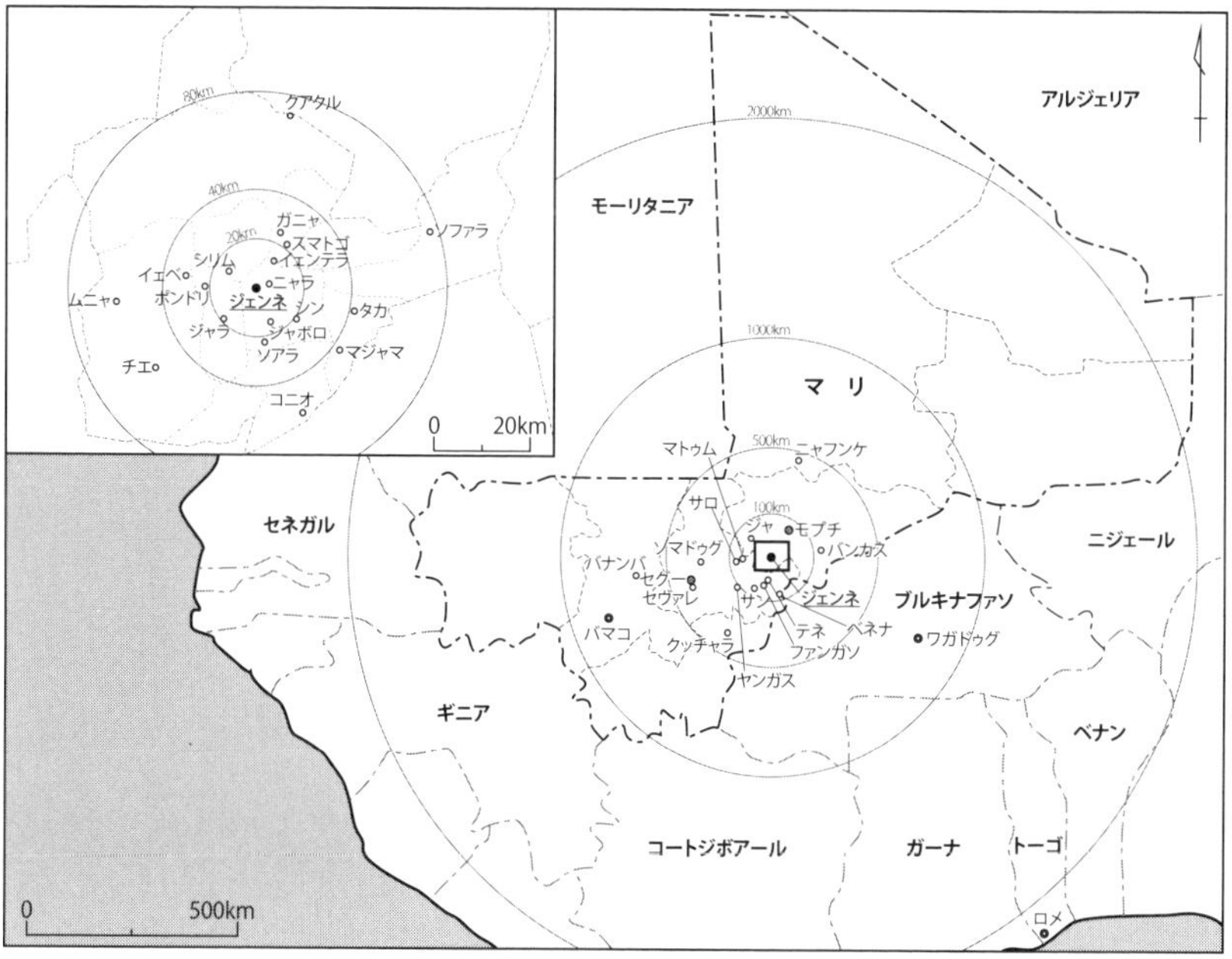

地図３　定期市でインタビューした売り手の出身地および行商のために移動する都市や村

いる。わたしはずっとジェンネにとどまっている。

㉕女性、四〇代、バマナン、マリ南西部カイ州のモーリタニアとセネガル国境付近の村在住

スンバラ（ネレ（学名 *Parkia biglobosa*）の木の実を発酵させて作る、マリの料理に欠かせないペースト状の調味料）を売っている。自分たちで作っている。たくさんできると、親戚の女性と二人でバスを乗り継いで売りにいく。マリの南ではスンバラがたくさんあるから、安くしか売れない。ジェンネまで来ると、少し高く売れる。自分たちで他の市場を回って売ることもあれば、ジェンネの女性商人に売って、すぐに帰るときもある。

数千人いるであろう売り手のうち二五人のみに行ったアンケートではあるが、その限られた数のなかにも多様性があり、ジェンネの定期市が、多様なヒトとモノの交差点であることが窺える（地図3）。

一六世紀ごろにはサハラ交易は衰退し、その中継地としてのジェンネの役割も縮小していった。しかしジェンネの定期市は現在でも大きな規模と賑わい

を保っている。人口の数倍の人が行き交い、活気あふれる定期市の日のジェンネだけを見た人は、普段のジェンネが、人口一万四千人ていどの静かで落ち着いた街であることに驚くだろう。ジェンネで知り合ったあるスペイン人の観光客は、定期市翌日のジェンネを見て、「昨日のジェンネが幻だったようだ」とつぶやいた。定期市が終わった月曜の夜、わたしと同じ長屋に住むクンバは、まだお祭り気分を引きずって中庭ではしゃぐ子どもたちに向かって、こう怒鳴った。「もう月曜のホーレィ（お祭り騒ぎ）は終わったんだよ！　さっさと寝なさい！」。

ジェンネのモスクと定期市は、ジェンネの人びとが誇りに思い、外部の人びともジェンネのシンボルであると認めている。大モスクが、ジェンネ内外の人びとを惹きつけ結びつけるジェンネの磁石であるならば、定期市は、大量のヒトとモノを一気に吸い込んで一気に吐き出し、普段の澄ました古都を若返らせる、週に一度のジェンネの深呼吸である。

4　ジェンネと後背地のつながり

ジェンネの内と外の人びとが交換を行う場は、市場だけに限らない。ジェンネは古くから、かつての「領土」であった後背地との関係を維持している。かつての「領土」は、現在もジェンネの人びとが近郊放牧、田畑の所有、伝統薬の調達、定期市での行商などのために日常的に移動する範囲であり、漠然と「後背地」と認識されている一帯とほぼ一致する。ジェンネと後背地の人びとは、婚姻やコーラン学校への「留学」を通じて恒常的なつながりを保っている。こうしたつながりのかたちの一つに、「ヘージェイ」と呼ばれるものがある。これはいわば、ジェンネの人びとが村落で行う収穫作業である。以下に詳しくみていこう。

ジェンネの住民の一部は、トウジンビエやコメの収穫の時期に周辺の村落へ収穫作業（ヘージェイ、*heejey*）に出かける。ヘージェイに出たジェンネの人びとは、数週間から数か月間村落に住み込んで、村人が所有する田畑で収穫作業を行い、収穫量の一〇分の一をジェンネに持ち帰る。主なへージェイ先は、ジェンネの人びとが普段から「バンデ・ヘレ（*bande hɛrɛ*）」と呼んでいる一帯の村落である。バンデは背中、ヘレは「〜の方」を意味し、文字通り都市ジェンネの人びとにとっての「後背地」だ。

heejey はジェンネ語で「穀物の収穫作業（期）」を意味する。しかし、「村／後背地にへージェイに行く」という使われ方をした場合、それは単に収穫作業（*dumbu* 刈り取り）をしにいくだけを指すのではなく、村に一定期間住み込んで、村落部の人びとが所有する田畑の収穫を手伝って、見返りとしてその収穫の一部を持ち帰ることまでを意味している。[*33]

へージェイは、世界の各地で（ときに国境を越えて）行われる農村から都市への現金収入を求めた季節労働とは異なり、いわば逆の方向、都市から農村への食糧を求める出稼ぎである。こうした特殊な形態の季節労働は、どのようにして始まったのか。へージェイに出る側と受け入れる側は、どのような関係にあるのか。また、ジェンネの誰がどのようにへージェイに参加し、どういうへージェイ期間を送り、どれくらいの食糧を得ているのだろうか。

ジェンネから後背地の農村への出稼ぎが、数百年前から続くものなのか、ここ数十年で行われるようになったのかは不明である。現在八〇代の女性は、幼少時にはへージェイに出る母親と一緒に農村へ出かけていたという。現在ジェンネに暮らす人びとは、一様にへージェイの起源については見当がつかないと答える。しかし、「へージェイが増えた」のは大干ばつに見舞われた一九八〇年代以降だと明言する。[*34] ジェンネ近郊の農業は、ニジェール川の自然増水と降雨量の多寡に大きく左右される。灌漑農業を行わないため、増水がジェンネ周辺の農地に流入しなければ、田畑を耕すことも作物を育てることも不可能だ。そのためジェンネの農家には、水が入り込みやすい、より低い土地を新たに開墾したり、首都バマコや州都モプチなどより大きな都市に出稼ぎに行って現金収入を得たりするのと同様に、収穫が見込めるバンデ・ヘレの村落からへージェイを通じて食糧を調達してくる人も増加したという。

ニジェール川内陸三角州の自然増水がもたらす氾濫原の面積は毎年変化し、数百平方キロの違いが出ることもある。

年によっては、ジェンネ近郊の田畑には増水が十分でなくても、数十キロ離れた村落の田畑では耕作が可能な場合もある。また、主な生業（建築業、農業、手工業、商業）の副業として小規模（一―四ヘクタールていど）な農業を行う人が多いジェンネに比べ（Bedaux et Waal 1994: 119）、農村部では農業のみを生業としている人が多いため、作付面積はより大きい。機械化が進んでいないジェンネやその周辺の農地では、穀物の収穫に人手を要する。収穫時を逃して実った穀物を放っておくと、牧畜民が放牧させている牛が畑に入ってきて食べ荒らす危険もある。牛の農地への放牧が解禁される前に収穫を終えなくてはならない農村の労働力不足と、自身の田畑や現金による購入だけでは十分な食糧を確保できないジェンネの人びとの需要の一致が、ヘージェイを可能にしている大きな要因の一つである。

ヘージェイに出るジェンネの人びとはしばしば、ヘージェイに出る理由を「農繁期の手伝いをするため」と説明する。ジェンネの住民同士や後背地の村落内部でも、農繁期の労働力の融通は行われる。しかしこれらとヘージェイが異なるのは、ヘージェイには普段農業に従事していない者も参加する点である。また、後背地の農民は年間三つの農作業のピークを経験する。乾燥して固くなった粘土質の土地を掘り起こす作業、播種、収穫である。いずれも施肥などの作業に比べて集中的な労働力を必要とするが、ヘージェイに出るジェンネの人びとが関わるのは、このうち収穫時だけである。わたしが同行したヘージェイに出た男性の言葉を借りれば、ヘージェイは「（農繁期の人手不足を手伝う）協働作業（フォロバ・ゴイ）ではなく、食事時の末っ子のような労働」だ。母や姉が時間をかけて作った食事（農民が一年かけて育てた穀物）を、末っ子が最後に器によそって（ジェンネから来た人間が最後の収穫のときだけやってきて）、あたかも自分が作ったもののように父親のところに持って行って褒められる（収穫の一部をジェンネに持ち帰る）、というわけだ。

ジェンネで農業を主な生業としている集団は、マルカ、リマイベ（フルベの元農奴、主に稲作）、バマナン、ドゴン（主に畑作）が中心である。ヘージェイに出かけるのは、こうした普段から農業に従事している人びととは限らない。収穫とほぼ同じ時期に移牧に出ているフルベ（牧畜民）を除くすべての集団に属する人びとが、ヘージェイに出かける。

アンケート調査を行った五〇人のうち、主な生業が農業でない人は一八人（商業四人、漁業一〇人、コーラン学校の教師四人）だった。

ヘージェイは重労働で労働時間も長いため、ヘージェイに出るのは主に一〇―四〇代の男性だ。女性は、一〇―二〇代の独身か、学齢にある子どもの世話を家族に任せられる既婚女性が、夫や息子に同行していく場合が多い。女性は刈り取りの作業には従事せず、刈り取った穀物を運んだり、杵でついて脱穀する作業を担う。参加者それぞれのヘージェイ先は、普段からジェンネと結びつきが強い後背地の村落である。ヘージェイ先は毎回変わるわけではなく、一度訪れると、不作や人間関係のトラブルなどの事情がないかぎり、固定されるという。

ヘージェイ先との関係を尋ねたアンケートの結果を、以下にまとめてみよう。

ヘージェイ先の村落との関係

A親族や配偶者の親族が住む村	二三人
B友人が住む村	一五人
C父親がかつてヘージェイに出かけていた村	四人
Dその他	八人
	計五〇人

B（友人関係）には、さまざまな形がある。ジェンネで週に一度開かれる定期市での農作物の販売者 - 購入者から発展した友人関係、後背地の人がジェンネのコーラン学校に通っていたときの学友、親同士が漁のキャンプで知り合ったことがきっかけとなった友人同士など。

D（その他）の八人は、親族も友人もいない村に直接訪ねて行って受け入れ先を確保した、いわば「飛び込み」の人びとである。主な方法は、ある村を訪ねて村長とイマームのところへ挨拶に行き、ジェンネからへージェイに来た旨を説明して、彼らから村内の誰かを紹介してもらう、というものだ。六〇キロ以上離れた見知らぬ村落に突然訪ねて行っても、拒否されることはなかったという。バンデ・ヘレの村落のイマームはほぼ全員がジェンネのクルアーン学校で学んだ経験をもつ。また、村落の誰かはジェンネでの定期市に出店しているか、農作物などを売買しに行っている。そのため、しばらく話をしていれば共通の知り合いが見つかり、問題なく「ジャッティギ関係」を結べるという。ジャッティギとは、バマナン語で、旅や行商の際に互いを泊め合う特定の友人関係のことである。

へージェイに出る人から話を聞いたり、実際にへージェイに帯同することで得たりした情報から、ジェンネの人びとのへージェイの詳細を見ていく。いずれの人も、数か月間のへージェイ先への滞在中、朝早くから日没まで、昼食や礼拝の時間を除いて常に収穫作業や脱穀作業を行っている。

事例一　ダボ・シエンタオ（漁民、ソルコ、八〇代前半、女性）

私はクレティナ村（ジェンネから約四〇キロ）に行っていた。今は年をとりすぎたので、息子が行っている。四〇年くらい前からクレティナに行っていた。私と一緒にクレティナに行っていたのは、カディージャ・フネ。彼女もジェンネの人。ほかにもジェンネから来ていた人は何十人もいた。他の村から来ている人は見たことがなかった。ジェンネでの収穫が十分でない年、またクレティナでの収穫がとても多いときに行く。水があれば（本業の）漁も問題ないし、自分たちの小さな田畑だって十分収穫があったから。ジェンネだけで十分もうけや生活の糧があれば、できればバンデ・ヘレには行きたくない。ジェンネは（アッラーに）守られているけど、（当時まだイスラーム化がジェンネほど進んでいなかった）バンデ・ヘレの村は守られていないから。

クレティナ村では、アルフィンタ（トウジンビエの粉を水で溶いて焼いたクレープ）を売っていた。毎朝五時くらいから七時くらいまで。六枚のアルフィンタがボウル一杯のトウジンビエと交換だった。現金で払う人はいなかった。アルフィンタを売った後、すぐに畑に出て収穫作業をする男の人の後ろについて、トウジンビエを運ぶ仕事をした。二日働いたら、大きなかご一杯分もらえた。昼食や晩ごはんは、このトウジンビエを使って作っていた。あちらでは毎日働いた。朝から晩まで。礼拝と食事以外の休みはない。若かったので休みはいらなかった。収穫を終えるまで、一か月半から二か月かかる。収穫後、数日間休んで、今度はトウジンビエを脱穀する作業に入る。今はロバ（の動力）やマシーンでひくところもあるけど、昔は杵つきのみだった。叩くのは男性の仕事。女性はもみ殻を取り除く仕事をした。収穫もこうした作業も、もちろん村人たちと一緒にした。

すべての仕事が終わったら、（毎日アルフィンタを売る際に得る分と二日に一度得る分以外に）だいたい一人五袋分（五〇〇キロていど）のトウジンビエがもらえた。私は母方の親戚の畑で働いていたから、カーブカーブ（*kaabu kaabu* 全収穫量の一〇分の一）よりもたくさんもらえた。当時はジェンネからクレティナまで水が続いていたので、カヌーで持ち帰った。

毎年ジェンネからクレティナに行くときには、こちらからお土産を持っていく。魚やせっけんなど、あちらで手に入りにくそうなものを。それを村の人にあげる。帰りには村の人が魚や落花生、いろんなものを持たせてくれる。

事例二　イサカ・トラオレ（農業、モシ、三五歳、男性）

毎年ボンガ村（ジェンネから三〇キロ）に行く。漁民がたくさんいる村だ。ジェンネからヘージェイに来ているのは私一人。父が昔そこに商売に出かけていて、友人がいた。その父の友人を頼って、一〇年ほど前から行き始めた。礼拝以外はずっとトウジンビエを収穫する。腰が痛くって仕方ない。長いときは三か月くらい滞在する。最後にジェンネに持ち帰るのは、一〇〇キロの袋六―七つ分くらいになるだろうか。かごに入れて持ち帰るので、正確な重さは分からないが。

仕事は大変だし、藪（ボンガ村）には電気もないが、仕方ない。食糧を得なくては生きていけない。他の選択はない。それに、ジェンネの外にも友人ができるのはいいことだ。私たち（農民）はソルコ（漁民）やフルベ（牧畜民）と違って、あまりあちこち行かないから。

事例三　ヤクバ・トラオレ（農業・泥大工、マルカ、四〇代半ば、男性）

セノサとヨマのあいだにある（ジェンネから一五キロていどの）ガブレという小さなダガ（村ではないキャンプ地）に行っている。妹の夫の知り合いがそこに田をもっているので、その人の田で働く。妻といっしょに二か月ほど滞在する。朝から晩まで働き続ける。

取り分はカーブカーブだ。九ドゴノ（*dogono* 直径三〇センチくらいの束）を刈り終えたら次の一ドゴノをもらえる。最後には（妻と二人分で）一〇〇キロの袋一八くらいになる。自分の田では毎年平均一〇袋くらい収穫できる。街のすぐそばに二ヘクタールの田をもっている。ここの収穫で足りない分を補うために、自分の田の収穫が終わったらバンデ・ヘレにヘージェイに出る。（自分の田の）収穫を息子たちに任せて村に行くこともある。六か月の泥大工仕事での稼ぎより、二―三か月のヘージェイで得られる稼ぎの方が多い。米の収穫には慣れている。大変な思いをせずに、お金を払って市で米を買えばいいじゃないか、という人もいるだろうが、私はそれには慣れていない。市で買う方がいいという人はそうすればいいだけの話だ。わたしは泥仕事と農業しか知らないので、自分で収穫してその分け前をもらう方が楽だ。

二〇〇七年と二〇〇九年、わたしは、助手のママドゥとその友人がヘージェイに向かうというので、そこに帯同して行った。向かった先は、事例一の女性がかつて行っていたクレティナ村である。ママドゥは七年ほど前から毎年クレティナ村にヘージェイに出ており、彼以外にも五人、計六人（うち男性四人、女性二人）がジェンネから来て滞在していた。ママドゥは友人一人と（わたしがいた一〇日間は計三人で）村のイマームが所有する小屋に寝泊りし、イマームの弟が所有するトウジンビエ畑の収穫作業を行っていた。村のイマームであるスレマン・ファーマンタは、ジェンネのコーラン学校で一〇年近く学んだ五〇代の男性である。ジェンネには彼の第二夫人がいる。こうした縁からジェンネ在住のママドゥと知り合いになり、互いにジャッティギ関係を結んでいる。

昼食と夕食はイマームの家族が用意してくれた。昼食は畑で食べ、夕食は小屋の前で、イマームの家族とは別にジェンネからやってきた者だけで集まって食べる。イマームの家族と同席したくないわけではないが、「ジェンネ語だけで話す気楽な時間をもちたい」のだと言う。ママドゥに限らず、ヘージェイに出たジェンネの人びとからよく聞かれたのは、村落での食事への不満だ。ジェンネの人びとはほぼ毎食米を食べる。米にかけるソースのバリエーションも豊富だ。バンデ・ヘレの村落では米よりもトウジンビエが主流で、調理法も「ト」と呼ばれる一種類がほぼ毎食出てくる。他の料理のレパートリーが少ないのと、たとえ料理法を知っていても材料がそろわない場合が多いからだ。器のふたを開けるたびに「都市民の口には合わない」「またトだよ」といった不満が、村の人たちに気づかれぬよう、小声のジェンネ語でささやかれる。夕食後には毎晩、ジェンネからの「客人」を珍しがる村の人たちが入れ替わり立ち替わり小屋を訪れる。ジェンネの人びとが話すジェンネの近況、村にはないテレビで見聞きした海外のようす、ジェンネを訪れる外国人観光客の面白い話などを、夜遅くまで興味深そうに聞いて帰っていく。

こうした食事と夜の時間以外は、朝八時ごろから一七時ごろまでずっとトウジンビエの収穫作業を行う。あらかじめ踏み倒された背の高いトウジンビエの穂先を、男性が腰をかがめて手包丁で刈り取っていく。女性はかごを抱えてその後ろをついていき、刈り取られた穂先を集めて運び、少し離れたところに山を作っていく。同じ畑で作業をしていたのは、ジェンネ出身者ばかりだ。このとき、村の人びとが所有する畑はすでに収穫を終えていた。ジェンネから来る人びとのために、イマームが弟の畑の一部を収穫せずにとっておいてくれたのだった（写真25）。

わたしは別の予定があったため、ママドゥらよりも先に、一〇日間滞在しただけでジェンネに戻った。三週間後にママドゥがクレティィナからジェンネに持ち帰ったのは、トウジンビエ（脱穀済み）およそ三〇〇キロ、落花生（枝に付いた状態のもの）が背負いかご一杯、なまずの干し魚が背負いかご半分であった。乗ってきたバイクでは運べなかったので、ロバ車と乗り合いバスで運んでもらったという。疲れきった表情のママドゥとは対照的に、ジェンネに残っ

写真 25　収穫作業のようす

ていた妻のニャムイは小躍りして喜び、夫の働きぶりを褒めていた。

ヘージェイで入手できる穀物の量は、ヘージェイ先との関係やその年の収穫量によって大きな幅がある。二―三か月のヘージェイを終えると三〇〇―八〇〇キロていどをジェンネに持ち帰る場合が多い。[*35] ヘージェイで得る穀物量に言及する際、多くの人が事例一と三のように「カーブカーブ（*kaabu kaabu*）」という語を用いる（アンケートを行った五〇人中では三二人）。ジェンネ語で「カーブ（*kaabu*）」は「数える」「計算する」といった意味だが、この意味で用いる場合には繰り返さない。二度繰り返して「九終えたら一もらう」「一〇分の一」という意味で用いられるのは、ヘージェイの取り分に言及するときに限られる。[*36]

都市社会学者の藤田弘夫は、欧米の諸都市を、外部から食糧を集める権力機構という観点から論じている（藤田 一九九一）。都市は多くの人口が集積するため、大量の食糧を、税や商品として外部（周辺の農村部）から確保する必要があった。作物が不作の場合には、農村部の自家消費分にまで割り込んで「収奪」する必要があり、それへの反発を抑えるだけの権力や見返りとしての防衛力などが、都市や都市国家には必要とされたという。

その都市がたとえジェンネのような「農耕する都市」であっても、人口が稠密し、農耕可能な農地が限られ、手工業やサービス業などの産業に従事する者も一定の割合で含まれているからには、外部から食糧を得なくては食糧が不足する。フランス植民地支配以前は都市国家として後背地を治めていたジェンネも、今日は、国民国家のなかの一地方都市にすぎない。かつてのようにその権力や経済的な求心性をもって、不足する食糧を後背地から強制的に集めることは不可能である。大規模な干ばつや安定しない増水で食糧調達の危機的状況に直面したジェンネの人びとは、不可抗力ともいえるこうした変化に、これまで築いてきた後背地との社会・経済関係を最大限に活用したヘージェイで対応している。

他方、後背地の人びとから見れば、ヘージェイは単なる農作物の「収奪」行為でも、農繁期の人手の調達でもない。ヘージェイのホストになることを通じて、一帯の農作物の集積地であるジェンネとの商売に役立つ人間関係、ジェンネを結節点とするイスラームの人的ネットワークなどを更新し続けている。また、季節的にやってくるジェンネの人びとがもたらすさまざまな「外の世界」のさまざまな情報は、村の人びとの楽しみにもなっている。

第5章
ジェンネの街区

1　伝統的都市における街区――自治と共生

ジェンネの街は一一の街区に分かれている（地図４）。街区はジェンネ語で「ファランディ（*falandi*）」と呼ばれる。ジェンネにはおよそ一〇の民族が居住しているが、ファンディは民族ごとに区分されているのではない。それぞれのファランディに複数の民族が生活している。

本章では街区の長や会合のようすの描写を通じて、多民族都市ジェンネにおいて、街区が超民族的な自治のセグメントとなっていることを示す。

街区は、ジェンネに限らず他の伝統的都市にも存在してきた（Eickelman 1974: 清水編 一九九一、ハキーム 一九九〇）。たとえばアラブでは、街区はハーラあるいはマハッラと呼ばれる。ダマスクスで調査を行ったソヴァジェは、街区が人びとの日々の生活の基本単位として機能するさまを示している（Sauvaget 1934）。ソヴァジェによれば、中央を横切る小路とそこから枝分かれする袋小路に面する家屋の集合体が、一つの街区（ハーラ）を形成している。街区への出入りは、表通りから小路そして袋小路という順でなされることになり、住民相互の緊密な関係が生じる。ハーラのこの形状は、見知らぬ者の侵入をチェックする機能を果たすとともに、夜間や戦乱時の住民の安全も確保してきたという。マルムーク朝後期（一五世紀）以降には徴税や徴兵の単位ともなった。つまり、内に閉じた生活基盤であると同時に、より上位の／外部の制度に接合する単位でもあったのだ。現在でもハーラは、行政的な区分けとかならずしも一致せずズレを生じながらも、一定の機能を保持している（三浦 一九八九：七七―一〇八）。

中央アジアでも、街区は都市生活の基本的な単位であった（小松 一九七八）。時代や地域によってクーやマハッラ、グザル、コチャなど呼称は異なるが、街区は常に結婚式や葬儀などの通過儀礼を共有し、相互扶助や自治の制度をそなえた社会組織であった（小松 一九七八：一八〇―一九一）。一つの街区に宗派や職業、出自の異なる人びとが混住す

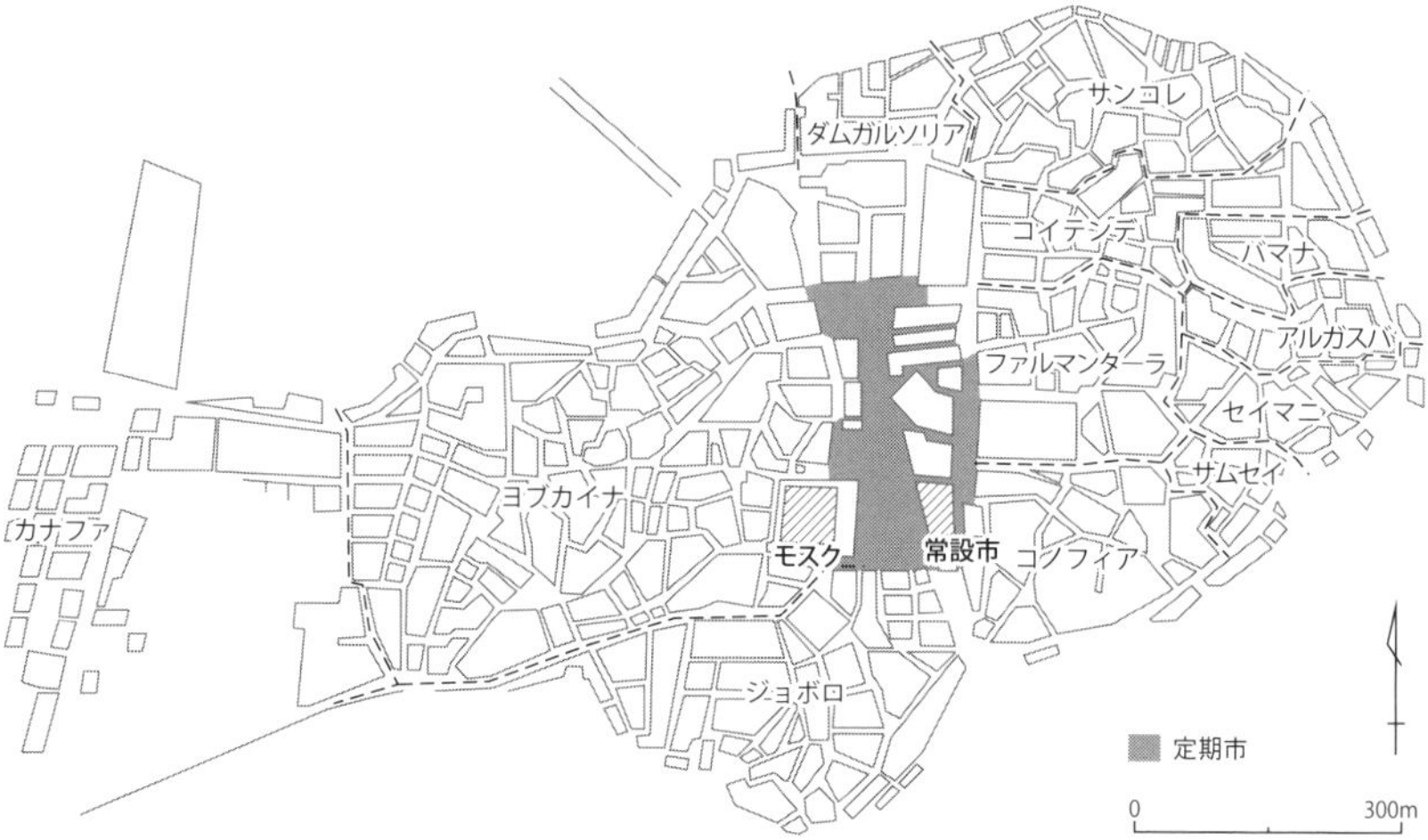

地図４　ジェンネの街と街区

るのが普通であり、したがって複数言語が用いられる空間でもあったという。

日常生活の基盤や自治の単位としての街区は、アラブや中央アジアなどのイスラーム圏に限らない。日本の伝統的都市でも、都市を分割する区分は、住民の社会生活の単位として機能してきた。たとえば日本の博多は、戦国から江戸初期、西と東を河川、北を湾、南を堀で囲われた環濠都市であった。これらに囲われた約一・三平方キロの土地が、生活の基体としての一一三の「町（ちょう）」に分割され、さらにそれが九つの「流（ながれ）」に再編成されていた（貝原一九七七）。税の徴収や諸届けの提出と管理、共同井戸の管理と下水の処理、町人生活の保護、さらには博多祇園山笠をはじめとするさまざまな祭りや行事などが、「町」およびその上位の単位である「流」を主体として行われていたという（竹沢二〇〇九）。

これらの伝統的都市における街区の特徴をまとめると、以下のようになる。伝統的都市における街区は、生活に密着したインフラ（宗教施設や井戸、寄合のための広場など）の共有と共同管理・運営を行ってきた。また、通過儀礼や祭りの実働単位となる。そして、完結した自治の単位であると同時に、より上位の政治的・社会的組織を構成する「部分」でもある。

ジェンネの街区も、こうした特徴をそなえてきた。街のモスクが一つに限定される以前（二〇世紀後期）までは、各街区に一つのモスクが設置されていた。共同井戸（二〇〇〇年ごろからは公共水道）の管理は街区によって行われている。割礼や結婚式は街区によって運営され、街区はそのために必要な衣服などの道具を共有の財産として管理している。また、あとに詳述するように、ジェンネの住民総出で行われるさまざまな祭りの実行単位となるのも街区である。時代とともにさまざまな変化はあるものの、今日までジェンネの街区には、こうした伝統的都市の街区の特徴が色濃く残っている。

2 西の街区と東の街区

ジェンネには一一の街区がある。アルガスバ（Algassouba）、ファルマンターラ（Farmantala）、サムセイ（Samsey）、サンコレ（Sankoré）、バマナ（Bamana）、コイテンデ（Kouyétendé）、セイマニ（Seymani）、コノフィア（Konofia）、ジョボロ（Djoboro）、ヨブカイナ（Yoboukaina）、カナファ（Kanafa）である。

一一の街区は、大別すると二つに分けられる。その境界となるのが、街のほぼ中央に位置する大モスクである。大モスクとその前の広場を境に、アルガスバ、ファルマンターラ、サンコレ、セイマニ、バマナ、コイテンデ、サムセイの七つの街区は東部に、コノフィア、ジョボロ、ヨブカイナ、カナファの四つの街区は西部に分けられる。

ジェンネの人びとは、この街区の東西区分を、モスクの東西という物理的な境界よりも、街が興った当時に由来する生業の偏りによっていると説明する。ジェンネの街が形成された当初（一三世紀ごろ）、東部には商人や手工業の職人、コーラン学校の教師などの知識人が住みついたとされる。一方の西部には、口頭伝承でジェンネに最初にやってきたと自他ともに認識されている民族ソルコ（漁民）をはじめとして、漁民と農民が中心に住みついたとされる。

ジェンネの人びとはしばしば、冗談交じりにではあるが、東西の街区それぞれを「都会人（コイラ・ボロ）の東／田舎者（ブルス・ボロ）の西」「頭（知識）の東／体（肉体労働）の西」などと表現する。年に一度住民総出で行われるモスクの化粧直しでは、モスクの北側面を東部、南側面を西部の街区が担当する。西部の街区の一つであるジョボロに住むハセ・マヤンタオは、五六歳のソルコの男性である。ソルコの主生業である漁業を職業とはせず、泥大工として働いて生計を立てている。彼の、泥大工やジョボロの街区民としての矜持は強い。

> 東の奴らの（モスクの化粧塗りの）仕事は良くないな。あいつらは体力がないんだよ。いつも（商売の勘定計算のための）ペンと帳面しか持っていないからな。（化粧塗りに用いる）泥のこともよく知らない。俺たちジョボロは上手いよ。畑仕事や漁や泥仕事をやっているから、力がある。普段から土に触れるから、泥のこともよく知っている。腕のいい泥大工だって、こっちの方に多いんだ。（その場にいてマヤンタオの話を聞いていた東の街区から嫁いできた女性が、「あなたたちは早く終わらせるだけでしょう。東は丁寧にやってるのよ」と茶化すと、笑いながらも真剣な目で）いやいやいや、速さが一番（肝心）なんだよ。泥はすぐに乾いて固まるから。まあ、そっちの人間は何も知らないだろうけどな、速さが一番。

モスク前の広場に面する場所で薬局を営むムサ・トラオレ（男性、四〇代）は、東部の街区の出身である。ある日、店舗をかまえて商売をしている人びとの調査を行っていたわたしは、彼がどの街区に住んでいるのか尋ねた。すると彼は、「街（コイラ）」とだけ答えた。「あなたがジェンネ（の街＝コイラ）出身だということは知っています。そのなかのどの街区の出身ですか」と問い直すと、このように説明を返してきた。「『街』というのは、東の街区のことを言ってるんだよ。僕はそこで生まれて、今もそこに住んでる都会っ子（コイラ・ボロ）だ」。そして、彼の薬局に遊びに来てくつろいでいた農業をいとなむドゴン（西のカナファ街区に在住）の友人に向かって、フランス人のような発音のフランス語でこう言った。Je suis citadin, tu es campagnard（「僕は都会っ子でおまえは田舎者」）。そして、「そんなことを言うなら、もう米を作ってやらんぞ」と応じる友人と一緒になって、大笑いするのであった。

街の興りから八〇〇年以上経った現在も、東部と西部に一定の生業の偏りはみられる。しかし現在では、転居や生業の多様化によって、「頭の」東部にも農業に携わる人びとが多くいるし、「体の」西部にも商人、職人、コーラン学校・小中学校の教師などが暮らしている。また現在は、八〇〇年前には存在しなかった新たな職業（服の仕立て屋、観光ガイド、パン職人）も数多く出現し、農業や漁業とこれらの職業を兼業する者も少なくない。そのため、東西の街区の街区民を生業によってステレオタイプ化することは、厳密にいえば正確ではない。しかしながら今日でも、東西どちらの街区の居住・出身かは、ジェンネの人びとにとって有効な自他認識の枠組みの一つであり、街区や生業を越えたコミュニケーションの潤滑油ともなっている。

東西の街区の区分を実感する、停電をめぐる一悶着を経験したことがある。ジェンネの電力は、街の中心部、モスク前の広場のほど近くに設置されたＥＤＭ（マリ電力会社）の発電機でまかなわれている。ブーンと物々しい音を立てて働き続ける発電機は、素人目に見てもメンテナンス不足の危なっかしいしろものだった。発電量が消費量に追いつかず、しばしば電気はストップした。あるとき発電機が故障し、一週間近く停電が続いた。つい一〇年ほど前まで電気がない街だったのに、すっかり電気に慣れた人びとは不満をもらし続けた。ようやく発電機の修理が終わり、電気が復旧するという噂が流れ、わたしも長屋の人びとと安堵した。しかしその夜、電気が供給されたのは、街の東の街区にだけだった。発電機はとりあえず修理をされたものの、まだ本調子ではないため、街全体に電気を送ることができなかったのだ。わたしは西の街区ジョボロに暮らしていた。「東には電気がきてるんだって！」とふれまわる近所の人たちにくっついて、東の街区までようすを見に行った。すると確かに、街の東では電灯が灯り、皆が待ち望んでいた欧州サッカーの試合の生中継がテレビで流れている。西の街区の人びとは、「東にはコイラ・ココイ（ジェンネの長）が住んでいるから」「どうせ東の方が金持ちだから」とぶつぶつ不満を漏らす。その愚痴は、翌日になって西の街区に電気が復旧してからも、しばらく続いたのだった。

3　街区の二つの「長」

各街区には二種類の「長」がいる。一つはフランス語で「シェフ（chef de quartier）」もしくは「コンセイエ（conseiller de chef de village）」と呼ばれる長（以降コンセイエと表記）。もう一つはジェンネ語で「アミル（*amir*）」もしくは「アミル・ベル（*amir bɛr*）」と呼ばれる長である。

わたしのジェンネでの後見人であり、住んでいた長屋の所有者であったバダラ・ダンベレ（五〇代後半、ソモノ）は、ジョボロ街区のコンセイエであった。ジェンネに来て三か月近く経って彼の家に住むことになった当初、わたしは彼がジョボロのコンセイエであることと、街区の長は「アミル」と呼ばれることは知っていた。しかし、彼の家に住むようになってしばらく経っても、わたしはコンセイエとアミルという二つの「長」の違いを正確に理解していなかった。ジェンネでは、「アミル」は街区の役職名だけでなく、広く「トップ」「代表」「一番上の者」を指す言葉である。そのため、シェフ（コンセイエ）とアミルは同一人物であり、同じ役職がそれぞれフランス語とジェンネ語に訳されているだけだと誤って理解していた。

ある日わたしはバダラに、毎年一一月第二木曜に行われるタバヨホ（*tabayoho* ウサギの集団猟祭り）に向けた街区内の準備状況を教えてほしいと尋ねた。バダラは、「それならわたしよりもアミルの方が詳しい。そこの角に住むバモイを知っているだろう。彼に聞きなさい。彼がジョボロのアミルだから、いろいろ教えてくれるだろう」と答えた。これがきっかけとなって、コンセイエとアミルは異なる人物が務める異なる性質を持った街区の「長」であることを知ったのである。

バダラによると、コンセイエはフランス人による植民地支配が始まって以降に、ジェンネの各街区に置かれた役職だという。植民地行政官と住民のあいだの仲介役としてまず、chef de village が任命された。これがジェンネ語で「コイラ・ココイ」と呼ばれるようになった。そして、コイラ・ココイの各街区の補佐役として、各街区にコンセイエが置かれた。植民地統制官は、こうすることで住民への統治がスムースになされるよう期待したのである。その経緯を、八四歳のアルファモイ・トラオレが語ってくれた。

街区のコンセイエは、昔（植民地支配以前）からジェンネにあったものとまったく一緒じゃない。昔からあったのなら、フランス語では呼んでいないだろう。（わたしが「コンセイエのことをジェンネ語で『ファランディ・コイ（街区主）』と呼ぶ人もいるが……」と口をはさむと）それはあとからそのように呼ぶようにもなっただけだよ。チュバブ（フランス人）が、それぞれの街区にコンセイエを置けと命令してきた。そのとき（二〇世紀初頭）のジェンネの人口は一万人くらいだ。チュバブ一人だけがコイラ・ココイ一人だけを動かしても、コリ（貝の貨幣、ここでは「税金」の意）は集められない。チュバブは、それぞれの街区に代表者がいた方がよいと考えたんだ。（最初にどうやって人を選んだのかと問うと）何より、フランス語が上手な者が選ばれた。頭が良い者。チュバブの言っていることを理解して、皆に説明しなければいけないからね。あとは、善い人間。悪い者、人から信頼されていない者、働かない者はだめだ。強制労働やチュバブへの税金は、皆が嫌がっていた。嫌がっていることを皆にお願いして回らなくてはいけない。だから、皆から好かれている偉大な人でなくてはいけない。……もし君がコンセイエはチュバブの命令でできた仕事（役職）だと聞いたら、コンセイエをチュバブの友達だと思うだろう。でも違う。あのときのコンセイエは、チュバブとファランディ・イジェ（「街区の子ども」の意味、転じて「街区民」）のあいだで、たくさんの仕事をした。大変だったろう。

街区の代表者としてのコンセイエという役職は、マリが植民地支配から独立したあとも続き、今日まで存在する。彼らは、コイラ・ココイと呼ばれる街全体の長（行政的なジェンネ市長とは異なるジェンネの長）にとっての、各街区に配置された助言役（コンセイエ、conseiller）である。それと同時に、各街区の行政的な長の役割もになっている。

コンセイエは、植民地時代には、強制労働の動員や税の徴収などの植民地行政と住民の仲介に関わっていたという。現在でも、税金の一部はコンセイエを通じて徴収される。また、街全体で行政的な取り決めに向けた議論が必要な場合には、彼が中心となって街区内の意見を集約する。彼がその意見を携えて、街区の代表者として行政との議論の場に出席するのである。また、街区の住民によって引き起こされた問題が街区内部で解決できなかった場合、当事者とともにコイラ・ココイの仲裁を仰ぎに行ったり、市役所や裁判所への相談に随行したりもする。植民地期以降、コンセイエは原則的に世襲であり、特定のクランの男性が務めてきた。前任者が亡くなったり老いて役職の責務を果たせなくなったときに、同じクランの男性（多くの場合最年長者）が新しくこの役職に就く。五年に一度（二〇一一年からは二年に一度）、街区内の各世帯の年長者による信任投票がある。それにより過半数から適任でないと判断されれば、他の男性が新しく任命される。ジョボロ街区のコンセイエのバラダによると、この信任投票で不信任となる人はほとんどいないという。彼が知るかぎりで存命中に役職を解かれたのは、アルガスバ街区の先代のコンセイエだけだという。そのコンセイエは、彼が他人に貸していた家を入居者に断りもなく別の人に売ったことで街区民の信用を失ったため、すぐ下の弟がコンセイエになった。

街区におけるもう一方の「長」は、各街区のアミル（*amir*）である。コンセイエがもつようなコイラ・ココイとの「上下関係」はなく、街区の行政的代表性もない。これは「フランス人が来る（植民地支配開始）前からあった」役職だという。あくまでその街区内で完結した長である。街区内の清掃や結婚式、祭りなどは、アミルを長として進められる。アミルは、すべての街区で「ジェンネ・ボロ」（「ジェンネ人」、ここではソンガイを指す）が務める。そして、補佐役のアミル・チィナ（「小アミル」の意）は必ずソルコが務める。雑務や調整役であるアルムタシビは、必ずホルソ（奴隷身分であった者）が務めることになっている。三役と特定の民族・階層との結びつきは、街区内の民族構成の割合に関係なく一定である。つまり、一一のすべての街区において、常にアミルがソンガイ、アミル・チイナがソルコ、アルムタシビがホルソとなっている。
在任のアミルが亡くなると、街区の住民によって話し合いがもたれ、新しいアミルが選出される。前任者と同じクランから選ばれることが多いため、アミルの職を「世襲」と表現する人も多いが、世襲に限定されているわけではない。数代前までたどると別のクランの者が務めていることもある。すべての街区において、アミルは街区民の協議の末に承認されることになっている。

他の街区のコンセイエとアミルを対象に行った調査からも、二つの「長」の主な住み分けは、前者が行政、後者が祭りであることが分かった。しかし両者は、近隣住民間の関係の悪化や家庭内の不和といった街区内で起きる問題には、その線引きを越えて、共に「長」として仲介を行う。大家であるバラダの家で彼の家族とともに夕食を食べていると、彼だけ家族の食事の輪から中座することがしばしばあった。街区内の人が、仕事が一段落する夕方から夜の礼拝までのあいだに、彼にさまざまな相談をもちかけてくるためである。

アミルとコンセイエという二つの「長」は、それぞれに街区内部の統合と街区外部との接続の中心的役割を担っている。アミルは、祭りやそれに向けての指揮をとったり、議題を街区民から汲み取って街区の会合（マラ、*mara*）を開いたり、街区の水路のどぶさらいなどの集団労働（フォロバ・ゴイ、*fɔrɔba-goy*）の指示を出す。一方のコンセイエは、外部からもたらされ、街区ごとに一定の結論を提示することが期待される議題（たとえば近隣の村でのダム建設をどう思うか、外国の支援団体が行うモスク改修工事の開始時期はいつが適当かなど）の発議・調整を行う。街全体や外国の支援団体、政府などのより上位のエージェントと街区を媒介する役目を担っている。

こうしたジェンネの街区の二つの「長」の住み分けは、伝統的都市における街区の特徴――意思決定の単位であると同時に、より上位の政治的・社会的組織を構成する「部分」でもあるという二重性――の住み分けが反映されたものなのである。

これらの長を中心として、街区の会合や祭りはどのように運営されているのか。以下で見ていく。

4 親密な政治の場としてのファランディ・マラ

ジェンネの街区の会合（ファランディ・マラ、*falandi-mara*）は、民族や世代の差異を超えた意思決定の単位である。民族ごとの慣習や親族集団ごとの利害よりも、街区全体の結束（*falandi-terey* ファランディ・テレイ）や利益が尊重されるべきとされる。また、一人が複数の言語を話せる多言語状況にあるジェンネだが、ファランディ・マラでの議論は、すべての街区において街の共通語のジェンネ語でなされる。たとえ参加者に他言語を母語とする者が多くても、その言語が使用されることはない。

ここで、二〇〇九年のモスクの塗り直しに向けたファランディ・マラのようすを再現してみよう。二〇〇九年二月、ジェンネの各街区では、年に一度行われる大モスクの化粧直しに向けたファランディ・マラが開かれていた。前章で二〇〇七年のモスクの化粧直しに向けた会合のようすを記述したが、二〇〇九年はそれとは大きく様相が異なっていた。これは、二〇〇八年末に着工された、外部団体によるモスク改修プロジェクトの影響である。いたみが目立ってきたジェンネのモスクを改修しようと、首都バマコの文化省文化財保護局がAKCT（Aga Khan Cultural Trust）に依頼して、モスク改修プロジェクトに着手した。住民はじぶんたちのモスクが若返るのはうれしいと考えながらも、「よそ者」である首都の役人や外国人がとりしきる改修プロジェクトの進め方には、不満をいだいていた。二〇〇六年九月にはこれに関連した抗議行動が起き、役所の建物の一部が壊されたりして、逮捕者もでた。

二〇〇九年二月の時点で改修工事は継続中であり、化粧直しの祭りをしても、すぐに改修のために剥がされる。しかしAKCTは、文化財保護局を通じて住民にある提案をした。この祭りはジェンネのモスクができて以来続く伝統の祭りであり、たとえすぐに剥がすこととなっても開催すべきだというのである。「伝統」の中断よりも、住民の手でモスクを化粧直しするという行為の重要性や高揚感に重きをおきたい住民からは、すぐに剥がすのならば、この年の化粧直しは行わない方がよいのではという意見が聞かれた。そのような例年とは異なる状況のなか、ジョボロ街区でもこの議題に関するファランディ・マラが開かれることとなったのである。

議論が必要な議題がもちあがるごとに開かれるファランディ・マラは、月に一―二回ていど開かれる。それぞれの開催日は街区のアミルが決める。定期市が開かれる月曜日と集団礼拝の金曜日は避けられ、それ以外の日が選ばれる。このときは、木曜日の夜に開かれることとなった。アミルが日程を決めると、それをアルムタシビが街区内に周知する。ジョボロ街区のファランディ・アルムタシビであるムサ・カヤンタオが、火曜の午後、ガンガン（太鼓の一種）を叩きながら、街区内の路地を練り歩く。ムサの太鼓の音が路地に響くと、それまで路地に面する家々から響いていた杵つきや子どもが戯れる声が一瞬だけ静まり、羊や鶏の鳴き声だけになる。街区の人びとは、この太鼓の音が、アルムタシビが何らかの情報を周知する合図だと知っているのだ。その隙に、ムサはよく通る声で簡潔に知らせた。「さあさあ！　あさって木曜日夜！　ジョボロ・イセメ（ジョボロ港、会合の場所）！　ジンガルベル・ゴイのためのマラ！来ない奴はジェンネっ子じゃないぞ！」。ムサのまわりに路地で遊んでいた子どもたちが集まってきて、彼の口調を真似て笑っている。「さあさあ！　木曜日！」。こうして子どもを通じて、留守をしている家にも情報が伝わっていくのである。

会合当日、開始時間よりも早く会場のジョボロ・イセメに行くと、アルムタシビであるムサが、長ござを巻いたものを四本器用に肩に載せてやってきた。それを手際よく会合場所に敷いていく。それが合図であったかのように、アミルをはじめとした人びとが徐々に集まってくる。うす暗い水辺のスペースに、五五人ほどが集まった。ファランディ・マラに参加すべきとされる者は議題によって異なるが、アミルによると、「それぞれのフ（家屋）から一人来れば問題ない」という。モスクの化粧直しが議題とあって、当日の実働を行う一〇―三〇代の男性が中心である。水辺の風に涼んでのんびりおしゃべりをしていた人びとのあいだに、ムサのせかすような大声が響いた。「トン・ゴロ！　トン・ゴロ！」（集いが「座る」＝始まる）。

この声に続いて、アミルがその日の議題を切り出した。「ジンガルベル・ゴイ（モスクの化粧直し）の日が決まった。今年はプロジェ・ボロ（プロジェクトの人間＝AKCT）がモスク仕事をしている。なので、塗り直しをしてもすぐに取る。でも、これはわたしたちがずっと続けてきた仕事だ。プロジェ・ボロも、これは伝統だからやった方が良いと言っている。今年だけやらないとなると、アッラーは喜ばれないかもしれない。コイラ・ココイやイマームも、準備を進めてはどうかと言っている」。アミルによる議題説明を、アルムタシビが復唱する。ジェンネの会合では、すべての発言はアルムタシビを通じてなされなくてはならない。アルムタシビは発言者のマイクの役割を果たし、発言者のことばを一言一句間違うことなく正確に大きな声でリピートする。そうすることで参加者全員に聞こえるとともに、議論が白熱して口論に発展することを避けることができる。

ある泥大工の男性が、さっそく異議を唱える。「あとで剥がすのに、なぜやるのですか。（無駄に）お金と力を使うだけだ」。しばらくは、彼の意見に同調する者の発言が続く。「アランダ・ディオ（伝統）はよそ者ではなくわたしたちが決める。伝統だからといって、なぜやらないといけないのか。改修工事が終わったらやればいい」。「ジンガルベル・ゴイはモスクを美しくするためだけではない。わたしたちのアッラーへの奉仕だ。そのような大きな仕事を、後で剥がすと分かっていてやるのはよくない」。こうした発言があちこちからなされ、賛同のざわめきが続いた。

しかし、ある三〇代の男性の発言によって、参加者が一瞬静まった。三〇代のある男性が、このような発言をしたためだ。「なぜイマームやミッション（文化財保護局のジェンネ支局の通称）は、やらなくていい仕事をしろとわたしたちに命令するのか。それは彼らがチュバブ（「外人」「白人」転じてAKCTの関係者）から金を受け取ったからに違いない。チュバブにそう言われるように頼まれたんだ」。アルムタシビであるムサは、この発言を復唱するのをためらっているようすだった。先に述べたように、ジェンネのイマームは、そのムスリムとしての強力な力から人びとに畏怖される一方、援助団体への協力の見返りで私腹を肥やしているのではないかと噂されている。そうしたイマームへの批判的な見方が、親しい仲間内の雑談のなかで婉曲的に示されることはあった。しかし、こうした特定の個人への推測にもとづいた批判は、ファランディ・マラという「公の」場でなされることは慎むべきとされる。イマームに対する批判をした彼に、どこからか、「お前は、イマームが本当にプロジェ・ボロから金を受け取ったところを見たのか。ジュグンデ（罰金）だ。本当に見たこともないのに、皆の前でイマームを侮辱した」という声が上がった。参加者は口々に「ジュグンデだ」「ジュグンデだ」と言う。アミルが「そうだな。ジュグンデだ。二千CFA」と判断を下す。

発言者がその場で罰金を払うわけではない。アル・カーリーと呼ばれる記録係（これはジョボロの場合、毎回の会合によって異なる人物が務める）が、罰金の対象となった発言の発言者の名前と罰金額を「ファランディのノート」に書きとめる。学童が使うかわいいイラストが表紙の学習ノートには、これまでのファランディ・マラで罰金の対象となった人びとの名前や、祭りの準備金などのためにより多く寄付をした人の名前がびっしりと書き込まれている。その文字は、公用語のフランス語でも、無文字の言語であるソンガイ語でもない。ジェンネでより多くの人びと・世代に理解可能なアラビア語である。こうして名前が書きとめられることで、ファランディ・マラ内での「制裁」が加えられるのである。

ジョボロのアミルであるバモイによると、ファランディ・マラで罰金の対象となるのは、主に以下の二つの場合である。一つは上述のように、議論に関係なく特定の誰かを非難したとき。もう一つは、自分自身・自分の民族・自分のクラン・自分が支持する政党の利害だけを主張したときである。

この日、モスクの塗り直しに向けたファランディ・マラは二時間半ほど続いた。議論をするというよりも、それぞれの発言者が自分の主張を長々と演説しているような雰囲気である。結局、今年もこの祭りを実施してはどうかというコイラ・ココイらの提案に沿うかたちで、ジョボロ・ボロ（ジョボロの街区民）も全力で祭りに参加することで話がまとまった。そのまま会合は、祭りの準備に向けた役割分担の決定にはいった。それまでの喧々諤々の議論に比べ、この分担の割り振りはあっけないほどすんなり進んだ。一人の参加者が発した「泥の準備はマヤンタオだな！」「若者のアミル（当日の実働を取り仕切る若い世代の代表）はお前がやりなさい」という声に、参加者はこれといった反応を見せない。白熱した議論の緊張が解けたのか、それぞれに雑談を交わしている。無反応は異論があるからではなく承認したということのようだ。アミルが「お前たち、問題ないか?」と本人に確認をとり、本人らが「ああ」「はい」と短く返事をし、化粧直しの主要な二つの役割が決定した。あまりのあっけなさにわたしは、隣にいた参加者に「え、もう決まったんですか?」と尋ねた。すると彼は、周囲の人びとに向かって、わたしのカタコトのジェンネ語を真似ながら、「ミクが、『え、もう決まったんですか?』だって!」と笑う。そしてこう説明してくれた。「ジョボロ・ボロは互いをよく知っている。誰がどういう仕事を務めればよいか、皆が分かっているんだよ」。

この日の会合の議題は、アミルの管轄である祭りと、コンセイエの管轄である外国からの支援団体への対応が混ざったものであった。そのため会合後、コンセイエとアミルはその場に残って、今後の対応を確認していた。そして、コンセイエは翌日コイラ・ココイのもとに出向いてジョボロ街区の参加の旨を伝えに行った。その後の当日に向けた準備は街区単位で行われるため、アミルが中心となって進められた。

ジェンネの人びとにとってファランディは、さまざまな民族や生業の差異を超える親密な日常生活の基盤となっている。また同時に、ジェンネの街全体や外国の援助支援といったより上位・広域な政治的・社会的組織の一部としても機能している。個々の民族性を排除したファランディが互いに競合し協働することで、ジェンネはその多民族性を保持しているのである。

第6章
変わらぬジェンネと変わるジェンネ

1 「都市」から「古都」へ――都市ジェンネ／田舎ジェンネ

第三、四章では、ジェンネの歴史（第一章）とジェンネの多民族性（第二章）をふまえ、多民族間の差異を横断・包摂するジェンネのイスラームや市場、街区といった「都市の装置」について詳述した。ジェンネの人びと自身も、「ジェンネはその起源からずっと都市なのだ」と、彼らの街の歴史の古さと都市性を誇る。

しかし、ジェンネは現在、「都市」とも「田舎」とも形容される。人口規模が一千万を超す都市が世界のあちこちに存在し、アフリカでも植民都市に端を持つ近代的都市が急成長するなかで、「都市」に対する一般的な概念は変化した。ジェンネは人口約一万四千人たらず、面積は一平方キロにも満たない小規模な街である。人びとの多くは第一次産業に従事し、電気や水道、舗装道路などの都市的インフラは行き渡っていない。自動車が通れる道は街に一本しかなく、その道でさえ自動車が通過することは稀で、常にたくさんの牛や羊が悠然と闊歩している。建物はすべて泥づくりである。こうしたジェンネの景観や人びとの暮らしは、ふつう「都市」という言葉から想起されるものとは、大きく異なっている。*37

実際、ジェンネより規模の大きな都市に居住する人びとの多くは、ジェンネを「ブルス」と表現する。大都市での出稼ぎから戻ってきたジェンネの人びとが、ジェンネを自嘲気味に「ブルス」と形容しているのも耳にした。ブルスとはフランス語で「藪」を意味する brousse から来た言葉で、マリでは都会に対する田舎の意味で用いられる。ジェンネを「都市」と呼ぶ外部の人は、観光業に携わる者や文化財保護に関わる役人など一部である。彼らはジェンネを「都市」と表現するとき、かならず「伝統的な」「いにしえの」「オーセンティックな」といった形容を付け加える。彼らにとって、ジェンネは単なる「都市」、つまり「近代的で同時代の」都市ではないのである。ジェンネの人びと、とりわけ若者たちも、首都バマコや周辺諸国の大都市アビジャンやダカール、親族・友人が移民労働者として暮らすフランスのパリといった大都会に憧れを抱く。[*38] 彼らは、自分たちの街の名が世界的に知られており、世界中から観光客が訪れる歴史ある街の住民であることを誇ると同時に、ジェンネはいわゆる「都市」ではなく「ブルス」であることを知っているのだ。

2 ジェンネの観光化

ジェンネの「都市」から「古都」への変化には、ジェンネの観光化が大きく関わっている。ジェンネの観光化の発端は、一九三一年にフランスのパリで開かれた国際植民地万博（L'Exposition Coloniale Internationale）であろう。植民地万博で最も客を集め評判の高かった展示の一つが、「ジェンネの路地（Rue de Djenné）」であった（Leprun 1988：152）。そこにはジェンネの大モスクと街角を再現したレプリカが展示され、「来場者は、再現されたジェンネの細い路地を通じて、黒アフリカの深部へといざなわれた」という（Reynaud 1931: 85）。

実際に西欧からジェンネに足を運ぶ観光客が増加したのは、マリ共和国が独立して二〇年以上経った一九八〇年代のことである。一九八八年、ジェンネの街とその周辺の遺跡群は「ジェンネの古都市群[*39]（Villes anciennes de Djenné／Old Towns of Djenné）」として、ユネスコの世界文化遺産リストに登録された。[*40] これを契機に「古都ジェンネ」の観光的な知名度は高まり、観光客や観光客向けの宿泊施設の数も増加していった。[*41] その多くが、ジェンネの人びとがいうところの「チュバブ（白人）」、欧米からを中心とした観光客である。近年では、毎年一万人以上の観光客が訪れる。

現在、ジェンネを訪れる多くの観光客が携えているガイドブック *Lonely Planet* のウェブサイトでは、ジェンネがこのように紹介されている。

……比類なきジェンネのモスク。その大モスクは、活気と鮮やかな色に満ちた月曜市（定期市）の壮大な背景となる。

月曜市は、サハラの駱駝のキャラバンが砂漠の向こうからジェンネの門へと岩塩を運んできていたあの時代から、ほとんど何も変わらずにある。砂埃の舞う路地を行けば、子どもたちがコーランを学ぶコーラン学校の前を通り過ぎるだろう。……こうしたものは、ジェンネがイスラーム学問の中心であった時代を思い起こさせる。[*42]

比較的過ごしやすい気候の一二月から二月の観光シーズンには、ガイドブックを片手に、たくさんの観光客がジェンネに押し寄せる。とりわけ定期市が開かれる月曜日に、街は日に焼けて真っ赤になりながら観光名所を訪ねて回る観光客であふれている。ジェンネの観光名所となっているのは、主にモスクと月曜日の定期市とジェンネ・ジェノ遺跡である。その他にも、「タパマ・ジェネポの墓」（ジェンネの街の成立時に壁に人身御供として壁に生き埋めになった処女の墓）、「ナナ・ワンガラの井戸」（モロッコ支配の時代にジェンネの女性大商人が使っていた井戸）、「マニュスクリプト図書館」（ジェンネで書かれたアラビア語の文字史料を保管した図書館）などである。

モスク内部は一九九〇年代から、非ムスリムの立ち入りが禁止されている。それまでは非ムスリムであっても自由に内部見学できたが、現在はモスク管理委員会の許可が得られなければ、非ムスリムは入ることができない。非ムスリム立ち入り禁止となった主な要因は、観光客が増加して礼拝のさまたげになる事態が生じたため、また、観光客によるモスクにはふさわしくないふるまいが増えたためだと説明される。

月曜の定期市の日、モスク前の広場でジェンネや周辺の村々の人びとに混ざって、さまざまな出身国の観光客がそれぞれの言語を話しながら行き交うようすは、活気にあふれている。そのようすを見て、「ジェンネは昔と変わらず国際的な街だ」「ジェンネにいながら世界中の人と知り合うことができる」と誇らしげに語るジェンネの人もいる。しかしモスクの非ムスリム立ち入り禁止の措置に顕著に表れるように、観光化は必ずしもジェンネの人びとに好意的に受け止められているわけではない。[*43]

3 ジェンネの観光業

一九八〇年代以降の観光客の増加にともない、ジェンネには複数の観光ホテルが建設され、観光ガイドを主な生業とする者も出てきた。現在では、年間一万人から一万五千人の観光客が国内外からジェンネへとやってくる。その出身国は、多い順にフランス、スペイン、ドイツ、アメリカ、オランダなどである（OMATHO-Djenné 2006）。

ホテルは二〇〇九年現在でジェンネ内に一〇ある。宿泊料金は、室内でなく屋上で眠る最も安いところで一泊二千CFA、最も高い部屋で三万六千CFAである。最も古く最も規模の大きいものは一九六八年に建てられたカンプマン・ホテル（Le Campement Hôtel）で、現在の部屋数は五二、ベッド数は九二である。その他にも、部屋数一四、ベッド数二九のマーフィール・ホテル（L'Hôtel Maafir）や、多くのバックパッカーが宿泊するベッド数三〇のシェ・ババ（Chez Baba）など、全ホテルのベッド数を合わせると二五〇を超える。観光シーズンには、これらのホテルが常時満室の状態となる。二つのホテルを除いて、ジェンネのホテルは首都や外国からやってきた者が運営している。ホテルで働く従業員にジェンネ出身者は少なく、それぞれのホテルで、洗濯係や土産物コーナーの売り子にジェンネの人びとが数名雇われているていどである。カンプマン・ホテルでサービス係を務める男性によると、彼のようなサービス係や受付係は、主に首都から数年間の契約でやってくるという。

観光業のなかでも最も利潤が大きいであろうホテルを、主にジェンネ出身ではない人びとが経営し、ジェンネ外の人ばかりが雇われていることについて、人びとの不満は大きい。ジェンネで観光業に携わっていない人、特に女性の大半は、自分たちの家のすぐ近所にあるホテルの敷地内に、足を踏み入れたことすらない。なかには、観光客向けのホテルを「観光客同士が不純なことを繰り広げるいかがわしい場所」「酒が提供される不道徳な場所」と捉える人も少なくない。ある日の昼、わたしはホテルのなかの土産物屋で、日本の祖父母に送るためのポストカードを購入した。そしてホテルから出てきたところで、近所に住む女性S（五〇歳くらい）にばったり会った。彼女はにやりと笑いながらわたしの目を見て、「アイ・グナ（*Ai guna* わたしは見た）……」とだけ言って去っていった。その夜、わたしの大家でありジェンネでの後見人であるバダラ・ダンベレから、こう尋ねられた。「今日、Sから、お前をタパマ（というホテル）で見かけたと言われたんだ。そこで何をしてたんだ？」。バダラは街区のコンセイエを務めているため、外国や首都、州都からやってきた視察団とホテルで会合をすることもあり、ホテル内の従業員とも顔見知りである。そのためわたしが何か「不純なこと」を隠していないかと疑うような口調ではなかった。しかし、「日本に送るポストカードを買っていた」というわたしの説明を聞いた後、「たくさんの人が、お前をもうチュバブではなくジェンネ・ウォイ（ジェンネ人女性）だと思っている。ジェンネでは、観光ホテルがなんたるかを知らない人もたくさんいるからね。気をつけなさい」と釘を刺した。

わたしは、ジェンネに滞在している二年のあいだに何度か、ジェンネのホテルにあるレストランで食事をしたことがある。道端で親しくなった観光客や日本からやってきたテレビ取材班などに招かれたのである。食事はいつも、バダラの家で彼の家族と一緒に食べていた。そのためホテルのレストランで食事をするときには、事前に彼の妻に伝えておく必要があった。「今日は招待されたから、ホテルで食事をするね」と伝えると、彼女は呆れたような悲しいような表情で、このようにまくしたてた。

ああ！　あなたもうジェンネ・ボロだと思っていたのに。どうしてあんなおいしくないものを、高いお金を払って食べるの？　ホテルはハラム（*halam* アラビア語起源の言葉で原義は「アッラーがお許しにならないもの」、ジェンネ語では「無礼」や「道徳に反した」といった意味合いで用いられる）なことがたくさんあるのよ。知ってるの？　チュバブの友達をここに呼んでくればいいじゃない。わたしが食事を作ってあげる。あ、チョンチョン（*čončon* 魚を使ったジェンネ特有のソース。これを炊いた米にかけて食べる）じゃないわよ。わたしはチュバブが好きなものも作れるんだから。もしチュバブが肉をたくさん入れてほしいと言ったら、あなたが彼らから五〇〇CFAずつ集めて買いに行けばいい。わたしがそれをソースに入れてあげる。それでもホテルの食事より安くておいしいでしょう。ホテルではハリ・フトゥ（*hari-futu* ジェンネ語で「悪い水」「意地悪な水」、転じてアルコール飲料）を飲むんでしょう？（ジェンネではアルコールをいっさい摂らないと決めていたわたしが「アッラーに誓って飲まないよ」と答えると）分かった分かった、信じるわ。ホテルでは水も一千CFAするんでしょう？ うちの水甕の水をビドン（空の容器。観光客が捨てたペットボトルなどを回収・洗浄して五〇CFAほどで売っている）に入れて持っていきなさい。ホテルの料理は良くないわよ。何が入っているか分からない。あまり食べない方がいいわ。あなたの分のご飯は残しておくから、ホテルから帰ってきたらそれを食べなさい。いいわね？

観光ホテルに向けられる不信のまなざしは、ジェンネの観光ガイドにも向けられる。現在ジェンネには、観光省のマリ観光業・ホテル業局（OMATHO：Office Malien du Tourisme et de l'Hôtellerie）からの認可を受けた二七人の「資格所有観光ガイド」がいる（OMATHO-Djenné 2006）。観光ガイドの資格化は、ガイドの質の向上を目的として、二〇〇五年六月から開始された。OMATHOジェンネ支局長クレィシによると、「以前のマリの観光ガイドには、プロフェッショナルとしての意識がなかった。だから適当な歴史を観光客に教えたり、報酬に関して客とトラブルになったりすることも、しばしばだった」という。そうしたトラブルを避けるため、受験者には観光地の歴史や外国語運用能力に関する試験だけでなく、「職業的モラル」についての議論などが課せられるという。*44 資格には二つのカテゴリーがある。一つは全国ガイド（guide national）、もう一つは州ガイド（guide régional）である。試験にパスしたガイドには、証明書と証明カードが交付される。わたしが最初にジェンネに行ったのは二〇〇七年であり、観光ガイドの資格化が始まってまだ二年しか経っていなかった。当初、わたしを観光客だと考えていたガイドの青年たちは、真新しい顔写真付きの資格カードを示し、「マダム、僕は資格持ちのガイドだよ！ 良いツアーを案内するよ！」と誇らしげだった。

観光ガイドは、外国人観光客に流暢なフランス語や英語で声をかけて客を探し、ときに道化となって客を笑わせ、ときに教師のような口調で名所解説をする。「ペーデージェー（PDG、フランス語で「社長」の意）」や「フィリップ」など、本来の名とはまったく異なるフランス語風や英語風のニックネームで互いを呼び合ったりもする。また、一日数時間のガイドで二五〇〇―五千CFAほどの報酬を得ている。ときには一万CFAを支払う客もいるという。ジェンネの賃金の相場は、熟練労働者で一日二千CFA（約六―八時間労働）、小中学校の教師で月給一三万CFAていどである。この額を鑑みると、観光ガイドの時間あたりの収入は非常に高い。そうした彼らの仕事ぶりは、たびたび「しゃべり仕事」「口だけ仕事」（チーニ・ゴイ、*chiini goy*）と揶揄される。また、ガイドを陰で「プティ・ギッド（petit guide フランス語で「小ガイド」の意）」とか「エスクロ（escroc フランス語で「詐欺師」）」と呼ぶ人もしばしば見かける。わたしが観光ガイドと話をしていると、それを見かけた人から後になって、「あいつらには気をつけろ」と忠告されたことが何度もあった。

こうした批判的なまなざしが向けられる一方で、観光ガイドは、ジェンネの人びとに外国、とりわけ欧米のさまざまな刺激的な情報をもたらす存在として重宝されている。外国人観光客をアテンドして国内外を回ってきた彼らの話は、キャンプに出た漁民や行商に出た商人、移牧に出た牧畜民の話とは趣向が異なる。長旅から戻ってきたガイドのまわりには、自然と人びとが集まる。彼らは集まってきた人たちに、客から仕入れてきた欧米諸国の政治ニュースや、顔も知らないハリウッドスターのゴシップを語って聞かせる。「ガイドの○○から聞いたんだけど、フランスでは結婚せずに子どもを産む女性ばかりなんですって」「ガイドの△△が言っていたんだけど、アメリカは高校生でも自分の車を持ってるんだってさ」といった情報は、ジェンネの人びとが友人同士で集まってミント茶を飲むときの、格好の話題である。

ジェンネの「古都化」は、観光客をひきつける重要な要素である。「過去から形を変えずに残っている」「ジェンネの過去の栄華を思い起こさせる」泥づくりの建物や街並み、定期市、コーラン学校は、ジェンネの人びとの生活の場であるだけでなく、貴重な観光資源でもある。一方で、観光化にともなう外国人、とりわけ「非ムスリムの」「白い」欧米人へのとまどいや反発、観光業に携わる者への侮蔑と羨望の入り混じったまなざしも、至るところで表出している。

一三世紀ごろにジェンネで初めてイスラームに改宗したとされるコイ・コンボロは、改宗に際して、「この街には、住民よりも多くの外国人が住まうようにする」と宣誓したといわれている（Es Sa'di 1981: 24）。そのおよそ八〇〇年後のジェンネには、おそらくコイ・コンボロが想定していたのとはまったく異なる形で、街の人口とほぼ同数の外国人が訪れるようになった。今後、ジェンネの観光化は、ジェンネの都市性やイスラームの在り方、人びとの生業にどのような影響を及ぼしていくのだろうか。

4　新しい紐帯としてのアソシアシオン

前節で見た一九八〇年代以降の急速な観光化は、ジェンネを外部に開くと同時に、ジェンネの内部に分裂やコンフリクトの火種を生じさせうるあやうさももっていた。一方、本節で述べるアソシアシオンは、観光化と同じくジェンネにとって新しい要素であるものの、人びとのあいだの新しいつながりを生みうるものとして語られる。

マリ政府は一九九〇年代に入って世界銀行の構造調整計画（ＳＡＰ）に合意し、地方分権化（décentralisation）を開始した。地方分権化とともに政府が推進したのが、地方自治体と市民をつなぐ中間集団としての、住民アソシエーション（association マリではフランス語風にアソシアシオンと発音される）の結成であった（Kassibo 1997）。一九九〇年代以降急増したアソシアシオンは、各地で年齢階梯集団の在り方や女性の経済活動などに変化をもたらしている（赤阪 二〇〇七：四―一三、今中 二〇一二）。

ジェンネでも一九九〇年代以降、アソシアシオンの活動が非常に活発である。日常会話のなかで、「アソシアシオンの仲間が……」「アソシアシオンの会合が……」「わたしたちのアソシアシオンのお金が……」といった言葉を聞かない日はない。アソシアシオンの行政登録に関する業務代行やアソシアシオンと行政の仲介を仕事にするK（五〇代半ば、男性、ソンガイ）によると、ジェンネでアソシアシオンが急増したのは、ここ一〇年ほどであるという。二〇〇八年一月現在、ジェンネで登録されているアソシアシオは四六である。これは、ジェンネ・セルクルの首長に登録料を支払い登録書類を提出した「正式な」アソシアシオンの数だ。登録には、フランス語で活動目的や結成の経緯、組織図、規約、メンバー一覧などを書き、それぞれの用紙に二〇CFAの印紙を貼った申請書を提出する必要がある。これらの書類はパソコンで作成しなくてはならないという決まりはないが、ほとんどの申請書が手書きではなくパソコンで作成してプリントアウトしたものである。行政書類に載せられるだけのフランス語を書くことができる人、それをパソコンで作成してプリントアウトする技術と機材を持っている人を確保し、そうした人に謝礼を渡して依頼しなくてはならない。ジェンネの多くの人にとって容易な作業ではない。そのため、登録をしていないが、実質的に正式なアソシアシオンと同様の運営形態で活動しているアソシアシオンも数多くある。先述のKによると、そうしたアソシアシオンを含めると、その数はジェンネ内だけで「一〇〇近くあるだろう」という。その大部分が既婚女性だけで構成されている。わたしが知る限り、男性のみで構成されるアソシアシオンは、コーラン学校の教師を務めるアルファが組織するアソシアシオンと、観光ガイドのアソシアシオンの二つだけだ。

アソシアシオンには、活動目的を共有する人びとが集まっている。アソシアシオンの結成や新しいメンバーの加入に際しては、民族・年齢・性別・街区は不問とされる。それぞれのアソシアシオンには代表者（président）、副代表者（vice-président）、秘書（secrétaire）、会計係（trésorier）などの役職がある。こうした役職の呼び方にジェンネ語は用いられず、フランス語で呼ばれる。また、役職の配置に、街区や祭りの組織で見られるソンガイの一番手とソルコの二番手は見られない。民族や経済力は関係なく、その人の性格と能力で決めるという。マリアム・サオ（女性、五〇代、ソルコ）は、ジェンネのアソシアシオン「バデニャ・ジョボロ（Badenia Djoboro）」の代表を務めている。バデニャはバマナン語で「親族」を意味し、ジョボロはこのアソシアシオンが結成された街区名だ。一九九五年ごろに活動を開始したバデニャ・ジョボロは、ジェンネで最も古く最も規模の大きなアソシアシオンの一つである。メンバーは現在七五人で、すべて女性である。わたしが「メンバーになるには既婚の女性ではないといけないのか?」と尋ねると、「今はたしかに既婚女性しかいない。でも、もちろん誰でも入れる。だって、このアソシアシオンはバデニャ（親戚）なのよ?」と、洗練された笑顔で答えた。結成のきっかけは、バマコに嫁いだ女性からの助言だという。彼女が女性のアソシアシオンの楽しさと重要性を説いていて、マリアムもそれに賛同した。「それに、アソシアシオンを組んだ方が、役所と話ができる（行政に要望や意見を掛け合うことが容易になる）から」という。[*45] マリアムは小学校を一年ほどでやめており、フランス語をほとんど解さない。しかし彼女がアソシアシオンについて語るときには、「イデ（idée 思想）」「アクティヴィテ（activité 活動）」「ソリダリテ（solidarité 団結）」といったフランス語が次々に出てくる。そのことをわたしが指摘すると、照れたような表情で目を見開き、「アソシアシオンは昔のジェンネにはなかったからね……」と答えた。

彼女のアソシアシオンの主な活動は、石鹸やアクセサリー、野菜を自分たちで作って市場で売ることである。そこから得られた収入は、毎週月曜日に彼女の家で開かれる会合で各メンバーから一〇〇CFAずつ集められる会費と合わせて、活動資金やメンバーへの貸付に利用される。このアソシアシオンに限らず、女性のアソシアシオの多くは互助講の役割ももっている。また、バデニャ・ジョボロは、九年前からジェンネの美化にも取り組んでいる。月曜の定期市の後、広場のいたるところにビニール袋や干からびた食べ物が落ちている。彼女たちは火曜日の早朝に、ジェンネの他の四つのアソシアシオンと手分けしてこの広場を清掃している。まさに「祭りのあと」といった汚れと静けさの広場に、火曜日早朝、各アソシアシオンから二五人ずつ計一二五人の女性がほうきを手に集まってくる。彼女たちが横一列に並び、もうもうと砂煙を立てながら、シャッシャッシャとリズミカルな音を立てて広場を掃き清めていくさまは圧巻だ。バデニャ・ジョボロはまた、ジェンネに大量に落ちているビニール袋のごみを拾い集めて洗浄し、それをひも状にして編み込み、バッグやポシェット、人形などを作って観光客に売る活動も行っている。このアイデアは、「七年ほど前に、わたしたちが広場を掃いていることを知ったチュバブの女性が、これをしてみたら？ とすすめた」ものだという。

サムセイ街区に住むワウ・ナジレ（ソルコ、四〇代半ば）も、あるアソシアシオンの代表である。彼女のアソシアシオンは「ハム・フェンドゥ（*ham fendu*）」という。ジェンネ語で「魚かご」の意味だ。アソシアシオンの名づけ親は、尊敬する近所の高齢の女性だという。漁業に関する名前をもち、代表を漁民であるのソルコ女性が務めるが、漁民に限定したアソシアシオンではない。ナジレは女性ばかりのメンバー四四人を束ねているだけあって、一本筋が通っているという印象の落ち着いた女性である。彼女によると、メンバーは「（彼女が住む街区である）セイマニだけでなく、ヨブカイナやカナファに住んでいるメンバーもいる」という。アソシアシオンのメンバーシップをしつこく尋ねるわたしに、「アソシアシオンのイデ（理念）を何も知らないのね」と言い、諭すようにゆっくりはっきりした口調で説明してくれた。

いちばん多いのはわたしと同じソルコだけど、とくに民族を限定しているわけではないの。分かる？ ソルコかどうかではなく、それぞれの人を、誠実な人かどうかで判断するわ。アソシアシオンに新しく入りたい人は、まず、その夫に相談すべきだと思う。夫の了承をとりつけられれば、アソシアシオンに話をする。アソシアシオンに入るのに夫の了承が必要なわけではない。でも、家族の意見を聞かずに物事を始めるのはよくないでしょう。夫だって、今はこれだけジェンネに女性のアソシアシオンがあるから、アソシアシオンが良いことだって分かっているわ。反対する男はいないでしょう。新しく入りたい人がその旨を伝えると、代表者のわたしがメンバー全員に「あの人が入りたいと言っている」と伝える。メンバーは一四日間、その人が本当に信頼のおける人か、しっかり働く人かを考える。たとえばその人に物を貸しても返ってこないとか、人前で他人をののしったりするとか、そういう人だと困るからね。

彼女のアソシアシオンの主な活動は、魚の養殖[*46]、菜園、アクセサリーづくり、メンバーのバマナン語の識字教室、ボゴラン（伝統的な泥染め布）づくりである。すべてのメンバーが全活動を行うのではなく、興味関心にもとづいていくつかの班に分かれ、それぞれに活動を行う。

アソシアシオンをめぐる状況はすべてが順調というわけではない。資金不足のため活動がとん挫したり、行政登録したもののうまく運営できずに実質的に解散するアソシアシオンもある。ジェンネでアソシアシオンの活動が活発化してまだ一〇年ほどであるため、アソシアシオンの継続的な可能性と課題を考察するには、もう少し時間が必要であろう。だが、女性たちがわたしに自分たちのアソシアシオンの活動を語ることばや、週に一度のアソシアシオンの会合にいつもよりきれいな服を着ていそいそと出かけていく後姿、フランス語が書ける息子に有無を言わさず書記を命じる声、会合で男性たちが辟易するほど活発に議論をする女性たちのようすは、誇らしげで頼もしい。

ジェンネの女性たちのアソシアシオンは、男性が組織する集団とはそのメンバーシップや活動が異なる。たとえば多くの男性は、それぞれの主たる生業のコーポラティヴ（cooporative）に加入している。これはマリ独立以降に組織された生業別の組合で、日常生活では「アソシアシオン」「トン（*ton*）」と呼ばれたりもするが、活動内容はアソシアシオンとは異なる。コーポラティヴは、特定の生業にまつわる管理・運営（農業機械や漁具の共同購入・貸し出し、使用漁具の行政への申請、生業に関する税金の変更の周知、生業に関する規制強化・緩和に対する行政への集団申し入れなど）を担っている。ここでは、他の生業との兼ね合いをふまえたうえで、各生業の利益と権利の獲得が尊重される。同じ生業に従事する人びとが参加しているため、メンバーは一―三ていどの特定の民族に偏る傾向にある。

アソシアシオンは街区の組織とも異なっている。各街区の会合には女性も参加することができ、モスクの化粧直しや集団猟などの街区同士が競う祭りには、女性も積極的に参加する。しかしこうした会合や祭りに向けた準備を中心的に担うのは男性であり、女性は補佐的な役割を果たすに過ぎない。先に見たように、女性たちのアソシアシオンは、女性が結成・運営し、民族や生業、居住・出身街区を問わないメンバーシップとなっている。その点で、コーポラティヴとも男性を軸とした街区の組織とも異なる組織である。

主にアソシアシオンが担っている観光客向けの土産物の製作、魚の養殖、菜園での野菜栽培などは、もともとジェンネに存在しなかった。早いものでもここ三〇年ほどで始められた、ジェンネの長い歴史からすればごく新しい経済活動である。ジェンネの多民族性は、特定の生業と民族が密接に結びついていることで生まれる交換関係に保持されてきた。そのため、いずれの民族とも結びついていない新しい経済活動の導入・流入は、異民族間の交換関係のバランスを崩す可能性もはらんでいる。民族・生業によらないメンバー構成をとっている女性たちのアソシアシオンは、これらの新しい経済活動の受け皿ともなっている。現在では、野菜栽培や土産物のアクセサリーづくりは、「女の仕事」として定着してきている。

このようにアソシアシオンは、ジェンネの人びとのあいだに、街区や民族、生業を超えた新しい日常的な紐帯を創出しつつある。

5　過渡期のジェンネ――消えゆく「見えぬもの」

ことばや建物、人の集まりなど、耳に聞こえ目に見えることばかりがジェンネにあふれているのではない。ジェンネで調査した二年間、ジェンネの人びとから何度も、目に見えぬものの存在について聞かされた。

わたしはジェンネに住んでいた二年間、ジョボロ街区の長屋に一間を借りて暮らしていた。長屋の所有者のバダラ・ダンベレは、長屋から裏の路地を歩いて一分の近所に住んでいる。毎日の昼ごはんと晩ごはんは、バダラの家で彼の家族と一緒に食べていた。二〇〇七年一一月のある夜、そろそろ晩ごはんの時間だろうとバダラの家に行った。すると、いつも皆でご飯を食べる玄関間で、バダラの息子アルハジが何かを燻している。四畳半ほどの玄関間には、炭のうえに置かれた干し草のようなものからもくもくと出る白い煙が充満していた。それを不思議そうに眺めるわたしに、アルハジやその姉のハワ、妹のアイシャタとニャムイが熱心に説明してくれた。彼らは「人類学」や「博士課程」ということばを知らない。しかし「ミクがジェンネについて、いろいろなことを調べているようだ」ということはよく理解してくれ、少しでもわたしが不思議そうな顔をしていると、質問する前から答えてくれる。三四歳のハワ、一八歳のアルハジ、一四歳のアイシャタ、一三歳のニャムイ。おしゃべり好きのバダラ家の子どもたちは皆、わたしのジェンネ生活のよき「先生」だった。

アルハジによると、いま彼が焚いているのは、「チャルコを追い払うための薬。お母さんから夜が更ける前にこれを焚いておけと言われたんだ。これを焚かないと、チャルコが寄ってきて攻撃されて、病気になる。ひどい場合は死んでしまう」とのこと。隣にいたアイシャタは、学校でもいつも成績トップの優等生だ。いつもの賢そうな大人びた口調でこう付け加える。「彼らは人を食べるんだよ。チャルコは動物に変身するの。たとえば大きな鳥とかに。ミクもお母さんに頼んでこの薬をちょっと分けてもらうといいよ。じぶんの部屋で焚きなさいよ。これがないと病気になってしまうよ。今は特にチャルコが多い季節なんだから」。

チャルコとはジェンネ語で「妖術師」のことだ。それまでもたびたび、チャルコに襲われて気がおかしくなった人のうわさや、チャルコに犯されてしまったために不妊症になった人、また、そうした人たちを治すアルファの存在についても聞いていた。ジェンネではよくある話だ。しかしわたしはどこかで、チャルコの話を老人たちから聞く昔話のように思っていた。流行のだぼだぼのジーンズをおしゃれに履きこなし、ラップミュージックを愛する一八歳のアルハジが、母親から言いつけられてまじめな顔つきでチャルコ除けの薬を焚いているのには、少なからず驚いた。

この日の夕食は、少し目に刺激がくる煙がかすかに残るなか、いつものように家族全員で食べた。食後、あらためてノートとレコーダーを持ってきて、先ほどの話の続きを聞かせてもらう。話し上手なハワは、声を潜めたり声真似をしたりして、わたしにチャルコのおそろしさを語って聞かせる。

チャルコは人の血を飲むの。わたしのところにも時どき、寝ているとチャルコがやってくる。だからわたしは毎日チャルコ除けの薬を飲んだり、さっきみたいに、ウスラ（香）を焚いたりしている。チャルコは煙を嫌うの。チャルコは誰の血でも飲むわけじゃない。人が眠っているときに、ちょっとひと噛みする。その人の血がまずいと、ぺっと吐いて、噛んだ痕にふーふーと息をふきかける。チャルコが血を飲みにきたことはすぐに分かるよ。次の日の朝、腕に血がついているから。蚊じゃないかって？　ミク、この季節にジェンネに蚊はいないでしょう。チャルコが血を飲みにきて、もしその人の血が甘かったら、チャルコはその人の血をぜんぶ吸ってしまう。そうすると、その人は死んでしまうの。

チャルコは鳥に変身する。彼らは一番上にある肌を脱ぐの。こう、服を脱ぐみたいに。そのなかには鳥の姿があって、こうやって（といって両手を広げてバッサバッサと羽ばたく仕草）「アーアーアー」と声を出して飛んでいく。マリのすべてのチャルコは——トンブクトゥ、モプチの、ジェンネの、ガオの、村の、街のチャルコも——、毎晩、ある場所に集まる。その場所はワソロというところだと、子どものころに聞いたことがある。そこで毎晩、彼らの祭りが開かれている。

妖術師が夜に鳥の姿に化けて人を攻撃するという話は、ジェンネに限らずマリの中部や南部でもよく聞かれる。チャルコは普段は人の姿をしているという。どうやってチャルコかもしれない人とチャルコでない人を見分けることができるのだろうか。ハワが続ける。

チャルコが人の姿をしていても、見分けられる方法がある。チャルコは人の姿をしているとき、いつもすごく早くまばたきしているの。でもそれだけでは十分ではない。チャルコでなくても、まばたきが早い人はいるから。だから、もしチャルコかもしれないな、あの人はまばたきが早いな、という人が近づいてきたら、チャルコ除けの薬を一つまみ出してみるといいよ。もしチャルコなら、急いでミクの前から立ち去る。そうでないなら、ふつうにそこにとどまっているから。

それを聞いて、妹のアイシャタが思い出したように付け加える。

ミク、何日か前に、ここに来ていたおじさんを覚えてる？　わたしはお母さんとハワに頼まれて、ここでチャルコ除けの薬を袋に小分けしていた。あなたもそのとき、ここにいたわよ。わたしがその仕事を始めたら、お母さんとおしゃべりしていたそのおじさん（ジェンネから三キロほど離れた村から、彼女にお金を借りようと来ていた男性）が、鼻をこう（ひくひくと動か）して、肩と腕を動かした。そして突然、「もう帰ります」と言って、どこかへ行った。お母さんとの話は、まだ終わっていなかったのに。あの人は多分、チャルコじゃないかと思うわ。お母さんも、そうかもしれないと言っていた。

ジェンネではチャルコのほかにも、アセタン（悪魔）、ジン（精霊）、ウォクラ（小人）と呼ばれるものたちが「存在する」。チャルコ同様、それらの攻撃から身を守る術や薬、攻撃されたときに治す治療師や調薬師もいる。九〇歳になるママドゥ・ニャフォも、そうした調薬師（サファリ・コイ）の一人だ。ニャフォの白内障気味の目としわしわの肌には年齢を感じるが、それ以外はいたって元気。足取りもひょいひょいと軽い。

わたしはジェンネで生まれてジェンネで育った。ジェンネのコーラン学校に二〇年間通った。父もサファリ・コイだった。その父と、二〇代のころから二〇年以上いっしょに働いた。そして、父が亡くなったときにそのあとを継いだ。……薬は植物から作る。薬のもとになる植物は、昔は自分で藪に行って採ってきていた。今は年をとったから、ここ一〇年くらいは、すべて息子が採りにいっている。植物を探すために半日も歩くことはない。ジェンネからそう遠くないジャボロやソアラの藪にある植物だ。使うのは木だ。木の皮、葉、根、果実。藪にあるすべての種類の木が薬になる。ただ、ほかの者はただの木を薬にする術を知らないだけだ。

わたしのところには、たくさんの人が訪ねてくる。ジェンネの人だけではない。バマコやセグー、サン、モプチ、ソファラからもやってくる。(ジェンネに定期市がたつ)月曜日には、まわりの村々の人が多くやってくる。いちばん多いのは、チャルコやアセタンに攻撃された人。チャルコは男も女も攻撃する。チャルコは夜にたとえば鳥に姿を変えて、相手を攻撃する。今でもチャルコはたくさんいるよ。わたしは昔の話をしているわけではない。彼らチャルコにも会合があって、長もいる。昔、チャルコにとりつかれたある男性が、家族に連れられてここへやってきた。わたしはその男性の足をつかんで、しばらく格闘して、ようやくその男性についているチャルコを特定した。それはモプチのとあるチャルコだった。どこに棲むチャルコか分かるのかって？　チャルコも人間のようにそれぞれが違うから分かる。チャルコは人を殺す。血を飲むんだ。チャルコに攻撃されたら、一刻も早くアルファのところへ行かないと、血が少なくなってすぐに死んでしまう。

アセタンに攻撃されても病気になる。チャルコに攻撃された人とアセタンに攻撃された人の違いは何かって？　チャルコに攻撃された人の胸に手をあてると、心臓の鼓動がある。とてもゆっくりだが、心臓は動いている。アセタンに攻撃された人は、心臓の音が聞こえない。

ジェンネでは、「ジンがアルファと一緒に仕事をする」という話もよく耳にした。あまたいる過去のジェンネのアルファのなかで、よく名が知られた一人に、アルファモイ・テネンタオがいる。四〇年近く前に亡くなったという彼だが、ジェンネで最も偉大で強力なアルファの一人として、今日までその名を知られている。アルファモイ・テネンタオの一人息子で父と同じ名前をもつアルファモイ・テネンタオに、ジンとアルファの関係について尋ねてみた。彼自身もアルファであり、六〇代の半ばの今も、コーラン学校で教師をしている。話を聞き始めてしばらくして、彼は少し苛立ちが見てとれる笑顔で、「お嬢さん、なぜそんなことを聞くんだい？」と尋ねてきた。ジェンネで生まれ育った彼から見れば知っていて当然のことを、何度も彼の話を止めて確認してくるわたしに困惑したようだ。わたしは少しひるみながらも、「日本にはチャルコもジンもウォクラもいない。だからそれらがどういうものか、まったく知らないのです」と正直に答えた。するとテネンタオは「日本には何もいないのか？ それは知らなかった。では、ああいう質問をして当然だな。分かった。続けよう」と言って、それまでより詳しくゆっくりと語り出した。

昔はここから市場に行くまでのちょっとした道のりでさえ、怖かった。叫びたくなるような怖さがあった。ジンやウォクラがいて、わたしたちを怯えさせる。だから今のように夜にふらっと出歩くなんて、ありえなかった。

ジンとアルファが一緒に仕事をするときは、アルファの方から話をもちかける。アルファがあるジンに、「ここに来てくれ、話がある」と呼び出す。ジンは人や動物に姿に化けてくるから、アルファもジンを呼び出したら、十分に心づもりしておかなくてはいけない。何も悪いことが起きないように祈祷して、ジンの訪問に驚かないように準備する。すると、呼ばれたジンがやってくる。人の男の姿になっているかもしれないし、馬などの動物の姿をしてやってくるかもしれない。ともかくジンがやってきたら、アルファは話をする。ジンと人間は普通に話ができるのかって？ 当然だ。ジンを呼びつけられるようなアルファは、ジンとも、こうしてわたしと君が話をするように話ができる。アルファはジンに「お前と協力して仕事をしたい」と話す。了承する場合でも、ジンはただ「はい」と言うだけではない。ジンとアルファのあいだには、契約がある。ジンは話を承諾するときに、わたしはこれが嫌いだ、こうされるのは嫌だ、といったことを言ってくる。それを破らないという約束をして、一緒に働くことになる。もしその約束をアルファが破ろうものなら、ジンは彼の頭をかち割って殺してしまう。それでもアルファはジンと仕事をしたい。ジンは強力だからだ。君を一瞬で君の国に移動させることもできる。ただの石を金に変えることができるジンもいる。……

ジンは昔より悪いことはしなくなった。わたしの子どものころ、若いころは、一週間のあいだに何度も、ジンに攻撃されて狂った人の話を聞いたものだ。今日はあそこの誰々が、その数日後にはどこそこの誰々が、というふうに。昔は通ってはいけない路地というのがあった。もちろん、今でもある。なぜなら、そこにはジンがたくさんいて、そこを通るとたちまち狂人になってしまうから。うっかりそれを知らない人が通ってしまわないよう、木の棒でふさがれているところもあった。今でももちろんそういう路地があるから、君も人が通っていないところはあえて通らない方がいい。ジェンネの人はどの路地がそうなのか、みな知っている。

なぜジンは昔ほど悪さをしなくなったのかって？　灯りが来たからだろう。今は夜中でもずっと電気がついている。家のなかにも、路地にも。以前は、人びとはフィチラというランプを使っていた。カリテ油を小さな皿に入れて、布を巻いて細い縄を作って、それを浸して火をつける。それを家のなかで使うだけだった。そのあと、灯油ランプが使われるようになった。これは今でも使っている人が多いが。そしてそのあと、懐中電灯。さらに今では蛍光灯だ。今は街のどこでも灯りだらけなので、ジンも現れにくくなった。

昔のアルファは、フィチラの灯りをともしても、布をまわりに巻いたりして光が漏れないようにしていた。今でもアルファのなかには、懐中電灯を持ってもまっすぐは照らさずに、下に向けてしか照らさない者がいる。（わたしが「ジンは光を嫌うのなら、ジンを追い払うには光を覆わずに明るく照らしておけばいいのでは？」と尋ねると）ははははは！　その逆だ。アルファがそうするのは、ジンを、隣人を邪魔しないようにするためだ。アルファはジンと一緒に働く。ジンのおかげで成功したりするのだから、そのジンが嫌がることをするのはよくない。違うかい？　でも今は、夜でもどこも光だらけだ。ジンがジェンネに来るのも、簡単ではなくなった。

ジェンネのジンが「減った」と言うのは、アルファモイ・テネンタオに限らない。ジェンネの人びとの多くは、ジェンネのジンが「減った」理由として、街に電灯が増えたことを挙げる。明るくなったといわれるジェンネの夜だが、夜が世界一明るいのではないかと思われる国・日本で生まれ育ったわたしには当初、それでもとても暗く感じられた。月明かりが弱い夜には、懐中電灯なしに路地を歩けない。ジェンネのジンが日本に来たら、その明るさにさぞかし驚くことだろう。それほどほのかな明るさではあるが、ジェンネの人びとにとってはジンを遠ざける強い光なのかもしれない。かつては実際にいたという水の精霊ハリ・ジンが見かけられなくなったのも、同じくここ三〇年ほどのことである。

電気とジンだけではない。ジェンネは今さまざまな側面で、過渡期にある。週に二往復の首都バマコとジェンネを直通で結ぶバスには、首都に出稼ぎに出ている若者たちが乗り込んでいる。一九七〇年代から一九八〇年代にサヘル地帯をおそった大干ばつ以降、ジェンネに繁栄をもたらしてきたニジェール川内陸三角州の自然増水は減少している。農業や牧畜、漁業も厳しくなり、観光業は外部の人に牛耳られてばかりのため、現金収入を求めて首都に出ていく人たちも増えたという。もっとも、それは当事者である若い世代の説明で、お年寄りに言わせれば、「静かに暮らし毎日よく働けば、今のジェンネでも十分に生きていける。若者がバマコに行くのは、仕事のためでも家族のためでもなく、都会のバマコを天国か何かだと考えているからなのよ」とのことだが。

人が通るのもやっとなジェンネの細い路地には、バイクがあふれている。ジェンネの人びとの話によれば「五年前までは一台もなかった」バイクだが、今では一〇〇台以上ジェンネにあることだろう。マリで「ジャカルタ」と呼ばれる二五万CFA（日本円で五万円）ていどの中国産のバイクの登場は、人びとの生活に急速に定着しつつある。

6　むすび――ジェンネの特異性をどうとらえるか

ここまで、伝統的な多民族都市であるジェンネの人びとの生活のさまを、その多民族性と都市性を軸に詳述してきた。これらのもととなった調査の根底には、序論で示した三つの問いがあった。それは、①ジェンネはいかにして長期間にわたって都市であり続けているのか、②ジェンネの多民族性はどのように保持・再生産されているのか、③ジェンネはどのように都市としての凝集性を保ってきたのか、の三つであった。

ある街が「なぜ消滅したのか」や、ある民族同士が「なぜ対立するのか」を説明するよりも、「なぜ維持されているのか」「なぜ対立せずうまくいっているのか」を説明する方が難しい。しかし、ジェンネの人びとの生活の様からこうした問いへの一定の答えを導き出すことは、ジェンネが長い歴史のなかで培ってきた伝統的都市の在り方や多民族共生の知恵を学ぶ契機にもなると考えている。

ジェンネはいかにして長期間にわたって都市であり続けているのか

現在のジェンネは、八〇〇年以上の長きにわたって都市として存続してきた。その理由は、大きく二つに分けられるだろう。一つはジェンネをとりまく自然環境、もう一つは、「都市」として多様な側面をもつことである。

ジェンネをとりまく自然環境

ジェンネをとりまく自然環境は、ジェンネが都市として長期間存続しえた理由だけでなく、都市ジェンネを生んだ理由でもある。ジェンネは交易に適した自然環境のなかにあった。ニジェール川とその支流を介して、北部（サハラ砂漠南縁—サハラ砂漠—地中海沿岸）と南部（サバンナ地帯—熱帯雨林地帯—大西洋沿岸）をつなぐことができる立地にあった。この水利によって、ジェンネには交易品が集積し、交易に携わる多様な地域の出身者が集まった。

サハラ交易で栄えた都市はジェンネに限らない。現在のマリだけに限定しても、エス・スーク、テガザ、アラワン、クンビ・サレーなど複数ある。いずれも一五—一六世紀をピークに、サハラ交易の縮小とともに衰退して都市ではなくなり、現在ではほとんど人の居住すらない。これらの都市と異なり、サハラ交易が衰退した後もジェンネが都市であり続けたのは、食糧生産が可能な自然環境による。ニジェール川内陸三角州の南端に位置しており、農業、牧畜が可能である。また、人びとは季節によって、より乾燥した北部やより湿潤な三角州の北東部に移動しながら、年間を通じた食糧生産を行っている。さらには、ジェンネの人びとが「後背地」と呼ぶ周辺の農村からは、食糧が集積する。ジェンネが都市として誕生する契機の一つとなった交易は衰退したが、拡大した都市民を養う食糧生産が可能なことで、ジェンネそのものは維持された。*47

「都市」として多様な側面

ジェンネは八〇〇年以上にわたり都市として存続してきた。しかし、その「都市」としての属性は時代とともに変化してきた。人口一万四千人、泥づくりの家々、電気・水道などのインフラが未発達なジェンネは、現在、一般的に「都市」という語から想起されるイメージとは異なるだろう。しかし、一〇〇年前にジェンネを訪れたヨーロッパ人も、現在のジェンネの住民も、現在ジェンネを訪れる観光客も、等しくジェンネを「都市」であると表現する。

フランス植民地政府の軍が侵攻した一〇〇年前のジェンネは、壁に囲まれていた。街の中心にはモスクと広場と市場があり、その周囲には家々が密集している。人口・面積ともにジェンネより規模が大きな街を制圧してきたフランス軍人は、ジェンネを「(これまで掌握したなかで) 最も大きな都市」(Gardi 1995: 20) と評した。それは、彼らがイメージする (中世ヨーロッパ的な) 都市の景観に合致していたためであろう。

現在のジェンネの人びとは、ジェンネがインフラや人口規模の面から見ると「田舎」であることを認識している。その一方で、ジェンネは「都市」であるともいう。これは、現在のジェンネの街が、ジェンネの人びとがもつ「都市」の定義に合致しているからである。ジェンネの人びとがジェンネを「都市」と表現するときに、その対で想起されているのは、単一 (もしくは多くとも三つほどの) 民族で構成される村落である。ジェンネの人びとがある村落について説明するとき、位置情報の他に、「フルベの村」「マルカの村」というように、その村を形成する主な民族が挙げられる。その反対に、都市は複数の民族から成り立っているという認識が強い。ジェンネの八倍以上の人口 (約八万六六〇〇人、二〇〇九年現在) を擁するマリ北部の街ガオのことを、「あそこはソンガイしかいない大きな村」と表現したりする。ジェンネの北西約六五キロに位置する人口約一万二〇〇〇人のジャ (Dia) の出身でジェンネに暮らす者は、ジャを村ではなく「都市」だと表現する。その理由を尋ねると、「(他のニジェール川内陸三角州の村落と異なり) 一つの街区にたくさんの民族がいるから。大きな市場もあるから」だと言う。また、わたしが出身地の福岡や居住地の京都を「都市（*koira*）」と表現すると、しばしば、「君たち（おそらく「民族」としての日本人のこと）の他に誰と誰がいるの？」「あなたの街のコイラ・チニ（「街の言語」の意、ここでは異なる母語をもつ諸民族間の共通語）は何？」と問われた。ジェンネの人びとにとって、複数の集団が共住していることが都市として不可欠な条件であり、その条件に現在のジェンネは合致しているのである。

また、ジェンネの観光化は、ジェンネを「都市」から「古都」に変化させた。ジェンネは、時代や社会によって異なる「都市」という概念の多様な定義に合致することで、都市であり続けてきたのだ。

ジェンネの多民族性はどのように保持・再生産されているのか

ジェンネの人びとは、数百年にわたって狭い空間のなかで共存しているにもかかわらず、なぜ民族間の境界が維持され続けているのか。この問いには、生業と民族の区分が重複する傾向にある西スーダーンの民族概念が大きく関わっている。西スーダーンでは、民族ごとに生業が固定化される傾向にある。そのため、生活を営んでいくには相互の交換関係が不可欠である。ジェンネの人びとは、市場での売買や隣人同士の生産物・製作物の交換だけでなく、それぞれの職能を活かした日々の生活での労働力の融通、自然資源の共有などの交換関係を維持してきた。交換が民族間の境界を維持し、境界の維持が交換を必要としてきたのである。

ジェンネでは、民族の差異が維持される一方で、街区や定期市、イスラームなどの差異を不問とする領域も構築されてきた。近年ではこれらに、アソシエーションも加わっている。こうした領域は、民族間の境界を融解させて生じうる民族間のコンフリクトを回避するのではなく、境界を保持し、異なるまま包摂している。

ジェンネはどのように都市としての凝集性を保ってきたのか

ジェンネの都市としての凝集性を維持している基盤は、少なくとも一五世紀ごろから続く、街区を中心とした政治組織である。街区では、民族や生業ごとの利害を主張することは認められない。もし民族や生業の差異に起因するトラブルが生じれば、それを解決するのも街区である。モスクの塗り直しやウサギの集団猟、独立記念日のカヌー・レースといった、ジェンネ全体で行われる祭りの実働単位は街区である。街区どうしが競合することによって、外部から見たジェンネの統一性は保たれる。[*48]

外部に対する求心性がジェンネの都市としてのまとまりを保持してきた例は、祭りに限らない。ジェンネの定期市の規模の大きさや、イスラーム教育の中心としての歴史の長さも、西アフリカとりわけニジェール川内陸三角州におけるジェンネの求心性を高めてきた。ジェンネは、内側から見れば街区の集合体である。それが、定期市やイスラームの文脈では、「一つの統一的な都市」と見られる。こうした外部からのジェンネに対する視点は、再帰的にジェンネ内部の凝集性を高めてきた。

日本の近世の都市を研究する吉田伸之は、「近代市民社会形成以前の伝統都市」の特徴を「分節構造」ということばで説明する。

……社会を構成する人びと（社会集団）が織りなす都市の社会＝空間構造は、多様な媒介を経ながら相互に取り結ぶ諸関係の相対として、はじめて眼に見える構造物として具現した。そうした媒介項として、地縁、職業、血縁（家族や同族団）、宗教、文化サークルなどが念頭に浮かぶ。伝統都市の社会＝空間には、これを取り囲む在地社会に比して著しく多様に分化した職分や役務をめぐり、極めて多数の社会的な結合関係が見いだされる。それら一つ一つの集団は孤立して定住することはあり得ず、当該社会における支配や従属、共同と連携、契約と取引、統合と対抗、などの諸関係のもとに、複雑で文節的な構造を形成する。こうして産み出される分節的な社会構造は、それぞれの伝統社会に基盤を置く個性的な相貌を都市の表象に付与することになる。（吉田 二〇一〇：v）

ジェンネがその歴史のなかで築いてきたイスラームに関する諸実践、生業ごとの集団、街区、アソシアシオンといったさまざまな要素は、ここで述べられる「媒介項」である。その「媒介項」間―内のせめぎあいが、ジェンネ独自の都市の様相を醸し出しているのだ。

本書では、伝統的都市ジェンネの多民族性と、それを包摂する都市性を描写してきた。「多文化主義」や「多民族の共生」は近年、その創造・維持が達成困難な「問題」として立ちのぼることで、研究の対象となる傾向にあった。しかし、千以上ともいわれる言語や集団が暮らすアフリカの多くの地域では、そのはるか以前から、「共生」は目指されるものではなく「生きられる」ものとして日々実践されてきた。ジェンネはそうした実践を長い歴史のなかで蓄積し、多民族を包み込んで、今日も気高く佇んでいる。

注記

◎はじめに

＊1　「果てしなく遠い場所」という意味でトンブクトゥの語が用いられたのは、現存する文書に残っている限りでは、一八六三年のことである。その後イギリスの詩人D・H・ローレンスや推理小説家アガサ・クリスティ、作家のロジャー・ハーグリーヴスなどが著作のなかで用いて、一般的に広まった。

＊2　『オックスフォード英語辞典』より。

＊3　BBC News 二〇一二年四月二日の記事 “Who, What, Why: Why Do We Know Timbuktu?” (http://www.bbc.co.uk/news/magazine-17583772（最終アクセス二〇一五年一〇月三〇日）)

◎序論―第六章

＊1　長期調査は二度に分けて行った。一度目は二〇〇七年二月から二〇〇八年二月の一二か月、二度目は二〇〇九年三月から二〇一〇年二月の一二か月である。

＊2　本書に記述するインフォーマントの名前には、イニシャル表記のものと本名表記のものがある。イニシャル表記以外の名前は、すべて本名（もしくは家族や近所の人たちなどの親しい間柄で、本名以上に頻繁に用いられる愛称）である。わたしがたまたま見聞きした会話・光景に登場する名前を知らない人物や、名前・イニシャル表記ともに伏せるべき事情がある人物は、「男性」「女性」「子ども」といった表記をしている。また、照れや邪視への不安から、本に本名が載ることを望まない人もいた。そうした場合には、イニシャル表記をしている。本書で示す人物の年齢や世代、役職の肩書は、すべて調査当時のものである。

＊3　それぞれの民族に関する研究の蓄積は、一九三〇年代から現在に至るまで、たいへん豊富である。こうした研究蓄積の初期のものに、グリオール派による研究がある。フランス人民族学者マルセル・グリオールは、一九三〇年代からマリのドゴンの儀礼

やシンボリズム、コスモロジーについての研究を行い、*Masques Dogons*（一九三八年）、*Dieu d'eau*（一九四八年）などを記した。ドゴン研究は、グリオールをはじめとする多数の民族学者によってさかんに行われた（Paulme 1940; Dieterlen 1941, Dieterlen et De Ganay 1942; Leiris 1948）。また、他の民族についても、バマナンの儀礼研究（Dieterlen 1951）、マリンケの割礼儀礼の研究（Chéron 1933）、ソルコの漁撈と儀礼に関する研究（Ligers 1964-71; Bâ et Daget 1955）、フルベの牧畜と社会階層の研究（Bâ et Dieterlen 1961）、ソンガイの生業と宗教に関する研究（Rouch 1960）など、一九三〇年代から一九六〇年ごろにかけて、数多くの人類学的研究が行われた。一九七〇年代以降は、宗教や儀礼に重点をおいたグリオールらの研究とは異なる、各民族の社会制度、経済、宗教、生業などを広くカバーした人類学的研究が行われるようになった。こうした研究の代表的なものとして、アムセルによるコドロコ研究（Amselle 1977）、バザンによるバマナン研究（Bazin 1985）、オリヴィエ・ド・サルダンによるソンガイ研究（Olivier de Sardan 1984）、嶋田によるフルベ研究（嶋田 一九九五）などがある。また、坂井によるマルカ研究（坂井 二〇〇三）、竹沢によるボゾ研究（竹沢 二〇〇八）、オルデールによるドゴン研究（Holder 2001）など、ある民族の歴史と現在の連続性にも重点を置いた研究もなされている。

＊4　ジェンネの街は、行政区分ではモプチ州ジェンネ・セルクルのジェンネ・コミューンの一部である。マリの行政区分は、大きいものから順にレジオン（Région 州）、セルクル（Cercle 県）、コミューン（Commune 郡）に分けられる。ジェンネの街が位置するモプチ州には八つのセルクルがあり、うち一つがジェンネ・セルクル（Cercle de Djenné）である。面積四五六三平方キロのジェンネ・セルクルは、一二のコミューンに分かれている。その一二のうちの一つが、ジェンネの街を含む「ジェンネ都市コミューン」(Commune urbaine de Djenné) である。ジェンネ都市コミューンの面積は三〇八平方キロで、ジェンネの街 (ville de Djenné) と周辺の一〇の村落からなっている。本論で特に限定がなく「ジェンネ」「ジェンネの街」「都市ジェンネ」などと表記した場合には、一〇の村落を含まないジェンネの街（Région de Mopti, Cercle de Djenné, Commune urbaine de Djenné, Ville de Djenné）のみを指す。

＊5　ソンガイ語を話す人びとが集中しているのは、ジェンネから直線距離で約二五〇キロ離れたニャフンケ以北のマリ北部から二

ジェールにかけての地域である。ジェンネ・チーニ(Djenné-chiini ジェンネ語)と呼ばれるジェンネのソンガイ語は、トンブクトゥのソンガイ語コイラ・チーニ(Koira chiini「都市語」の意)とも、ガオのソンガイ語コロボロ・チーニ(Koroboro-chiini「都市民語」の意)とも、母音の数や語彙が異なる。

*6 その最も重要な担い手が、グリオ(ジェリ)と呼ばれる人びとだ。西アフリカ一帯で、彼らは非常に重要な社会的位置を占めている。世襲によってその知識と技術を継承するグリオは、権力者の系譜を何十代も前にさかのぼって語ったり、王の偉大さをほめたたえるエピソードを織り交ぜた歌を披露したりする。語りを通じて為政者の権威を人びとに知らしめるスポークスマンであると同時に、歴史の形成者・伝承者でもある(川田 一九七六)。

しかしジェンネには、口頭伝承はあっても、権力者に代々仕えてきたグリオはいない。ジェンネにもグリオが暮らしてはいる。その一人である女性グリオによると、ジェンネには彼女のところを含めて二家族のグリオがいるという。彼らはいずれも、自身の世代あるいはその親世代に、よその村からジェンネに移り住んできた。いわば「新参者」であり、古くからの「生粋の」ジェンネ人ではない。

ジェンネの人びとに「グリオに話を聞きたいのだが、誰か知っているか」と尋ねると、「ジェンネにグリオはいない」「祭りや結婚式に招かれるグリオを見かけはするが、彼らはジェンネの人間ではない」といった答えが返ってくるばかりであった。このことをジェンネで出会ったもう一人のグリオに尋ねたところ、彼も自身を「(ジェンネに住んでいるものの)わたしたちはジェンネのグリオではない」と答えた。彼が披露するジェンネの歴史語りの内容は「ここのマラブー(イスラームの知識人)たちから教わった」過去や偉大なマラブーたちの奇蹟譚であって、彼の一族で代々受け継いできたものではないという。また彼は、ジェンネで広く話されるソンガイ語ではなく、バマナン語でジェンネの歴史語りを行う。このことについて、「生粋の」ジェンネ人である助手のママドゥは、あとでこっそりわたしにこう言ってきた。「この街にもともとバマナンはいなかった。バマナン語でしかこの街の歴史を語れない時点で、彼らがジェンネのグリオでないことは分かるだろう」。

近隣の村々にはグリオがいながらも、ジェンネには「存在しない」理由は、おそらく過去のジェンネの長の在り方に関係するだろう。ジェンネの長（コイ）は神からその権力を付与・保証された王ではなく、住民が選出する街の代表者であった。王の権威を語りによって称揚・増幅し、民衆に伝える役目を担うグリオは、ジェンネの長には必ずしも必要とされないのだ。実際、ジェンネに暮らすグリオによる歴史に関する語りを聞くと、過去の政治的権力者についての描写はほとんど登場しない。大部分はジェンネのマラブーがいかに偉大か、街にいかに多くの人びとが訪れ賑わい続けてきたか、ジェンネの繁栄をうらやむ外部勢力からの度重なる侵攻に、人びとがいかに抵抗し勝利し続けてきたかを称揚する内容であった。

＊7　「スーダーン（al-Sūdān）」はもともと、サハラ以南のアフリカを指すアラビア語の地名である。サハラ以南アフリカは、アラビア語で「ビラード・アッ＝スーダーン」と呼ばれており、「黒人たちの地」を意味する。

スーダーンは、海路を経由してアフリカ大陸に接近した近代ヨーロッパが用いてきた、北アフリカ／西アフリカという区分とは別の視点から成り立っている。この区分では、サハラ砂漠によってアフリカ大陸がサハラ以北と以南に分断されている。しかしその両側の人びとはサハラ砂漠によって分断されるのではなく、サハラ砂漠を介して東西南北につながり、地中海沿岸地域や中東地域とも接合していた。スーダーンは、こうした現在の国境の枠組みに限定されないアフリカの歴史を記述するのに有効な視点である（坂井 二〇〇三：二〇―二一）。

この地理的区分は、北のマグリブ地域からサハラ砂漠を越えて南のスーダーンへ広がる、イスラーム世界の地政学的認識にもとづいている。そのため、どこからどこまでをスーダーンとするか明確な境界は存在しないが、サハラ砂漠南縁のサヘル地帯からその南のサバンナ地帯までを含む一帯を指すと考えてよいだろう。この語はアラビア語で書かれた歴史書に限らず、広く用いられている。たとえば、現在の東アフリカの諸国家名（スーダンと南スーダン）や、植民地支配におけるフランス領西アフリカの一部の名称 Soudan français（仏領スーダーン）にも使われている。

＊8　ジニマサが住んでいた（いる）というジニマサ・トーロは、現在もジェンネの南に地名として残る。ジェンネとジェンネ・ジェノのあいだに位置する小丘である。今でもそこは強力なジンが住んでいると考えられているため、ジェンネの人びとは畏れて近づかない。わたしは、そうした経緯を知らずにジニマサ・トーロに足を運んでしまったことがある。戻ってきて近所の人たちに

どこに行っていたのか問われた。「今日はジニマサ・トーロに行ってみた」と答えると、「あそこに行けばどんな強いジンに攻撃されるか分からない。二度と一人で行ったりしないように」と厳しく叱られた。隣に住む女性がその後数時間、わたしの部屋でジンの力を薄めるというお香を焚き続けてくれた。

＊9 人身供犠となった女性の父親の名と出身地については、口頭伝承に複数のバージョンがある（Monteil 1971: 36）。しかしいずれの伝承も、精霊の要求にしたがい（もしくはその怒りを鎮めるため）、街を囲む壁に漁民の少女を生き埋めにし、平穏な街を築くことができた、というプロットをもっている。街の建設のために人身供犠を行うという伝承は、同じくマリ中部のバナンバという街にも存在する。

＊10 ガーナ王国の始まりは明確には分かっていないが、九世紀前半にペルシャ人学者アル・フワーリズミーが書いたアラビア語の史料にはすでに、ガーナ王国に関する記述が登場する（Levtzion and Hopkins eds. 2000: 5-6）。

＊11 当時、今でいうニジェール川はナイル川の一部であると考えられていた。

＊12 バママが挙げたシー・アリの「シー（*chi*）」は「ソンニ（*sonni*）」とも発音され、ソンガイ王国の王の称号の一つである。ソンニを冠するソンニ王朝は、一三三五年から一四九三年まで続いた（Kâti 1981: 80）。とりわけ在位期間中にソンガイ王国の領土を一気に拡大したシー・アリ（ソンニ・アリ・ベル、「偉大な王アリ」の意）は、現在のマリの人たちのあいだでも著名な人物である。ソンニ・アリは自身もムスリムであったものの、「異教徒的な」ふるまいも多く、イスラーム学者の政治への助言・介入を厳しく拒絶していたといわれている（Hunwick ed. 1985: 13-17）。その彼が、ジェンネに六年間とどまり続けて辛抱強く住民に改宗を迫った、という伝承が事実か否かは定かではない。後述するように、ソンニ・アリ・ベルは後にジェンネに侵攻し、ジェンネの街を支配した。現在、ジェンネの人口のおよそ四割がソンガイであり、ジェンネで最も多い集団だ。ジェンネの複数の民族間で共通語として用いられることが多いのも、ソンガイ語である。こうした現在の街におけるソンガイの優位が、「ソンガイがジェンネを武力で制圧した」という史実を、「ソンガイの王が我々ジェンネの住民たちにイスラームを伝えてくれた」と「読み替え」させた可能性も考えうる。

*13 現在のジェンネの家の建築様式には、ジェンネが交易や政治支配で外部と接触し続けてきたその歴史を体現するように、モロッコ、エジプト、フランスなどの多様な建築様式の影響が見てとれる（Beaudoin 1998: 93; Bedaux et al. eds. 2003）。これらが混ざり合い、ジェンネの風土や人びとの創意が加えられることで、現在では「スーダーン様式」と呼ばれる建築様式になっている。

*14 植民地期の行政資料によると、植民地時代のジェンネの街の行政区分は、以下のとおりである（DはDjennaké、FはFoulbéの略）。アルガスバD／アルガスバF／ダムガルソリアD／ダムガルソリアF／ジョボロD／ジョボロF／ファルマンターラD／ファルマンターラF／カナファD／カナファF／コノフィアD／コノフィアF／コイテンデD／コイテンデF／サムセイD／サムセイF／サンコレD／サンコレF／セイマニD／セイマニF／ヨブカイナD／ヨブカイナF（Archive nationale du Mali 5D-177）。それぞれの区分に現地の人びとのなかから任命された長が置かれた。税金の徴収や強制労働の動員は、この最小区分を通じて行われた。

*15 浮稲とは、水深が著しく深くなる水田に適応したイネの品種群をいう。水底の土壌に生育するが、茎葉の先端部は水面上に現れる。草丈は数メートルに達することもあり、多数の根が水中に伸長する。西アフリカの浮稲に関しては、竹沢の研究に詳しい（竹沢 一九八四）。

*16 マリの通貨単位はフラン・セーファー（CFA franc）。本書ではこれ以降、CFAと表記する。現在の基軸通貨はユーロで、一ユーロ＝六五五・九五七CFAで固定されている。調査期間はおおよそ五CFA＝一円であったため、本書中の日本円換算はこれをもとにしている。調査期間中のマリでの物価と賃金の目安は以下のとおり（単位はCFA）。砂糖九〇〇―一千／キロ、パン（四〇センチほどのバゲット）一〇〇、学習ノート一〇〇―三〇〇、普段履きのサンダル三〇〇―五〇〇、中国産五〇ccバイク二〇―二五万。ジェンネにおける非熟練労働者（ロバ車、人力での荷物運びなど）の一日約六時間労働あたりの賃金は一千CFA、熟練労働者の親方（大工、指物師など）は二千―二五〇〇CFA、中学校教師の月給は一二―一六万CFAていどである。

*17 彼が調査対象としたのは氾濫原とその周辺の三万一〇〇キロの範囲に暮らす二四二万三五〇〇人であり、ニジェール川内陸三角州の全域をカバーしているわけではない。しかし、一九六〇年の独立以降、マリ政府が約一〇年ごとに実施している人口調査

では民族の区分が問われないため、現在のニジェール川内陸三角州の民族構成を示す統計はない。ガレの調査から約四〇年が経過しているものの、各民族の割合自体に大きな変化はみられないため、ここでは、ガレの調査結果を参照している。

＊18 牧畜民のフルベの農奴であるリマイベは、二代目以降になると売買されない。また、リマイベは他の奴隷と異なり、フルベに吸収されて「元リマイベ」となることはなく、リマイベのままである。そのため、現在ではリマイベは階層概念からもフルベからも分離した、一つの「民族」として認識されている。

＊19 スーダーンにおける「奴隷」の社会的位置づけや労働形態は、一六―一九世紀に西欧諸国がアフリカから収奪した西大西洋奴隷貿易における奴隷とは大きく異なる。日本語の「奴隷」という表記が想起させやすい西大西洋奴隷貿易における奴隷と区別するため、カタカナで「ドレイ」と表記される場合もある（嶋田 一九九五、二〇一〇）。

＊20 ニジェール川内陸三角州の水の精霊と漁民の関係については、竹沢のボゾの民族誌に詳しい（竹沢 二〇〇八）。

＊21 マリからニジェールにかけてのニジェール川流域のソンガイの憑依儀礼については、Stoller（1995）に詳しい。

＊22 これは特に、ジェンネ周辺での放牧で十分な牧草を食べさせることができないときのエサの購入代に充てられる。エサは周辺の村落から持ち込まれる牧草と、それに混ぜる配合飼料である。

＊23 フルベ語話者であるフルベのかつての「農奴」リマイベは、フルベとは別にワルデを組織している。

＊24 市役所東に位置する、舞台を備えた屋外スペース。ジェンネ市が管理している。政党の集会や小中学校の学芸会、若者主催のダンス・パーティ、中央政府からの視察団歓迎式典などが開かれる。

＊25 わたしが知る限り、ジェンネでムスリムでない（キリスト教徒である）のは、首都バマコから赴任してきている二家族（裁判所勤務の役人ＰＴとラジオ局の局長ＬＤとその家族）だけである。ＬＤによると、ジェンネでキリスト教徒であることで差別や排除を受けることはなく、ジェンネの友人は全員ムスリムで、モスクの塗り直し祭りにも参加するという。しかし、「子どもはまだ小さく、ジェンネに連れて来ると彼らの信仰が混乱しそうなので」、子どもたちと妻は首都に残り、ジェンネには彼一人で赴任している。ジェンネに教会はなく、彼らは毎週日曜に車やバイクで一時間ほどかけて、ジェンネから最も近い教会に行く。

もしくは、PTの家に集まって礼拝する。

＊26　ジェンネのアルファのシリについては、Mommersteeg（1988; 1994; 2009）に詳しい。

＊27　実際に、ジェンネ・コミューンの他の村落や州都モプチのコモゲル・モスクなど、モプチ州の泥づくりのモスクの多数は、ジェンネの泥大工が出張して建てたものである。ジェンネの泥大工のバモイ・コシナンタオ（ソルコ、四七歳男性）は、自分がリーダーである四人編成のチーム（泥大工の彼自身、その弟子二人、電気配線担当の一人）で、モプチ州内の一一の「ジェンネ風の」モスクの建築を請け負ったという。

＊28　ジェンネ語で「ジンガル（*jingar*）」は礼拝とモスクの両方を意味する。

＊29　独立前はフランス建国記念日の七月一四日に行われていたという。

＊30　ジェンネのモスクを模したニジェール川内陸三角州の他の村落のモスクも化粧塗りの直しを行うが、毎年とは限らない。また住民総出で行う「祝祭」ではなく、一部の人が「作業」として行うものである。

＊31　ジェンネに文化省文化財保護局（DNPC）の支局が開設された二〇〇一年からは、首都から派遣された役人たちも協議に加わるようになった。DNPCは化粧直しにかかる予算の一部負担や、当日に世界各地からやってくるテレビ取材班との交渉なども請け負う。しかしあくまで化粧直しの日程決定はジェンネの住民で行うべきだとされるので、DNPCの関係者の助言はしばしば無視される。

＊32　公式には、定期市もジェンネ市が管理している。市の担当者の説明によると、一二―一八時くらいのあいだに、市の職員が数人で手分けして市場の出店者を回り、人びとが「店を出すためのチケット」と認識している紙と引き換えに、五〇CFAの税金を徴収する。しかしほとんどの売り手は、こうした徴収を受けたことはないと話していた。わたしが聞いた限り二人だけ、市の職員に店を出すためのお金を払うよういわれたことがある人がいた。一人は「もしそれを支払わないで追い出されたら嫌だから」支払ったが、チケットは受け取らなかった。もう一人は徴収に来た職員と顔見知りだったため、「お金のかわりに（彼女が売っている）アルフィンタ（トウジンビエの小型パンケーキ）を三枚あげた。他の場所の人からは徴収してないのに、女のところに

だけ来たのよ。腹が立つわ」という。数千人が出店し、売り手と買い手の区別すらつけにくい状況で、出店全員から五〇ＣＦＡを徴収して回るのは非常に困難であろう。

＊33　ヘージェイの期間は人によって異なるが、毎年数週間から四か月ほどが大半である。一つの穀物に特化してヘージェイに出る人もいれば、一〇―一二月ごろ（トウジンビエ）、一一―一月ごろ（コメ）と時期を変えてヘージェイに出続ける人もいる。

＊34　マリを含む西アフリカ内陸部は、一九六〇年代末以降たびかさなる干ばつに見舞われた。特に一九六八―七三年、八二―八四年の干ばつの被害は深刻であった。そのあいだ、マリは干ばつによって家畜の約五分の二を失い、実質国内成長率は対前年比でマイナス六％（一九七三年）、国際収支赤字にしめる対外借入の比率は八一％に達するという、深刻な経済状況に陥った。ジェンネでは、一九八二年の干ばつの被害が特に深刻であった。当時のようすをジェンネの人びとは、「五〇頭近く扱っていた家畜の牛の大半が死に、七頭しか残らなかった」「まったく水が来ず（ニジェール川の増水がなく）、雨も降らず、農地は固くてまったく耕せなかった」などと語っている。一九八二年の雨量は三七〇ミリで、一九七〇年代の平均四五九ミリを大きく下回っている（SACD 2007）。

＊35　たとえば米の場合、わたしがジェンネで昼食・夕食を共にしていた大家バダラの家（ふだん一緒に食事をする八人）では、一日あたり約四・八キロのコメを消費していた。つまり、五〇〇キロの米は八人家族のおよそ半年分にあたる。

＊36　カーブカーブの割合は、イスラームの喜捨の課税率ウシュル（一〇分の一税）と一致する。ハディースに詳細な規定が示されており、この利率が適応されるのは、特別な灌漑施設を要しない土地の穀物や果物の収穫であるという。コーラン学校の教師を含むジェンネの人びとに、カーブカーブはこの利率がもとになっているのではないかと質問したが、「言われてみればそうかもしれない」「たまたまではないか」という答えばかりであった。

ジェンネで数を数えるときに一〇が基準となるものは少なく、五が基準として用いられることが多い。たとえば、一から五までの数字を数えるときには頭に「ア」を付け、六から一〇には「イ」を付ける。また、食糧品もトマト五つで一山など、五でまとめられていることが多い。金額を表現する際には五が暗黙の乗数となって省かれ、「二〇（*waranka*）」といえば二〇〇ＣＦＡではなく二〇×五＝一〇〇CFAを意味する。このような数の観念が主流のなかで、カーブカーブだけが一〇を基準にしている点は興味深い。ヘージェイが、ジェンネのバンデ・ヘレに対する「税の徴収」の名残とも考えられるからである。

＊37　都市人類学者サウゾールは、アフリカにおける諸都市をA、B二つのタイプに類型化した（Southall 1961）。Aタイプとは、ヨーロッパによる植民地支配以前、自生的発展のうえに成立した都市で、交易都市や王都などがそれにあたる。Bタイプは、一九世紀以降の植民地体制下に建設された都市である。この類型は、その後さまざまに展開・細分化された（e.g. O'connor 1983; 日野二〇〇一）。サウゾールのアフリカの都市類型は、都市（urban）／農村（rural）の二分法にもとづいた欧米の都市の観念を超える都市像を提示した。これまでの欧米の観念では「都市でない」と位置づけられてきたアフリカの「農耕する都市」を、「都市」として考察する有効な基礎となった。こうしたアフリカ都市研究の観点からいえば、ジェンネは過去も現在も都市であるといえよう。嶋田や赤阪は、ジェンネを伝統都市と分類している（嶋田二〇〇一、赤阪二〇〇四）。わたしがここで意味しているのは、より一般的・日常的な文脈で用いられる「都市」である。

＊38　アメリカの社会人類学者ジョイは、ジェンネとその周辺部の青年たちが仲間うちで集う部屋に供えられた、携帯電話やDVDプレイヤーなどの「近代的なモノ」と彼らの行動形態を観察し、世界遺産化や「近代化」の渦中にある若者の変容を論じている（Joy 2011）。

＊39　日本語では、社団法人日本ユネスコ協会連盟による和訳「ジェンネ旧市街地」が一般的で、世界遺産を特集するテレビ番組や雑誌ではこの訳が用いられる。しかしこの和訳は適当ではないため、ここでは「古都市群」とした。

＊40　ユネスコの「世界遺産条約履行のための作業指針」の（iii）と（iv）に該当する。（iii）現存する、あるいはすでに消滅した文化的伝統や文明に関する独特な、あるいは稀な証拠を示していること。（iv）人類の歴史の重要な段階を物語る建築様式、あるいは建築的または技術的な集合体または景観に関する優れた見本であること。

＊41　ジェンネの世界遺産化と近年の観光業・文化財保護をめぐる諸問題については、ジョイの著作に詳しい（Joy 2012）。

＊42　Lonely Planetのウェブサイトのジェンネ紹介ページより引用。二〇一二年一二月三日アクセス（http://www.lonelyplanet.

com/mali/niger-river-route/djenne)。

＊43 世界遺産登録にともなう観光化や開発がもたらすコンフリクトは、ジェンネに限らず世界のいたるところで生じている。これらに関する研究は、枚挙にいとまがない（e.g. Timothy and Nyaupane eds. 2009; 秋道編 二〇〇七）。

＊44 フランス語を流暢に話すガイドでもフランス語の読み書きがほとんどできない者も多い。そのためガイドの資格試験は、すべて口頭試問である。

＊45 これは、他のアソシアシオンの人びとからも、結成動機の一つとしてよく挙げられる。たとえば、ワンガラ・ガルブ（Wangara Garbu）というアソシアシオンの代表者バシ・ヤタラ（五〇歳くらい、女性、ソンガイ）は、「アソシアシオンを組んでいる人から、『アソシアシオンを組むと、市役所や州庁にチュバブからの援助の申し出があったとき、声をかけてくれるわよ』と聞いた。それでわたしたちもアソシアシオンを組もうと思い立った」と述べている。

＊46 魚の養殖は、ジェンネではおよそ一〇年前まで行われていなかった。内陸三角州の乾燥化によって漁獲量が減ったこと、一九八〇年代に入ってマリの農業・牧畜・漁業省が魚の養殖を推進したことによって、ジェンネでも行われるようになった。ジェンネ語では「ハン・マレィ・ドゥ（*ham marey dou* 魚の財の場所）」と呼ぶ。一九八〇年代当初、ジェンネで最初に魚の養殖を受け入れたのは男性の漁民であった。近年では漁民ソルコでない者も含む、女性のアソシアシオンが中心となって養殖に取り組んでいる。ハム・フェンドゥは、トロベル（街の外にある行政機関などが建つ新しい地区）のはずれに、縦横三〇メートル四方、深さ一メートルほどの人口の池を作って魚の養殖を行っている。水は池に降る雨水のみで、河川から水を引いたりポンプで汲み上げたりはしていない。年ごとに池への水の入りにばらつきが大きく、まだ市場で販売するほどの生産はないため、魚はメンバー内で分け合うていどだという。漁の繁忙期に河川や沼で獲れた魚の一部を池に放ち、数か月後の乾季に獲る。魚は主にヒレナマズ（学名 *Clarias fuscus* ジェンネでの呼称 *deesi*）、ティラピア（*Tilapia* ジェンネでの呼称 *fatɔkɔrɔ*）と呼ばれる魚の一種と考えられるサラオ（*salao*）とカサ（*kassa*）が中心である。栄養分として、各家庭から出るコメのもみ殻、トウジンビエのもみ殻、牛のフンを投入する。

＊47　食糧生産の多様性は、交易の衰退だけでなく、干ばつなどの危機的状況での都市の存続も可能にした。自然環境の変化によって一時的に特定の生業が困難におちいった場合、複数の集団が暮らすジェンネでは、他の集団からの食糧や仕事の融通が可能となる。一九七〇―八〇年代にサバンナ地帯を襲った干ばつ時、単一の民族だけで形成されている村落のなかには、消滅した村も数多くあった。ジェンネの人びとの各生業も大打撃を受けたが、異民族の近隣住民間で食糧・仕事を交換したり融通したりすることで、最低限の食糧を確保できたという。一つの集団が複数の生業に携わることは、集団存続のセーフティー・ネットとなる。それと同じように、都市全体で複数の生業に携わることは、都市存続のセーフティー・ネットともなったのである。

＊48　祭りにおける街区間の競合と対外的な一体性の強化は、京都の祇園祭や博多の祇園山笠、岸和田のだんじり祭りなどの、日本の伝統的な祭りにもみられる。

参考文献

◎日本語

赤阪賢　二〇〇四「原初の都市トンブクトゥ」関根康正編『〈都市的なるもの〉の現在』東京大学出版会、四三─八〇頁。

──　二〇〇七「地方分権化政策と住民組織」赤阪賢編『西アフリカにおける援助活動による住民組織へのインパクトに関する研究』（平成一七年度─一八年度科学研究費補助金（基盤研究（C））研究成果報告）、一─一九頁。

秋道智彌編　二〇〇七『資源とコモンズ』（論集　資源人類学　第八巻）、弘文堂。

伊東未来　二〇〇八「イスラーム『聖者』概念再考への一考察──マリ共和国ジェンネの *alfa* を事例に」『年報人間科学』三〇：八三─一〇〇頁。

今中亮介　二〇一二「農村の若者集団とケータイ」羽渕一代ほか編『メディアのフィールドワーク』北樹出版。

貝原益軒　一九七七『筑前國續風土記』伊東尾四郎校訂、文献出版。

川田順造　一九七六『無文字社会の歴史──西アフリカ・モシ族の事例を中心に』岩波書店。

小松久男　一九七八「ブハラのマハッラに関するノート」『アジア・アフリカ言語文化研究』一六：一七八─二一五頁。

坂井信三　一九八三「西アフリカにおける職人の社会的地位についての予備的考察」『アカデミア』（人文・社会科学編）三八：五五─七六頁。

──　二〇〇三『イスラームと商業の歴史人類学』世界思想社。

嶋田義仁　一九九五『牧畜イスラーム国家の人類学』世界思想社。

──　二〇〇一「サハラ南縁のイスラーム都市」嶋田義仁ほか編『アフリカの都市的世界』世界思想社、五六─八五頁。

──　二〇一〇『黒アフリカ・イスラーム文明論』創成社。

清水宏祐編　一九九一『イスラム都市における街区の実態と民衆組織に関する比較研究』東京外国語大学。

竹沢尚一郎　一九八四「アフリカの米」『季刊人類学』五 - 一：六六―一一六頁。
――　二〇〇八『サバンナの河の民』世界思想社。
――　二〇〇九「ストリートとコミュニティ――博多の事例から考える」関根康正編『ストリートの人類学　下』（国立民族学博物館調査報告八一）、国立民族学博物館、三―二七頁。
――　二〇一四『西アフリカの王国を掘る』（フィールドワーク選書一〇）臨川書店。
ハキーム、S・ベシーム　一九九〇『イスラーム都市――アラブのまちづくりの原理』佐藤次高訳、第三書館。
日野舜也　二〇〇一「アフリカ都市研究と日本人研究者」嶋田義仁ほか編『アフリカの都市的世界』世界思想社、一―二八頁。
藤田弘夫　一九九一『都市と権力――飢餓と飽食の歴史社会学』創文社。
三浦徹　一九八九「街区と民衆反乱――一五―一六世紀のダマスクス」柴田三千雄ほか編『世界史への問い四　社会的結合』岩波書店、七七―一〇八頁。
吉田伸之　二〇一〇「ソシアビリテと分節構造」吉田伸之・伊藤毅編『伝統都市　四　分節構造』東京大学出版会、v―xiv頁。

◎欧文

Amselle, Jean-Loup 1977 *Les négociants de la savane*, Éditions Anthropos.
Archinard, Louis 1896 “La campagne 1892-1893 au Soudan Français”, *Bulletin du Comité de l'Afrique française* 1: 1-36.
Bâ, Amadou Hampâté et Jacques Daget 1955 “Note sur les chasses rituelles Bozo”, *Journal de la Société des Africaniates* 25: 89-97.
―― 1984（1962）*L'Empire peul du Macina*（*1818-1853*）, Mouton.
Bâ, Amadou Hampâté et Germaine Dieterlen 1961 *Koumen: Texte initiatique des pasteurs peul*, Mouton.
Barry, Abdoulaye 1990 “Etude du pluringuisme au Mali: Le cas de Djenné”, Junzo Kawada ed., *Boucle du Niger, approches multidisciplinaires* vol.2, Tokyo Institut de recherches sur les langues et cultures d'Asie et d'Afrique, pp.183-210.

Bazin, Jean 1985 "A chacun son Bambara", Jean-Loup Amselle et Elikia M'Bokolo éds., *Au cœur de l'ethnie: Ethnies, tribalisme et État en Afrique*, La Découverte, pp.87-127.

Beaudoin, Gérard 1998 *Soudan occidental: Histoire et architecture*, BDT Editions.

Bedaux. R., B. Diaby, P. Maas eds. 2003 *L'architecture de Djenné*, Rijksmuseum voor Volkenkunde Leiden.

Blanc, M. et al. 1955 "Recherches hydrobiologique dans le bassin du Moyen-Niger", *Bulletin de l'IFAN* série A 17 (3) : 679-746.

Bourgeois, Jean-Louis 1987 "The History of the Great Mosques of Djenné", *African Arts* 20 (3) : 54-63,90-92.

—— 1989 *Spectacular Vernacular: The Adobe Tradition*, Aperture.

Brooks, George 1993 *Landlords and Strangers: Ecology, Society, and Trade in West Africa, 1000-1630*, Westview Press.

Caillié, René 1996 (1830) *Voyage à Tombouctou* (tome 2), La Découverte.

Chéron, Georges 1933 "La circoncision et l'excision chez les Malinké", *Journal de la Société des Africanistes* 3 (2) : 297-303.

Delafosse, Maurice 1912 *Haut-Sénégal-Niger* (*Soudan Français*), Émile Larose.

Dembélé, Mamadi 1994 "Aperçu histoirque", R. M. A Bedaux and J. D. van der Waal eds., *Djenné: Une ville millénaire au Mali*, Rijksmuseum voor Volkenkunde Leiden, pp.25-31.

Dieterlen, Germaine 1941 *Les âmes des Dogons*, Institut d'ethnologie.

—— 1951 *Essai sur la religion Bambara*, Presses universitaires de France.

—— 1973 "L'image du corps et les composantes de la personne chez les Dogon", *La notion de personne en Afrique noire*, CNRS, pp. 205-229.

Dieterlen, Germaine et Solange de Ganay 1942 *Le génie des eaux chez les Dogons*, P. Geuthner.

Diop, Majhemout 1971 *Histoire des classes sociales dans l'Afrique de l'Ouest* (*1: Mali*), François Maspero.

Dubois, Félix 2010 (1897) *Tombouctou la mystérieuse*, Editions Grandvaux.

Eickelman, D. F. 1974 "Is There an Islamic City? The Making of a Quarter in a Maroccan Town", *International Journal of Middle East Studies* 5 (3) : 274-294.

Es-Sa'di, Abderrahman ben Abdallah ben Imran ben Amir 1981 *Tarikh es-Soudan* (traduit par O. Houdas), Adrien-Maisonneuve.

Fernandes, Valentim 1938 *Description de la côte occidentale d'Afrique de Ceuta au Sénégal*, Librarie Larose.

Gallais, Jean 1962 "Signification du groupe ethnique au Mali", *L'Homme* 2 (2) : 106-129.

—— 1967 *Le Delta intérieur du Niger: Étude de géographie régionale* (2 tomes) (Mémoir de l'IFAN 79), IFAN.

—— 1984 *Hommes du Sahel: Espaces-temps et pouvoirs, le Delta intérieur du Niger 1960-1980*, Flammarion.

Gardi, Bernard 1995 "Djenné et la conquête du Soudan", Bernard Gardi, Pierre Maas, Greet Mommersteeg eds., *Djenné, il y a cent ans*, Institut Royal des Tropiques/ Museum für Völkerkunde/ Musée National du Mali, pp. 13-23.

Gardi. B., Pierre Maas, Greet Mommersteeg eds., 1995 *Djenné, il y a cent ans*, Institut Royal des Tropiaues/Museum für Volkerkunde/Musée National du Mali.

Griaule, Marcel 1938 *Masques dogons*, Institut d'ethnologie.

—— 1948 *Dieu d'eau*, Les éditions du Chêne.

Hagberg, S. 2000 "Strangers, Citizens, Friends: Fulbe Agro-Pastoralists in Western Burkina Faso", S. Hagberg and A. B. Tengan eds., *Bonds and Boundaries in Northern Ghana and Southern Burkina Faso*, Uppsala Universitet, pp. 159-179.

Harts-Broekhuis et als. 1980 *Investigation socio-économique de la ville de Djenné et ses environs*, Institut de Géograhie, Université d'Utrecht.

Heath, Jeffrey 1998 *A Grammar of Koyra Chiini: The Songhay of Timbuktu*, De Gruyter Mouton.

Hegel, G. W. F. 1956 (1822-31) *The Philosophy of History* (translated by J. Jibree), Dover.

Holder, Gilles 2001 *Poussière, Ô poussière*, Société d'ethnologie.

Hunwick, John ed. 1985 *Shari'a in Songhai: The Replies of al-Maghili to the Questions of Askia al-Hajj Muhammad*, Oxford University Press.

Johnson, Marion 1976 "The Economic Foundations of an Islamic Theocracy: The Case of Masina", *Journal of African History* 17(4): 481-495.

Joy, Charlotte 2011 "Negotiating Material Identities: Young Men and Modernity in Djenné", *Journal of Material Culture* 16 (4) : 389-400.

—— 2012 *The Politics of Heritage Management in Mali*, Left Coast Press.

Kassibo, Brehima 1997 "La décentralisation au Mali: État des lieux", *APAD-Bulletin* 14: 1-20.

Kâti, Mahmoûd Kâti ben El-Hâdj El-Motaouakkel 1981 *Tarikh ek-Fettach* (traduit par O.Houdas et M.Delafosse), Adrien-Maisonneuve.

Konaré Ba, Adame 2002 "Djenné, des origins à la pénétration colonial, un apercu histoique", in J. Brunet-Jailly ed., *Djenné d'hier à demain*, Editions Donniya, pp. 27-44.

LaViolette, Adria 2000 *Ethno-Archaeology in Jenné, Mali*, Archaeopress.

Leiris, Michel 1948 *La Langue secrète des Dogons de Sanga*, Institut d'Ethnologie.

Lejeune, Dominique 1993 *Les sociétés de geographie en France et l'expansion coloniale au XIX siècle*, Albin Michel.

Ligers, Ziedonis 1964-71 *Les Sorko (Bozo) : Maître du Niger* (5 tomes), Librairie dse Cinq Continents.

Leo Africanus (Léon L'Africain), Jean 1981 (1956) *Description de l'Afrique* (traduit par Alexis Épaulard) (2tomes), Maisonneuve.

Leprun, Sylviane 1988 *Le théâtre des colonies*, L'Harmattan

Levtzion N. and J. F. P. Hopkins 2000 (1981) *Corpus of Early Arabic Sources for West African History*, Cambridge University

Press.

Mamadi Dembélé 1994 "Aperçu historique", R. M. A. Bedaux et J. D. van der Waals eds., *Djenné une ville millénaire au Mali,* Rijksmuseum voor volkenkunde, pp. 25-31.

Marchand, Trevor 2009 *The Masons of Djenné,* Indiana University Press.

McIntosh, Roderick J. 1998 *The Peoples of the Middle Niger,* Blackwell Publishers.

—— 2002 "L'origine de Djenné d'après les traces archéologiques", J. Brunet-Jailly ed., *Djenné d'hier à demain,* Editions Donniya, pp. 7-26.

McIntosh, Roderick J. and Susan Keech McIntosh 1981 "The Inland Niger Delta before the Empire of Mali: Evidence from Jenne-Jeno", *Journal of African History* 22: 1-22.

Meillassoux, Claude 1971 *The Development of Indigenous Trade and Markets in West Africa,* Oxford University Press.

Mommersteeg, Greet 1988 " 'He has smitten her to the heart with love', The Fabrication of an Islamic Love-amulet in West Africa", *Anthropos* 83: 501-510.

—— 1994 "Marabous à Djenné : Enseignement coranique, invocations et amulettes", R. M. A. Bedaux et J. D. van der Waals eds., *Djenné une ville millénaire au Mali,* Rijksmuseum voor volkenkunde, pp.67-75.

—— 2009 *Dans la cité des marabouts,* Grandvaux.

Monteil, Charles 1971 (1932) *Djenné une cité soudanaise, métropole du delta central du Niger,* Edition Anthoropos.

N'Diayé, Bakar 1970 *Les castes au Mali,* Edition Populaires.

O'Connor, A. 1983 *The African Cities,* Hutchinson.

Olivier de Sardan, Jean-Pierre 1984 *Les sociétés songhay-zarma,* Karthala.

—— 1994 "Possession, affliction et folie: Les ruses de la thérapisation", *L'Homme* 34 (131) : 7-27.

Park, Mungo 1980 (1799) *Voyage dans l'intérieur de l'Afrique*, La Découverte.

Paulme, Denise 1940 *Organisation sociale des dogon* (*Soudan Français*), Éditions Domat-Montchrestien.

Pereira, Duarte Pacheco 1967 (1892) *Esmeraldo de situ orbis* (translated and edited by George Kimble), Kraus Reprint.

Reynaud, Paul 1931 *Le livre d'or de l'exposition coloniale internationale de Paris*, Librairie ancienne H. Champion.

Rouch, Jean 1960 *La religion et la magie songhay*, Presses Universitaires de France.

Sakai, Shinzo 1990 "Traditions orales à Ja: Histoire et idéologie dans une ancienne métropole islamique", Junzo Kawada ed., *Boucle du Niger: Approches multidisciplinaires* (tome II), Institut de recherches sur les langues et Cultures d'Asie et d'Afrique.

Sanankoua, Bintou 1995 "Aperçu historique de Djenné", Bernard Gardi, Pierre Maas, Greet Mommersteg eds., *Djenné, il y a cents ans*, Institut Royak des Tropiques/Museum für Völkerkunde/ Musée National du Mali, pp. 9-12.

Sauvaget, Jean 1934 "Esquisse d'une histoire de la ville de Damas", *Revue des Etudes Islamiques* 8: 422-480.

Southall, A. D. 1961 *Social Change in Modern Africa*, Oxford University Press.

Stoller, Paul 1995 *Embodying Colonial Memories: Spirit Possession, Power, and the Hauka in West Africa*, Routledge.

Tamari, Tal 1991 "The Development of Caste Systems in West Africa", *Journal of African History* 32 (2) : 221-250.

Timothy, Dallen J. and Gyan P. Nyaupane eds. 2009 *Cultural Heritage and Tourism in the Developing World*, Taylor & Francis.

Trevor-Roper, Hugh 1969 "The Past and Present: History and Sociology", *Past and Present* 42 (1) : 3-17.

Wilks, Ivor 1961 "The Northern Factor in Ashanti History: Begho and the Mande", *Journal of African History* 2 (1) : 25-34.

—— 1993 *Forests of Gold: Essays on the Akan and the Kingdom of Asante*, Ohio University Press.

◎植民地行政資料（Archive nationale du Mali に収蔵）

5D-177 Rôle primitifs des présentation en nature: Programme des travaux à effectuer par voie de présentation, Cercle de Mopti,

Subdivision de Djenné, année 1923
4E-695 Personnage religieux-Mission de Djenné 1925-1935

◎行政報告書ほか（すべて未刊行）

CAP（Centre d'Animation Pédagogique de Djenné）2005 *Rapport sur la situation pédagogique de Djenné.*

DNUH（Direction Nationale de l'Urbanisme et de l'Habitat）2005 *Schéma directeur d'urbanisme de la ville de Djenné et environs*（1ère version）.

OMATHO-Djenné（Office Malien du Tourisme et de l'Hotellerie, Bureau de Djenné）2006 *Rapport annuel d'activités 2006,* OMATHO-Djenné.

SACD（Service Agricole-Centre de Djenné）2007 Rapport-Précipitation.

おわりに

　ジェンネの街や人びとのことを話すと、つい止まらなくなってしまう。そんなわたしを見て、「本当にジェンネが好きなんだね」と言う人がいる。そう言われると、反論したくなる。ジェンネは実にいけずな街だった。調査中、何度もめげそうになった。よくしてくれる人たちの支えと生来の気の強さで、どうにか二年間踏ん張った。首都バマコで生まれ育った友人から、「よくあんな古くて頑固な街で調査できたわね。同じマリ人のわたしだって無理よ」と言われたときには、つい一片の謙遜もなく「そうよ！褒めて！」と胸を張ってしまった。長期調査から帰国した直後は、ジェンネでの日々を思い出すのも辛かった。時間が経ってジェンネでの経験を整理できるようになれば、あの美しくて気位が高い街を恋しく思うようになるのだろう。そう考えて過ごしていた。ジェンネから帰ってきて三年経った二〇一三年のはじめ、ようやく、ジェンネの街の民族誌を博士論文としてまとめることができた。そろそろジェンネが恋しくなってきた。しかしまだ、ジェンネに行くことができないでいる。

　マリでは二〇一二年のはじめ、中央政府からの独立を求めるトゥアレグによる武装蜂起が起きた。その混乱に乗じて、イスラーム・マグリブ諸国のアルカーイダ（ＡＱＩＭ）をはじめとするイスラーム過激派組織が、マリ北部で活動を活発化させた。二〇一二年半ばには、マリ北部の主要都市であるキダル、ガオ、トンブクトゥが一時的に占拠された。マリの人びとが実践する、真摯ながらもおおらかなイスラームの在り方とあまりにかけ離れた、暴力的な展開だった。外国人の誘拐や武装組織による襲撃が頻発し、マリ北部の治安は悪化してしまった。現在、日本の外務省はジェンネを含むマリ中部から北部に、渡航中止および退避勧告を出している。せっかくジェンネの街と人びとが恋しくなってきたのに、ジェンネの人びとと同じ神を信仰しているとは到底思えない横暴な人たちのせいで、ジェンネに行くことがかなわないままだ。

電話やメールで連絡をとるかぎりでは、ジェンネの友人たちはみな元気にしている。街に過激派が押し寄せているというわけではなく、日々の生活はわたしがお世話になっていた頃と変わらないという。しかし、外国人観光客はぱったり来なくなった。元来ジェンネの街は、交易者や旅行者といった「よそ者の目」があるからこそ、気合を入れて身ぎれいにしていたのだ。ジェンネを誉めてくれる外国人観光客が来なくなると、観光ホテルや民家はたちまち手入れされなくなり、なかには崩れ落ちている建物もあるという。これもある意味ジェンネらしいと言えばらしい話だが、やはり悲しい。どんなに理不尽な暴力が横行しても、たとえ一時的に観光業が落ち込んでも、ジェンネにはいつもツンと澄ました美しい古都でいてほしい。

本書を完成させるにあたって、多くの人にお世話になった。まず、本書のもととなった博士論文の指導にあたってくださった大阪大学大学院人間科学研究科人類学研究室の栗本英世先生と中川敏先生に、この場をかりて改めてお礼を申し上げたい。人類学研究室の愉快でオープンな雰囲気は、なにより先生方の素敵なお人柄のおかげだと思っている。ゼミで展開される、ついていくだけで精いっぱいの難解な議論から、笑いが止まらないフィールドワークこぼれ話まで、たくさんのことを通じて、先生方や先輩方から人類学の面白さを教わった。また、マリでの調査や本書の執筆にあたって、国立民族学博物館の竹沢尚一郎先生からも、たいへん有益なご助言をいただいた。マリ研究の大先輩である先生が三〇年来マリで築いてこられた信頼なしに、わたしのジェンネでの調査は実現しなかっただろう。学術振興会特別研究員としてわたしを受け入れてくださった南山大学人文学部の坂井信三先生にも、大変お世話になった。先生のご研究の誠実さ・緻密さに、いつも自分の研究の粗さを痛感する。

本書の出版にあたって、総合地球環境学研究所のプロジェクト「砂漠化をめぐる風と人と土」の皆さんにも、とてもお世話になった。とりわけ、プロジェクト・リーダーの田中樹先生に、厚い感謝を申し上げる。本書は、このプロジェクトの出版助成を得て出版されたものである。古くさい「理系」「文系」という垣根を「風と人と土」という言葉でもって軽やかに乗り越え、人間の在り方を全体でとらえようとする田中先生の研究姿勢から、いつも新鮮な刺激を受けている。また、研究会などを通じて本書へ貴重なご助言をくださったプロジェクト研究員の清水貴夫さん、図版の作成を引き受けてくださった遠藤仁さんにも、改めてお礼を申し上げたい。

ジェンネでのフィールドワークやその後の研究を行うにあたって、松下国際財団（現・松下幸之助記念財団）の国際スカラシップによる奨学金を受けたほか、日本学術振興会から特別研究員奨励費の助成（研究課題「西アフリカの伝統的諸都市の人類学的研究」、研究課題番号一三J〇五六七七）を受けた。こうした助成金なしには、じっくり時間をかけて調査を行うことも、貴重な専門書を手にすることも、容易ではなかっただろう。ここに記して感謝する。

フィールドワークに協力してくださった皆さんにも、感謝を伝えたい。マリでの受け入れ研究機関であったマリ文化省文化財保護局と人文科学研究院の皆さんは、わたしがお邪魔するといつも温かく迎えてくださった。とりわけ文化財保護局のママドゥ・シセさん、ヤムサ・ファネさん、人文科学研究員のママディ・ダンベレさんには、大変お世話になった。ジェンネでのおよそ二年間は、ジョボロ街区長のバラダ・ダンベレさんご一家の一員として暮らした。大家族の家長であるバダラさんとその妻ロブルさんとビビさんは、わたしをたくさんいる子どもの一人として、とても自然に受け入れてくださった。同じ長屋で暮らしたお隣さんたちにも、お礼を伝えたい。個性の強い皆さんがそろった長屋での日々は、落語の世界の長屋暮らしそのものだった。今でもときどき、ジェンネの長屋にいる夢をみる。お隣の奥さんクンバとその娘サーと中庭に敷いたゴザに座り、唐辛子のへたを取ったりトウジンビエの粉をふるいにかけたり子どもの宿題をみたりしながら、のんびり過ごす夕暮れの夢だ。ジェンネでの調査では、ママドゥ・コシナンタオさんに調査助手をお願いした。ママドゥさんはジェンネに生まれ育ち、その穏やかでまじめな人柄で、老若男女たくさんの人から愛されている。彼の人柄と熱心な仕事ぶりのおかげで、ひとりでは決してたどりつけなかったであろう多くの貴重な情報を得ることができた。ママドゥさんはわたしにとって助手というよりも、人格者のお兄さんのような存在だった。そう遠くない日に、この本をジェンネでお世話になった皆さんに直接見せることができればと、切に願っている。
最後に、日本の家族にも感謝したい。貧しいながらも刺激的だった家庭環境が、時にシビアなフィールドワークも楽しめる、頑丈な体としぶとい心を培ってくれたと思っている。

二〇一五年一二月

伊東未来

初出一覧

本書は、二〇一三年に大阪大学大学院人間科学研究科に提出した博士学位論文「多民族都市ジェンネの人類学的研究」と、以下の既発表論文・著書をもとに、大幅に加筆・修正したものである。

「イスラーム『聖者』概念再考への一考察——マリ共和国ジェンネの alfa を事例に」『年報人間科学』三〇、八三—一〇〇頁、二〇〇八年。

『ジェンネの街角で人びとの語りを聞く——マリの古都の過去と現在』（ブックレット〈アジアを学ぼう〉別巻二）、風響社、二〇一一年。

『マリ共和国ジェンネにおけるイスラームと市場』（砂漠化をめぐる風と人と土　フィールドノート二、田中樹監修）、総合地球環境学研究所「砂漠化をめぐる風と人と土」プロジェクト、二〇一四年。

索　引

あ行

か行

さ行

た行

な行

は行

ま行

や行

ら行

わ・ん

■著者紹介

伊東未来（いとう みく）

1980年 福岡県生まれ。

2013年 大阪大学大学院人間科学研究科博士後期課程修了。

博士（人間科学）。

現在、日本学術振興会特別研究員（PD）。

専門は文化人類学、アフリカ地域研究。

主な論文・著書に、「社会に呼応する同時代のアフリカン・アート——マリ共和国のアーティスト集団カソバネを事例に」（『アフリカ研究』75、2009年、17-28頁）、『ジェンネの街角で人びとの語りを聞く——マリの古都の過去と現在』（ブックレット〈アジアを学ぼう〉別巻、風響社、2011年）、『マリ共和国ジェンネにおけるイスラームと市場』（砂漠化をめぐる風と人と土 フィールドノート2、田中樹監修、総合地球環境学研究所「砂漠化をめぐる風と人と土」プロジェクト、2014年）などがある。

千年の古都ジェンネ——多民族が暮らす西アフリカの街
2016年3月31日　初版第1刷発行

著　者　伊 東 未 来
発行者　杉 田 啓 三

〒606-8224　京都市左京区北白川京大農学部前
発行所　株式会社　昭和堂
振替口座　01060-5-9347
TEL（075）706-8818／FAX（075）706-8878
ホームページ　http://www.showado-kyoto.jp

印刷　モリモト印刷
ISBN978-4-8122-1533-3
＊乱丁・落丁本はお取り替えいたします。
Printed in Japan